Peter Niehoff

Texte und Bilder
aus
Reisefilmen,
die in 25 Jahren entstanden sind

Dali: Stolperndes Pferd mit Reiter

Haftungsausschluss
Die in diesem Buch enthaltenen Informationen wurden vom Autor nach bestem Wissen erstellt und von diesem und dem Verlag mit größtmöglicher Sorgfalt überprüft. Dennoch sind, wie im Sinne des Produktionshaftungsgesetzes betont werden muss, inhaltliche Fehler nicht mit letzter Gewissheit auszuschließen. Daher erfolgen die Angaben ohne jede Verpflichtung und Garantie des Autors bzw. des Verlages. Die Beteiligten übernehmen keinerlei Verantwortung bzw. Haftung für mögliche Unstimmigkeiten.

LaVieja Verlag
Uta Hager
Hermann Stockmann Weg 6
85778 Haimhausen

www.lavieja-verlag.de
kontakt@lavieja-verlag.de

Copyright: © 2021 Peter Niehoff

Peter Niehoff
Birkenbergstr. 47
55595 Roxheim
Tel. 0671/26432
p-niehoff@t-online.de

Einbandgestaltung und Layout: Peter Niehoff
Fotos: Aus Filmen kopiert von Peter Niehoff;
    aufgenommen mit Videokameras
    vor März 2007 mit Panasonic NV-DX100EG
    ab März 2007 mit Panasonic NV-GS500EG-S
    ab August 2017 mit Panasonic HC-VXF99

ISBN 978-3-9821651-2-7

Inhaltsverzeichnis

Vorwort

Deutschland

Sächsische Schweiz, Erzgebirge (Okt. 1995)	1
Berlin (Febr./März 1997)	5
Brocken, Braunschweig (30.8. und 1.9.1997)	10
Quedlinburg (21.2.1998)	12
Schwarzwald (22.7. - 4.8.1998)	13
Bayrischer Wald (1. - 6.10.1999)	17
Felsenlabyrinth und Weimar (9. - 12.4.2001)	18
Erfurt (6. - 8.10.2001)	23
Mecklenburg Vorpommern (28.7. - 3.8.2002)	30
Berlin (26.7. - 2.8.2007)	42
Dresden (14. - 18.10.2009)	61
München (14 .- 18. 10.2010)	69
Nürnberg (16. - 19.10.2012)	78
Bamberg (15. - 18.10.2017)	89

Skatwanderungen

Fichtelgebirge (24. - 27.5.2001)	100
Altmühltal (30.5. - 2.6.2002)	104
Erzgebirge (29.5. - 1.6.2003)	107
Lüneburger Heide (21. - 24.9 2004)	114
Oberfranken (1. - 4.6.2005)	123
Schwäbische Alb (31.5. - 3.6.2006)	131
Sauerland (23. - 26.5.2007)	141
Schwarzwald (28. - 31.5.2008)	147
Volkach (3. - 6.6.2009)	150

Großbritannien (1996)
Südengland, Cornwall	154

Großbritannien (1. - 28.9.2003)
Cornwall	164
Wales	170
Schottland	179
York, Cambridge	190

Spanien
Sevilla (4. - 7.3.2003)	200
Ronda, Marbella (20. - 23.3.2006)	210
Toledo (25. - 28.5.2007)	216
Cuenca (5. - 8.5.08)	226
Ciudad Encantada, (5. - 8.5.08)	232
Sierra de Espuna (15.5.08)	235
Granada (4. - 7.5.09)	239
Cordoba (10. - 13.5.2011)	250

Norwegen (Juni/Juli 2000)
Die Lofoten	259
Tromsø und Narvik	265
Helgeland	271
Røros und Trollhättan	276

Rom (23.10. - 27.10.1997)	281
Tschechien (Feb. 2000)	295
Irland (16. - 23.8.2005)	307
Portugal (15. - 22.3.2014)	322
Luxemburg (2014/2016/2020)	343
Ende	353
Stichwortverzeichnis	355
Literaturverzeichnis	359
Gedicht von Juliane zur Skatfahrt 2009	I

Vorwort

Seit etwa 30 Jahren filme ich auf unseren Wanderungen, Ausflügen und Reisen. Beim Vertonen der Filme sind Texte entstanden, die mittlerweile Buchumfang erreichen.
So kam mir die Idee, diese Texte, die Historisches, Landschaftliches, Städtebauliches beinhalten, zu bearbeiten und mit Bildern zu versehen.
So entsteht hier eine Summe von Informationen aus allen besuchten Ländern, Stätten, Landschaften, über Leute, Regenten usw..
In dem Buch werden natürlich auch Sehenswürdigkeiten der Städte beschrieben. Dies sind vorwiegend die Kirchen, deren Baustile und die Innenausstattung. Wenn möglich, werden geschichtliche Hintergründe einbezogen.

Die Texte entstammen Büchern und Prospekten, die man in Kirchen, Tourismusbüros, Informationszentren usw. erhält. Auch das Internet konnte ich nicht umgehen.
Es ist mir allerdings nicht mehr möglich, alle benutzten Quellen anzugeben, weil die Filme ja nur privater Natur waren und sind, und demgemäß ich zu damaliger Zeit keine Aufzeichnung über die Quellen des benutzten Textes gemacht habe.
Dennoch habe ich am Ende des Buches ein Literaturverzeichnis angefügt, aus dem ich sicherlich manches, vor allem auch historische Ereignisse entnommen habe.

Es sei bemerkt, dass die Bilder der Jahre bis 2002 nicht so brillant sind, da damals die Kameratechnik nicht der heutigen HD-Technik entsprach und fast alle Bilder meinen Filmen entnommen sind.
Natürlich kann auch nur eine bestimmte Anzahl von Bildern eingefügt Sie sind weitgehend neben dem Text platziert, um das Gesagte direkt zu verdeutlichen.

Man kann die Texte als Reisebeschreibungen ansehen, aber das Buch auch als Nachschlagewerk für Anregungen zu eigenen Fahrten, Städtebesichtigungen und Wanderungen nehmen. Die Bilder sollen dafür Anreiz sein. Nicht zu jedem Textteil ist es möglich, eine Darstellung dem Film zu entnehmen, das wäre zu umfangreich. Deshalb beschränke ich mich auf eine Auswahl aussagekräftiger Fotos.

Natürlich kann man heute alle Informationen über Landschaften, Städte, Kirchen, Gebäude, Menschen, die hier gesammelt sind, dem Internet entnehmen. Aber ein Buch ist schneller zur Hand als eine Suche bei Google. Eine Vertiefung des Gesuchten aber lässt sich im Internet immer durchführen.

Skatwanderungen machten wir schon vor den hier ab 2001 beschriebenen Touren, allerdings standen mir damals nicht die Möglichkeiten der heutigen Filmaufbereitung zur Verfügung.
Die Skatwanderungen waren alle in Deutschland. Ziel war es, Deutschland kennen zu lernen. Die Wanderungen enden 2009, weil sich die Zusammensetzung der Skatrunde verändert hat.

Seit meinen ersten Filmen sind viele Jahre vergangen und demgemäß wird vieles heute anders ausschauen. Aber Filme sind ja auch ein Zeitdokument.

Es sei bemerkt, dass in den vorliegenden Texten ohne Übergänge zu nachfolgenden Kapiteln gegangen wird, was natürlich im Film nicht der Fall ist: dort erkennt man durch Auf- und Abblendungen oder durch Variationen in der hinzugefügten Musik die neue Handlung.

Manches Mal sind zwei Versionen des gleichen Themas eingefügt, z.B. für Berlin, um den Unterschied nach 10 Jahren (1997 und 2007) zu demonstrieren. Auch die Reisen nach Cornwall, die 1996 und 2003 stattfanden, habe ich integriert. Sie verliefen doch sehr unterschiedlich und hinterließen andere und viele neue Eindrücke.

Ich habe bewusst das jeweilige Datum unserer Reisen angegeben, damit man erkennt, wann der Film erstellt wurde und was sich heute gegenüber der damaligen Zeit verändert hat.

Dresden (Okt. 1995)

Geht man zum Bahnhof Freital südlich von Dresden, fallen einem die teils renovierten, teils aus der DDR-Zeit stammenden Häuser auf, die mit ihren Verzierungen und Türmchen eine bessere Zeit sahen.

Wenn man vom Bahnhof in Dresden, der Hauptstadt des Freistaates Sachsen, die Prager Straße in nördliche Richtung geht, erreicht man nach ca. 900 m den Altmarkt und die Kreuzkirche – berühmt auch wegen des Knabenchores – und nach weiteren 300 m jenseits der Wilsdruffer Straße die imposantesten Sehenswürdigkeiten wie die Ruine der Frauenkirche, das Schloss mit der Fürstenzugwand, die Hofkirche, den Zwinger und die Semperoper.

Ruinen der Frauenkirche

Nördlich der Elbe, wenn man die Augustusbrücke überquert, steht das Denkmal August des Starken, Kurfürst von Sachsen von 1694 bis 1733, der vergoldet in römischer Tracht als Imperator verkleidet, auf einem Lipizzaner reitet.

Von den Brühlschen Terrassen, auch Balkon Europas genannt, genießt man herrliche Blicke auf die Elbe und die gegenüber liegende Neustadt.

"Ein Fürstenstamm, des Heldenlauf reicht bis zu unsern Tagen, in grauer Vorzeit ging er auf mit unsres Volkes Sagen".

Der Fürstenzug, ein 102 m langer Porzellanfries zeigt in chronologischer Abfolge sämtliche wettinischen Herrscher seit Beginn des wettinischen Herrscherhauses im 13. Jahrhundert.

Schönstes und berühmtestes Bauwerk der Stadt ist der Zwinger. Mit ihm schuf der Architekt Matthäus Daniel Pöppelmann von 1709 bis 1732 ein Meister-

werk barocker Baukunst. Der plastische Schmuck und die vielen Gartenskulpturen stammen von dem Bildhauer Balthasar Permoser.
Als Mittelpunkt im Süden prankt das Kronentor mit offener geschwungener Kuppel, die von 4 Adlern und der polnischen Königskrone geziert wird.

Die Bezeichnung *Zwinger* leitet sich übrigens nicht etwa von einem Käfig für wilde Tiere ab, sondern sie gibt Auskunft über die Lage des Bauwerks: Als Zwinger wird in der Festungsbaukunst der Platz zwischen der äußeren und der inneren Wehrmauer bezeichnet.

Sächsische Schweiz

Die Bastei
Der Aussichtsfelsen Bastei, in einer der schönsten deutschen Landschaften, der Sächsischen Schweiz südöstlich von Dresden gelegen, liegt 195 m über dem Elbespiegel. Er liegt in einem Felsgebiet, das einen an die Dolomiten erinnert.

Gegen Ende des 13. Jhds. legte man auf einem Sandsteinriff hinter der Basteibrücke Grenzbefestigun-gen und eine Burg an, um sich nach Westen und Norden gegen das Marktgrafentum Meißen und die Lausitz zu sichern.

Diese Burganlage wurde saniert und für den Tourismus erschlossen. So führt der Rundgang durch ein Felsentor, es werden Stufen sowie Spuren einer einseitigen Zugbrücke, eine Andeutung eines Raumes, eine Steinschleuder sowie eine Zisterne zur Wasserversorgung gezeigt.
Man braucht allerdings sehr viel Phantasie, die derartig bezeichneten Teile zu entdecken. Die Aussicht auf die umliegende Felslandschaft mit den Bezeichnungen Gans, Lokomotive, Mönch und der Blick in die Täler wie die Schwedenlöcher und den Wehlgrund ist beherrschend.
Wenn man von Bad Schandau aus in östlicher Richtung das Kirnitzschtal hinauffährt, so erreicht man nach etwa 8.5 km den sage und schreibe 5 m hohen

Lichtenhainer Wasserfall, Bis dorthin verkehrt auch die 1898 in Betrieb genommene Kirnitzschtalbahn.

Königstein
Das Wahrzeichen der Stadt Königstein ist die Festung auf dem gleichnamigen Sandsteintafelberg in 361 m Höhe,
Sie gehört heute zu Europas größten erhalten gebliebenen Festungen mit Siedlungscharakter. Fast 400 Jahre lang diente sie als Staatsgefängnis, in dem auch prominente Gefangene wie Johann Friedrich Böttger eingesperrt waren, August der Starke, immer knapp bei Kasse, hatte den Alchimisten dazu verurteilt, für ihn Gold herzustellen.

Weißeritztalbahn
Ein Erlebnis besonderer Art ist eine Reise mit den in Sachsen unter Denkmalschutz stehenden Schmalspurzügen. Sie haben eine Spurweite von 75 cm und werden mit alten Dampflokomotiven betrieben.
So verkehrt täglich 13 mal die Weißeritztalbahn von Freital aus in südliche Richtung über Dippoldiswalde bis zum Kurort Kipsdorf, der in 534 m Höhe liegt. Für die 26 km lange Strecke braucht sie 1 Stunde und 40 Minuten, abwärts 1 Stunde und 30 Minuten.

Weißeritzbahn

Hoch über der Stadt Meißen, am linken Elbufer, erhebt sich die Albrechtsburg.
1471 wurde im Auftrag der Brüder Ernst und Albrecht von Wettin mit der Errichtung der Residenz begonnen. Vollendet wurde die Anlage 1525.
Das Bauwerk ist eine architektonische Meisterleistung Arnolds von Westfalen. Er verzichtete auf die in der Gotik üblichen Strebepfeiler und verlagerte den Schub der Gewölbe und des Daches auf die Außenmauern selbst, deren Stärke von unten nach oben von 2 auf 4 m

Schloss Meißen

wächst. Ein Meisterwerk des Treppenbaus ist der »Große Wendelstein«.
1705 war auf der Albrechtsburg Johann Friedrich Böttger gefangen gesetzt, da ihm der Ruf vorauseilte, Gold machen zu können. Stattdessen entdeckte er das Geheimnis der Porzellanherstellung So wurde in der Burg ab 1710 die Meißner Porzellanmanufaktur untergebracht. Zwischen 1881 und 1884 fanden umfangreiche Restaurierungsarbeiten statt. Aus dieser Zeit stammt auch die malerische Ausgestaltung der Räume.

Erzgebirge

Annaberg

Annaberg Annenkirche

Die Zeitgenossen muss es tief beeindruckt haben, dass da, wo zuvor unwirtliches Gebirge wenigen Menschen kaum kärgliche Lebensmöglichkeiten geboten hatte, eine schöne und reiche Stadt mit ihrer Krone, der St-Annen-Kirche, in weniger als einem Menschenalter entstanden war. Der Silberbergbau bildete die wirtschaftliche Grundlage der Stadt Annaberg. Nachdem im Jahre 1492 Erzgänge am Schreckenberg entdeckt worden waren, die Scharen von Glücksuchern angelockt hatten, entstand auf Initiative Herzog Georgs von Sachsen schon 1496 die Anlage und gleichzeitig die soziale und politische Ordnung der Stadt.
Die 1498 als provisorische Holzkirche errichtete, 1499 aber schon mit den heutigen Umfassungsmauern begonnene Kirche St. Annen wurde als der geistliche Mittelpunkt des Gemeinwesens ins Werk gesetzt. Die im späten Mittelalter hoch verehrte Mutter Marias, die hl. Anna, galt insbesondere als Patronin des Bergbaues. Schon 1519 konnte ihre Kirche geweiht und 1525 im wesentlichen vollendet werden.
Die St. Annen Kirche ist die größte Hallenkirche Sachsens: sie ist aus erzgebirgischem Gneis erbaut und hat ein bemerkenswertes Portal. Außergewöhnlich schön ist das bemalte Sterngewölbe, beeindruckend sind die Emporenreliefs, von denen es über 100 gibt, sehenswert die Altäre, besonders der Altar der Bergknappschaft mit Darstellungen des Bergmannslebens.

Das Frohnauer Hammerwerk gehörte zu den für das Erzgebirge typischen Werkstätten. Sie nahmen eine Mittelstellung zwischen einem Hüttenwerk, in dem Eisen hergestellt und bearbeitet wird, und einer Schmiede ein. Die Bedingungen für ein solches Werk waren: Wasser zum Betreiben der Hämmer und Blasebälge, Wald zur Holzkohleherstellung, Rohmaterial wie Eisen, Silber, Kupfer und genügend Arbeitskräfte. Alle Voraussetzungen waren hier gegeben.

Über ein Gestänge wird Wasser freigegeben, die Welle rechts beginnt sich gegen den Uhrzeigersinn zu drehen. Sie enthält einen Nockenring, deren Nocken den Hammerschwanz erfassen und herunter-

drücken. Der Hammerbär wird gehoben und fällt dann durch sein Eigengewicht auf das zu bearbeitende Material.

Auch südlich Annabergs fährt 9 mal täglich ein Schmalspurbähnchen von **Cranzahl** nach dem Kurort **Oberwiesenthal**. Es überwindet in einer Stunde auf einer Strecke von 17 km einen Höhenunterschied von 238 m, nämlich von 654 in Cranzahl auf 892 in Oberwiesenthal.

Oberwiesenthal, am Fuß des *Fichtelbergs* gelegen, ist mit 914 m Höhe die höchstgelegene Stadt Deutschlands. Sie ist das Wintersportzentrum Sachsens mit präparierten Skipisten, Schleppliften, Sprungschanzen, einer Eissportbahn und einem Skimuseum.

Den Kurort Oberwiesenthal kann man mit dem Auto, aber auch von Cranzahl aus mit der Bahn, die an der tschechischen Grenze entlang führt erreihen.

Berlin im Febr./März 1997

Wenn man von Südwesten kommt, fährt man über eine kerzengerade Einfallstraße, der Avus auf Berlin zu. Die Avus, eine Abkürzung für Automobil-Verkehrs- und Übungsstraße wurde bereits 1921 als erste deutsche Autorennstrecke fertig gestellt. In zwei zueinander parallel laufenden Geraden von je rund 8.5 km Länge führt sie durch den Grunewald und endet in Nikolassee. Dort erreichten im Jahre 1937 Bernd Rosemeyer auf Auto-Union den Stundenrekord von 276,4 km/h und Rudolf Caracciola eine Höchstgeschwindigkeit von 400 km/h auf Mercedes,

Neben dem modernen Kirchenbau, 1959-1961 errichtet, steht die 63 m hohe Turmruine der alten Kaiser Wilhelm-Kirche, die 1891-1895 zu Ehren Kaiser Wilhelm I erbaut wurde und am 23. November 1943 einem Bombenangriff zum Opfer fiel. Die Berliner wollten ihre Kirche, oder vielmehr das, was von ihr übrig geblieben war, behalten, und so bezog der Architekt den stehengebliebenen Turmrest in den neuen Baukomplex ein.

Das **Brandenburger Tor** war 170 Jahre lang die triumphale Stadtpforte gen Westen: 1961-1989 war es durch die Mauer unpassierbar und wurde so zum Symbol der Spaltung und Wiedervereinigung Deutschlands. Seit 1992 dürfen Busse und Taxis die mittlere Durchfahrt wieder passieren.

Ende November 1980 wurde hier wieder das samt Sockel 13,5 m hohe Reiterstandbild Friedrichs des Großen aus dem Jahr 1851 aufgestellt. Das Standbild zeigt den König im Königsmantel mit Dreispitz, Krückstock und Stulpenstiefeln, auf seinem Lieblingspferd »Conde« reitend.

"Das war ein Vorspiel nur, dort wo man Bücher verbrennt, verbrennt man am Ende auch Menschen."
(Heinrich Heine 1820)

In der Mitte dieses Platzes – des Bebelplatzes – verbrannten am 10. Mai 1933 nationalsozialistische Studenten die Werke Hunderter freier Schriftsteller, Publizisten, Philosophen und Wissenschaftler,

Neben der Universität steht die **Neue Wache** das erste und schönste Werk von Karl Friedrich Schinkel. Seit dem Volkstrauertag 1993 ist die Neue Wache zen-

trale Gedenkstätte der Bundesrepublik.
Sie ist Ort der Erinnerung und des Gedenkens an die Opfer von Krieg und Gewaltherrschaft.
Im Innenraum weist eine Skulptur von Käthe Kollwitz *Mutter mit totem Sohn* daraufhin.

Im ehemaligen Zeughaus hat seit 1990 das neu gegründete **Deutsche Historische Museum** seine Räumlichkeiten gefunden. Auf 8000 m^2 werden wechselnde Ausstellungen gezeigt. Hier wird in den nächsten Jahren eine ständige Sammlung zur deutschen Geschichte entstehen.
Im Palast der Republik, vom Volksmund *palazzo prozzo* genannt, tagte bis zu ihrer Auflösung die Volkskammer. Der asbestverseuchte Palast ist nicht begehbar.

Der Berliner Dom am umgestalteten Lustgarten wurde 1894 bis 1905 von Julius Raschdorff anstelle einer friderizianischen Domkirche errichtet. Der Stil der italienischen Hochrenaissance nachempfunden. Das Bauwerk von 114 in Höhe wurde im Krieg schwer beschädigt und in den letzten Jahren wieder restauriert. In der Hohenzollerngruft ruhen der Große Kurfürst, die Könige Friedrich I. und Friedrich Wilhelm II, Prinz Ludwig Ferdinand und viele andere.
Von der Kuppel aus, die man über 266 Stufen erreicht, hat man einen herrlichen Rundblick über Berlin.

So weit das Auge reicht: Kräne, Schlamm, Gruben, Beton, Stahl und Bauhütten. Berlin ist zur Zeit die größte Baustelle Europas. Bis zur Jahrtausendwende stampfen die Konzerne Daimler, Sony und MBB am Potzdamer Platz einen ganzen Stadtteil aus dem Boden, und im Spreebogen, wenige Gehminuten nördlich, entsteht das neue Regierungsviertel samt Kanzleramt.
Zu den Neubauten gehören auch ein 3,4 km langer Eisenbahntunnel

mit zwei unterirdischen Bahnhöfen, eine U-Bahn Röhre und ein 2.5 Kilometer langer vierspuriger Straßentunnel.
Da für diese Bauten tief in den Boden gegraben werden muss und hunderte von Lastwagen die Stadt mit der abzutransportierenden Erde verstopfen würden, wird der gesamte Bauschutt über die Kanäle abtransportiert.

"In **Pergamon** ist ein großer marmorner Altar, 40 Fuß hoch, mit ansehnlichsten Skulpturen – er hält zudem auch eine Gigantomachie eingeschlossen."
Diese Nachricht überliefert uns der Römer Lucius Ampelius im *Buch der Denkwürdigkeiten*. Seit dem Mittelalter haben verschiedene Reisende Pergamon besucht und sich für die Ruinen auf dem Burgberg interessiert.

Ein Blick auf das Modell der Akropolis von Pergamon zeigt, wie der Burgberg terrassiert war und sich Bauwerk an Bauwerk reihte. Hier lag der repräsentative Teil der Stadt mit großem Altar, Athena-Tempel, Bibliothek, Königspalästen, Theater und weiteren öffentlichen Bauten – eine glanzvolle Metropole der hellenistischen Welt.

Es gehört zweifellos zu den großen Verdiensten des deutschen Straßenbauingenieurs und späteren Ausgräbers von Pergamon, Carl Humann, dass die Ausgrabungen im Jahre 1878 beginnen konnten. 1871 war es zur Gründung des Deutschen Reiches gekommen und die neue Hauptstadt Berlin schickte sich an, auch im kulturellen Leben Europas eine dominierende Rolle zu spielen. Dies war der Hintergrund für die nun einsetzenden großen Ausgrabungskampagnen in verschiedenen antiken Städten, aber auch in Vorderasien und Ägypten. Carl Humann gelang es, die Berliner Museen für eine Suchgrabung auf dem Burgberg von Pergamon zu gewinnen.

Markttor von Milet

Milet gehörte im Altertum zu den bedeutendsten griechischen Städten an der Westküste Kleinasiens. Das Markttor, ein prunkvoller Fassadenbau, wurde in den zwanziger Jahren des 2. Jhds. n.Ch. errichtet; das Tor vereinigt in sich das griechische Säulenpropylon, das Bogentor und die römische Bühnenfassade.

Die heute berühmtesten Bauwerke Babylons sind die Prozessionsstraße und das **Ischtar-Tor**. Sie lagen am Nordrand der Altstadt, wo der Zugang durch die Außenmauern der Paläste eingeengt worden war, so dass die Straße beiderseits von Wänden begleitet wurde. Das ergab die Möglichkeit, den Straßenzug; mit einem Fries aus Glasurziegeln auszustatten. Der Grund hierfür ist im Verlauf des Neujahrsfestes zu sehen. Durch sie hindurch führte am 11. Tag des Festes die Götterprozession auf ihrem Weg vom auswärtigen Festhaus zu den Tempeln im Zentrum. Bauinschriften Nebukadnezars II. weisen ausdrücklich darauf hin. So sah der Besucher Babylons zwei Reihen schreitender Löwen – die Symbole der Göttin Ischtar – bevor er an das Tor gelangte. Auf einer Länge von ca. 180 m befanden sich ehemals 120 Löwen, je 60 auf einer Seite.

Potsdam
Die eigentliche Attraktion Potsdams ist heute nicht mehr so sehr die Stadt, sondern der Park von Sanssouci mit seinen Anlagen und Bauwerken.

Das Schloss, das sich auf dem Gipfel eines Weinberg über sechs Terrassen erhebt, ist Friedrichs des Großen Traumschloss: Nach einer eigenhändigen Skizze des Königs entwarf von Knobelsdorff 1745-47 das 97 m lange, 12 m hohe eingeschossige Bauwerk mit mächtiger grüner Mittelkuppel und gelb verputztem Mauerwerk im Stil des Rokoko.

Die Innenräume sind nur mit Führung zu besichtigen, das Filmen ist verboten. Zu sehen sind Vorsaal, Marmorsaal, Empfangszimmer, Konzertsaal, Arbeits- und Schlafzimmer, die getäfelte Bibliothek, die Kleine Galerie, mehrere Gästezimmer, darunter auch dasjenige von Voltaire. In allen Räumen findet man Reliefs, Malereien, Rocaillen (Muschelwerke) und Intarsienböden, die Decken sind bemalt, die Türen geschnitzt, Gold und hohe Spiegel fehlen nicht.

Auch das Innere spiegelt wider, was das Äußere andeutet: Sanssouci ist kein Familienschloss, sondern ein Schloss des Königs, allein von seiner Person bestimmt, auf ihn zugeschnitten.

Auf der Gartenseite stützen 35 gewaltige Karyatiden das Gesims, in der Kuppel steht in goldenen Lettern der Name des Schlosses (Sans Souci = Sorgenfrei).

Das chinesische Teehaus, ein Werk Bürings, entstand 1754-57 mit vergoldeten Sandsteinplastiken von Johann Heymüller und Johann Ben-ckert.

Das Neue Palais wurde 1763-69 erbaut. Der mit reichem plastischem Schmuck ausgestattete Monumentalbau diente Friedrich II. als zweite Sommerresidenz und sollte nach dem Siebenjährigen Krieg den Reichtum Preußens dokumentieren. Die Balustrade vor der Gartenseite ist mit Putten, Trophäen und Vasen bestückt.

Die Kuppel mit den drei Grazien und der Krone versinnbildlicht die Verbindung zwischen Königtum und Künsten.

Brocken und Braunschweig (30. 8. und 1.9.1997)

Der 30. August 1997 war ein Samstag und zudem ein sonniger Tag mit sehr guter Fernsicht. Das weckte in uns den Entschluss, zum Brocken, dem höchsten Berg des Harzes zu fahren.

Der **Brocken,** volkstümlich auch **Blocksberg** genannt, gilt im Volksglauben als Aufenthaltsort von Geistern und Hexen. In der **Walpurgisnacht,** der Nacht vor dein l. Mai, feiern dort die Hexen mit dem Teufel wilde Feste. Diese Sagen, die in der Zeit der Aufklärung aufgezeichnet wurden, haben ihre klassische Gestalt in **Goethes Faust** erhalten.

Brockenbahn

Die 70 cm **Schmalspurbahn,** die wir vom Bahnhof Schierke aus benutzten, fährt bis zum Gipfel des Brockens, der seit 1989 wieder zur Bundesrepublik gehört und seit dieser Zeit besucht werden kann.

Die Bahn überwindet auf der 12 km langen Strecke von Schierke bis zum Gipfel nahezu 900 Höhenmeter und braucht für die Strecke ca. 1 Stunde. Natürlich kann man auch zu Fuß über recht gut angelegte Wege zum höchsten Punkt gelangen, wir zogen aber den Abstieg dem Aufstieg vor; dadurch konnten wir vom Zug aus einen sehr viel besseren Überblick über die Vielzahl der geschädigten Bäume gewinnen.

Der höchste Punkt des Brockens war 1142 m hoch. Durch Nachmessungen stellte sich aber heraus, dass der Berg nunmehr eine Höhe von 1140 m hatte. Um die alte Höhe von 1142 m wiederherzustellen, scheute man keine Mühe und errichtete einen Felsenberg, der die fehlenden 2 m ergänzt.

Die Fernsicht war so gut, dass man das Kraftwerk Buschhaus bei Schöningen sah, das vom Brocken 46 km entfernt liegt.

Braunschweiger Löwe

Braunschweig, die Stadt **Till Eulenspiegels** und **Wilhelm Raabes** wurde im 2. Weltkrieg fast völlig zerstört. Gebäude des Stadtkerns wie das Stadthaus, der am Burgplatz stehende **Dom,** die Burg **Dankwarderode** und die Handwerkskammer wurden sehr schön restauriert.

Am Burgplatz findet man auch das

1166 von Heinrich dem Löwen errichteten Löwendenkmal.

Quedlinburg (21.2.1998)

Am Fuße des Schlossberges in der malerischen Stadt Quedlinburg in Sachsen-Anhalt, einer Stadt mit 27000 Einwohnern, befindet sich der **Finkenherd**, ein sehenswertes Fachwerkhaus aus dem 16. Jhd., in dem Heinrich I. 918 von seiner Königswahl erfahren haben soll, als er gerade auf Finkenjagd war.

Über der Stadt Quedlinburg erhebt sich auf dem Schlossberg die **Stiftskirche** St. Servatius. Die dreischiffige Basilika stammt aus dem 12. Jhd.. Seit 850 ist sie bereits die vierte Kirche an dieser Stelle. In ihr befinden sich die Gräber des ersten deutschen Königs Heinrich I. und seiner Frau Mathilde.

Die Altstadt Quedlinburgs ist eines *der* größten Flächendenkmale Deutschlands mit einzigartigen Fachwerkbauten. Hier gibt es weit über 1200 Fachwerkhäuser verschiedener Epochen, Wohn- und Geschäftshäuser von Kaufleuten, Patriziern, Handwerkern, Ackerbürgern und Kleinhändlern.
Das gotische Rathaus wurde 1310 erstmalig erwähnt und von 1613 bis 1615 im Stil der Renaissance umgebaut.
Die Selbständigkeit und freie Gerichtsbarkeit repräsentiert der 2,75 m hohe

Roland. Als Quedlinburg 1499 erneut durch Ernst und Albert von Sachsen in Abhängigkeit geriet, wurde das Denkmal zerstört und erst 1869 wieder errichtet.
Die Stiftskirche St. Cyriakus in Gernrode – 7 km südlich Quedlinburg – ist eines der bedeutendsten und besterhaltenen Zeugnisse der romanischen Architektur.
961 wurde der Stift zu Gernrode von Gero (937 - 965), einem der Grenzgrafen des ersten deutschen

Kaisers Otto I. gegründet. Es war ein Kanonissenstift für die Damen des sächsischen Hochadels. Seine letzten Bewohner gründeten die erste evangelische Gemeinde im Umkreis. Die Restaurierung der dazugehörenden Stiftskirche im vergangenen Jahrhundert durch Ferdinand von Quast gehört zu den großen Leistungen seiner Zeit. Viele Besucher, die der Straße der Romanik folgen, schätzen diesen herrlichen Bau als besonderen Anziehungspunkt.

Die Straße der Romanik ist ein Weg durch das Land Sachsen-Anhalt, dem Kernland des frühen deutschen Königtums. Wehrhafte Burgen, Dome. Klöster und Kirchen aus der Zeit von der Mitte des 10. bis Mitte des 13. Jahrhunderts sind Zeugnisse der Zeit der Christianisierung mit Kreuz und Schwert. Die Straße zieht sich mit 72 Bauwerken in 60 Orten durch das Land.

Schwarzwald (22.7.-4.8.1998)

Wir, das sind Edda und ich, entschlossen uns im Sommer 1998 in Deutschland zu bleiben und da wir den Schwarzwald wenig kannten, war der südliche Teil unser Ziel. Wir suchten einen ruhigen Ort, so gelegen, dass man schnell den Rhein, die Schweiz, den Bodensee erreichen konnte.

Wir gelangten zum Ferienort **Berau,** dessen Gasthöfe ich bereits aus dem Internet herausgeschrieben hatte. Er liegt im südlichen Schwarzwald 700 m über dem Meeresspiegel oberhalb des wildromantischen Schlüchttals an der Höhenstraße, die von Waldshut/Tiengen zum Schluchsee führt.

Der ruhige Ort, nur 10 Autominuten von der Schweiz und dem Schluchsee entfernt, bietet herrliche Ausblicke bis zu den Schweizer Alpen. In beiden Pensionen, dem Rössle und dem Schwanen wird man hervorragend verpflegt. Wir zogen nach 4 Tagen vom Rössle zum Schwanen, weil wir dort ein schönes großes Zimmer mit Balkon mieten konnten. Hervorragend waren hier die abendlichen Menüs, die bei der Halbpension serviert wurden.

Der **Schluchsee,** seit 1928 ein Speichersee, bietet durch die besonderen Geländeverhältnisse mit der steil zum Hochrhein abfallenden Südflanke des Schwarzwaldes besonders günstige Voraussetzungen für den Bau von Pumpspeicherkraftwerken.

Intensive Niederschläge sorgen für starke Beckenzuflüsse. Die Schwarzwaldflüsse und der Rhein ergänzen sich in der Wasserführung. Starke Winterabflüsse im Schwarzwald werden im Sommer durch alpine Schmelzwasser im Rhein abgelöst, so dass immer genügend Wasser zur Stromerzeugung bzw. zur Beckenfüllung zur Verfügung steht.

Der Schluchsee liegt auf einer Höhe von 930 m, ist 7,3 km lang und 1,5 km breit und hat ein Fassungsvermögen von 108 Millionen m^3 Wasser. Über 3 Staustufen (Häusern, Witznau und Waldshut) fällt das Wasser jeweils etwa 200 m tief auf Turbinen, die bei Bedarf über Generatoren zusätzlichen Strom erzeugen. Nachts, wenn wenig Strom gebraucht wird, wird wiederum Wasser aus dem Rhein in die Staubecken gepumpt, denn sonst wären sie nach kurzer Zeit leer, weil die zufließenden Wassermengen doch zu gering sind.

St. Blasien, 760 m ü.M. gelegen, ist ein kleines Städtchen, das 8 km südwestlich des Schluchsees im geschützten romantischen Tal der Alp liegt. Schon von weitem wird man durch die Kuppel eines Domes gegrüßt, die sich aus dem Wald rings um St. Blasien erhebt. Der Dom ist nach dem Petersdom in Rom und St. Pauls in London die drittgrößte Kuppelkirche Europas.

Sie ist die *Urzelle* des Ortes. Schon 948 stand hier eine Benediktinerabtei. Fürstabt Martin II. Gerbert aus Horb am Neckar, einer der bedeutendsten Äbte in St. Blasien, hatte den Mut, seine 1768 niedergebrannte Abtei und Kirche in einem völlig neuen Stil wieder aufzubauen. Auf Reisen beeindruckte ihn in Rom die altrömische Marienkirche, das Pantheon, dem er zu gern nördlich der Alpen ein Ebenbild setzen wollte und in Paris faszinierte ihn der neue klassizistische Kirchenbaustil eines Invalidendomes.

Zwanzig korinthische Säulen tragen die Kuppel, an deren Decke die Aufnahme Mariens in den Himmel dargestellt wird. Die Wände sind aus feinstem Marmor und zeugen u.a. von der Bedeutung dieses Doms.

Während unseres Aufenthalts im Schwarzwald konnten wir zwei Konzerte in diesem Dom besuchen, wobei man der besseren Akustik wegen im Langhaus, das früher den Mönchen vorbehalten war, Platz nehmen sollte.

Die Imperia ziert als eine Art modernes Wahrzeichen die Konstanzer Hafeneinfahrt. Im Volksmund wird sie auch *Statue of Liberty am Bodensee* genannt. Seit 1993 dreht sich die 10 m hohe, 18 t schwere Kurtisane mit Grazie und schöner Gelassenheit in 3 Minuten einmal um sich selbst und vor den Augen der Betrachter.

Museum für Karnevalsmasken
20 km östlich des Schluchsees entdeckten wir durch Zufall im Schloss von Bonndorf eine Ausstellung von Karnevalsmasken.
Der Friseurmeister Theo Hany präsentiert hier seine Freizeitbeschäftigung als Privatsammlung ganzjährig im Bonndorfer Schloss. Es ist bundesweit ein einzigartiges Museum und weltweit die größte Fasnachtsausstellung mit Eintrag im Buch der Rekorde. Mit über 300 Masken und Fasnetfiguren aus dein gesamten alemannischen Sprachraum ist es die größte öffentlich zugängliche Privatsammlung.
In barocken Schloss der Hochschwarzwaldgemeinde hat Theo Hany etwas bundesweit Einmaliges geschaffen. Alle Fasnetfiguren sind maßstabgetreu und handbemalt auf exakt 42 Zentimeter verkleinert. Der Anfang war natürlich ein Bonndorfer Pflumeschlucker, denn der ist hier zu Hause.

Man spürt die Liebe zum Detail und vor allem zur Tradition der Fasnacht. Jede der inzwischen mehr als 300 kleinen Boten der Fasnacht im süddeutschen Raum und der benachbarten Schweiz hat ihre eigene Geschichte. Es steckt viel Arbeit und persönlicher Einsatz in dieser Ausstellung. Zwischen 15 bis 60 Stunden dauert es, bis so ein Narro, Hansel oder Schantle ausstellungswürdig ist.

Bad Säckingen

Der Dichter Josef Viktor von Scheffel hat um die Mitte des 19. Jahrhunderts mit seinem Song vom Hochrhein dem **Trompeter von Säckingen** die Stadt Bad Säckingen weit über die Landesgrenzen hinaus bekannt gemacht. Als er in den Jahren 1850 und 1851 in Säckingen weilte, erfuhr auch er von einer sagenumwobenen Liebesgeschichte, die jedoch ihren realen historischen Hintergrund hatte. Eine ungewöhnliche Verbindung zwischen dem Bürgersohn Franz Werner Kirchhofer und der Freiherrentochter Maria Ursula von Schönau beschäftigte die Gedanken der Säckinger und erfüllten ihre Gespräche. Die Verbindung von Volk und Adel war verpönt und so musste das Paar vielerlei Verfolgungen und Schwierigkeiten durchstehen.

Trompeter von Säckingen

Trotz aller Schwierigkeiten gründeten Franz Werner und Maria Ursula nach der Vermählung ihren Hausstand in Säckingen und gewannen im Laufe der Jahre Achtung und Hochschätzung der Mitbürger. Franz Werner wurde mehrere Male Mitglied des großen Rates und im Jahre 1678 auch Stadtschreiber. Auch trat er als **Symphoniacus** und Dirigent der Sängerknaben beim fürstlichen Stift in Erscheinung, was wohl Scheffel veranlasst haben mag aus, ihm einen *Trompeter* zu machen.

Holzbrücke

Durch den Salzhandel, dessen Staatsmonopol Werner Kirchhofer für das obere Rheinviertel in Pacht hatte, erwarb er sich ein ansehnliches Vermögen. 1679 kaufte er das *Haus zum Sternen* in der Säckinger Rheingasse, nahe der heutigen 400 Jahre alten **Holzbrücke**, wo der Trompeter von Säckingen mit seiner Familie Zeit seines Lebens wohnte.

Bayrischer Wald (1.-6.10.1999)

In dem kleinen Ort **Drachselsried,** der etwa 7 km westlich von Bodenmais an der Glasstraße liegt, wurde das Falter Hotel für 5 Nächte unser zuhause. Das Hotel hat eine eigenes Hallenbad, hat Sauna und Solarium und kostete für Edda und mich zusammen mit Halbpension pro Nacht 128.- DM. Es war geschmackvoll eingerichtet. Das Bier stammte aus einer Drachselsrieder Brauerei, es schmeckte hervorragend und war zudem noch sehr preiswert: ein halber Liter für 3.20 DM.

Der **Große Arber** ist mit 1456 m Höhe der Höchste Berg des Bayerischen Waldes. Geologisch besteht er aus Gneis. Das Klima ist rau mit ca. 160 Frosttagen und einer Niederschlagsmenge von 1450 mm, davon sind 40% Schnee. Die mittlere Jahrestemperatur liegt bei 2.7° C. Insofern hatten wir bei unserer Wanderung Glück, dass nur der Wind recht kalt war.

Bayerisch Eisenstein als staatlich anerkannter Luftkurort liegt am Fuß des Großen Arber und ist Grenzstation nach Tschechien. Die Pfarrkirche *St. Johann von Nepomuk* ist sehenswert.

Die bedeutende westböhmische Stadt **Klatovy** oder auf Deutsch **Klattau** ist Verwaltungszentrum eines großen Bezirks an der südwestlichen Grenze der Tschechischen Republik mit Bayern. Die Stadt zählt heute 23.000 Einwohner und ihre Dominanten – den schwarzen Turm (1547 - 1557) und zwei weiße Türme der *Jesuitenkirche* – sieht man vom weiten.

Die Stadt hat um 1260 der böhmische König Otakar II. in der Nähe einer alten Marktgemeinde an einem Handelsweg von Prag nach Passau und Straubing gegründet. Er hatte großzügig geplant, ein geräumiger, fast quadratischer Marktplatz und Strassen, die sich im rechten Winkel kreuzen. Das größte Aufblühen erlebte die Stadt im 16. Jhd., wo sie zu den reichsten Städten Böhmens gehört hat. In dieser Zeit entstand auch der Schwarze Turm.

Glasherstellung
Quarzsand, Soda, Pottasche, Marmormehl und Kali Salpeter werden vermischt und bilden das Gemenge, das bei etwa 1500° C geschmolzen wird.

Schwarzer Turm und Weiße Türme

Der Bayrische Wald ist ein Zentrum der Glasherstellung. Viele dieser Glasbläsereien kann man besuchen und den Arbeitern bei der Herstellung zuschauen und natürlich auch Objekte kaufen.

»Wenn der Glasmacher Feierabend macht um 16.00 Uhr, beginnt des Schmelzers Arbeit. Um reines Glas zu schmelzen, dauert es fast die ganze Nacht«, das liest man an einer Wand im Glasbläserraum.

Glasbläserei

Felsenlabyrinth und Weimar (9. - 12.4.2001)

In der Woche vor Ostern hatten wir, Edda und ich, uns vorgenommen, für zwei oder drei Tage ins Fichtelgebirge zu fahren, um die Unterkunft für unsere im Mai stattfindende Skattour zu begutachten.

Da wir nach Osten fuhren, wurde das Wetter immer besser und wir hatten sogar Sonne. Am nächsten Tag allerdings hatte uns das diesige, regnerische Wetter wieder eingeholt.

Zu unserer Überraschung waren in fast allen Orten des Fichtelgebirges, in denen wir anhielten, die Brunnen mit viel Liebe und Sorgfalt österlich geschmückt. Es sah alles sehr einladend aus, vor allem, weil zu der Zeit, als wir dort waren, noch blauer Himmel vorherrschte.

Am nächsten Tag jedoch zeigte sich das Wetter nicht gerade von der freundlichen Seite, dennoch ließen wir uns nicht davon abhalten, Wanderungen zu unternehmen.

Eine davon führte uns in das Felsenlabyrinth, wenige km südlich von Wunsiedel.

Auf dem waldigen Rücken der **Luisenburg** bietet einem hier die Natur einen grandiosen Einblick in ihre seit rund 240 Millionen Jahren bestehende Hochschule für Gestaltung. Damals lief als glühende Schmelze Granit in die Hohlfalten eines Hochgebirges. Der Granit blieb, das Gebirge darüber ist seit Urzeiten abgetragen. Der Zahn der Zeit hat dann mit Wasser und Frost, Wind und Hitze in Jahrtausenden munter weitergewerkelt und durch Verwitterung und Verschiebung ein Felsenlabyrinth von seltener Formkraft geschaffen. Auf 700 Meter Länge sieht man Grotten und Gänge, Spalten und Klüfte, Felsgruppen und Einzelblöcke oft von grotesker Gestalt. Höchste Erhebung ist das Luisenburg-Kreuz mit 785 Metern und einem herausragenden Weitblick, den wir allerdings durch den Nebel nicht genießen konnten.

Napoleonshut

Die Felsen tragen typische Namen wie zum Beispiel Eremitenhöhle und Teufelstreppe, Dianaquelle und Turnerfelsen, aber es gibt auch einen Goethefelsen, einen Jean-Paul-Platz und einen **Napoleonshut**. Er wiegt übrigens 43 Tonnen und liegt schräg auf nur 0,2 Quadratmeter auf. Es ist ein Naturwunder! Auch Wunder, die im verborgenen blühen, sind die seltenen Leuchtmoose und Leuchtwasser (Algen).

Dieses Labyrinth besuchte auch schon Johann Wolfgang von Goethe, der davon fasziniert war. Er besuchte die *staunenswerte Erscheinung* gleich zweimal, zuletzt 1820, als man die Luisenburg gerade durch Stege und Treppen erschlossen hatte.

Weimar
Weimar**,** mit einer Einwohnerzahl von etwa 59 000, ist eine der Städte, die seit dem Jahr 2000 den Titel Europäische Kulturhauptstadt führt. Im Dezember

1998 wurden elf historische Bauten und Parkanlagen der thüringischen Stadt in die Liste des Weltkulturerbes der UNESCO aufgenommen.
Erste Zeugnisse eines befestigten Ortes, der sich um eine Burg der Grafen von Weimar entwickelte, stammen aus dem 10. Jhd.. 1485 kam Weimar in den Besitz der ernestinischen Linie der Wettiner und wurde 1547 ihre Residenz.

Weimar war 346 Jahre lang Hauptstadt des Herzog- bzw. Großherzogtums, erlebte 1919 die Gründung der deutschen Nationalversammlung, welche der Weimarer Republik den Namen gab und war ab 1920 auch Hauptstadt des neuen Landes Thüringen.

Weimars Herzog Carl August, dessen *Reiterstandbild* man am Platz der Demokratie vor dem ehemaligen Fürstenhaus begegnet, damals 18 Jahre jung und eben erst auf den Thron gerückt, erhielt 1775 von seinem Lehrer Christoph Martin Wieland den Rat, den 26 jährigen Dichter und Juristen Goethe an den Hof einzuladen. Der nahm – zunächst wohl aus Neugier – an und sagte seiner ungeliebten Anwaltskanzlei in Frankfurt für immer adieu.

Schon im ersten Jahr machte der Herzog ihn zum **Geheimen Legationsrat mit Sitz und Stimme**, mit 30 wurde er Minister, und weitere drei Jahre später wurde er geadelt und durfte sich fortan »von Goethe« nennen. Er hatte sich im Laufe seiner Staatskarriere um den Straßen-, Berg- und Wasserbau zu kümmern, um Rekrutenaushebung, um das Theater und um die Finanzen. Es gab fast nichts, womit er nicht konfrontiert wurde.

Zunächst aber ließ der junge Dichter sich die Freude am Leben nicht nehmen. Johann Heinrich Voß beklagte sich darüber in einem Briefe: »In Weimar geht es erschrecklich zu. Der Herzog läuft mit Goethen wie ein wilder Bursche auf den Dörfern herum, er besäuft sich und genießet brüderlich einerlei Mädchen mit ihm«. In dieser *wilden Phase* lebte Goethe im Gartenhaus (Bild) an der Ilm. Eingebettet in die liebliche Flussaue, die hier auf Goethes Anregung hin in einen großzügigen Naturpark verwandelt wurde, ist dieses Haus wohl die idyllischste Gedenkstätte Weimars.

Das 1792-1997 in der Art eines griechischen Tempels ebenfalls im Park, aber auf der anderen Seite des Flusses erbaute römische Haus diente dem Herzog als Sommerquartier.

Als Goethe 1782 die Leitung der Finanzkammer übernahm, zog er in das heute als Goethehaus bekannte Barockgebäude am Frauenplan. Es gilt als der Nabel der Weimarer Klassik. Jahrzehntelang trafen sich hier Dichter und Philosophen, Maler und Musiker, Komponisten und Kuratoren. Hier empfing Goethe Bittsteller, tafelte er mit Freunden, schrieb er die »Wahlverwandtschaften«, »Dichtung und Wahrheit« und größtenteils den »Faust«. Hier hatte er Raum, seiner Sammelleidenschaft zu frönen: Plastiken, Gemälde, Münzen, Medaillen, Mineralien, Möbel und noch unendlich viel mehr.

Auf dem historischen Friedhof findet man die Gräber der Familie Goethe. Auf dem Grabmal von Walter von Goethe liest man: "Mit ihm erlosch Goethes Geschlecht, dessen Name alle Zeiten überdauert".

Goethe und Schiller, die beiden Dichterfürsten wurden sogar in der Fürstengruft beigesetzt.

Schillers Umzug nach Weimar
Dem anderen großen Deutschen, dem man in Weimar auf Schritt und Tritt begegnet, erging es beileibe nicht so gut. Friedlich Schiller (*1759) war 1782 aus Stuttgart geflohen, wo er als Regimentsarzt dem Herzog von Württemberg dienstverpflichtet war. Dieser hatte ihm nach dem Erfolg der »Räuber« in Mannheim und wegen seiner Reise dorthin verboten, sich weiterhin poetisch zu betätigen. Sein ruheloses Umherziehen durch deutsche Lande führte ihn fünf Jahre später nach Weimar, wo er zunächst bis 1789 blieb. Erst im Sommer 1794 fand er engeren Kontakt zu Goethe, und ihr berühmter Briefwechsel begann.

Um mit seiner ganzen Familie übersiedeln zu können, erwarb Friedrich Schiller 1802 an der Esplanande, der heutigen Schillerstraße, ein Stadthaus. In den wenigen Jahren bis zu seinem frühen Tod, er starb 1805 im Alter von 45 Jahren, schuf er hier seine Dramen »Die Braut von Messina« und »Wilhelm Tell«.

Erfurt (6.-8.10.2001)

In der **Pension** Malluche, in der Kartäuserstraße, nur etwa 15 Fußminuten vom Zentrum der Stadt Erfurt, dem Domplatz entfernt, fanden wir für zwei Nächte eine hübsche Unterkunft. In einer Nische des Frühstücksraumes waren Fenster mit Glasbildern eingesetzt, die dem Raum einen würdigen Eindruck verliehen.

Die gesamte Innenstadt Erfurts kann man zu Fuß erfahren, und so begannen wir unsere Stadtbesichtigung am größten und schönsten Platz, dem Domplatz. Nach 250 m erreicht man über die Marktstraße den Fischmarkt, an dem das Rathaus der Stadt liegt und von da aus sind es nur etwa 500 m über die Schlösserstraße bis zum Anger. Am Petersberg, nordwestlich des Domplatzes erstreckt sich der ehemalige Komplex der Zitadelle.

Erfurts Wahrzeichen, das in Europa einzigartige **Kirchenensemble von Mariendom und Severikirche** überragt majestätisch das Bild der Stadt. Das architektonische Meisterwerk der deutschen Gotik stellt eine ehrfurchtsgebietende Leistung der Sakralbaukunst dar. Schon im Jahr 1119 unterhielten auf diesem Hügel Marienbrüder bereits Stift und Dom. Der Mariendom stürzte 1153 ein, was ausschlaggebend war, die-sen großartigen Bau anzugehen, der sich jetzt hier erhebt.

Eine breite gewaltige Freitreppe mit 70 Stufen führt zu den beiden Kirchen. Das beeindruckendste aber ist am äußeren Dom der auf mächtigen Tonnengewölben ruhende, sehr hohe, von riesigen Fenstern durchbrochene Chor.

Der Triangel genannte nördlich vorgelagerte Portalbau, er entstand um 1330, zeigt in seinen Nischen Skulpturen einer Kreuzigungsgruppe, eine Marienstatue und Abbilder von Aposteln.

Auf der entgegen gesetzten Seite sind Skulpturen der klugen und törichten Jungfrauen zu sehen. Dieses Motiv, das in der Kunst gerne verwendet wird, basiert auf dem Gleichnis von den 10 Jungfrauen, 5 törichten und 5 klugen, die ihre Lampen nahmen und dem Bräutigam entgegengingen. Die 5 törichten aber nahmen kein Öl mit und verpassten dadurch ihren Bräutigam, der nachts kam. Denn sie mussten erst Öl kaufen gehen. Als sie zur Hochzeitstür kamen, war diese verschlossen.

Im Inneren des Domes kommt der farbenprächtige *Glasfensterzyklus* mit seinen 13 annähernd 18 Meter hohen Fenstern zur vollen Geltung. Er zählt zu den großartigsten Beständen mittelalterlicher Glaskunst.

Ein 8,8 x 5.95 m² großes Bild wurde

Törichte Jungfrauen

1499 mit Ölfarbe auf den Sandstein gemalt. Es zeigt den hl. Christophrtus., den Christusträger, der – wie die Legende erzählt – Christus diente, indem er anderen half, einen reißenden Fluss zu überqueren. Der Bronzeleuchter – vermutlich um 1160 gegossen – ist das älteste freistehende Gusswerk der deutschen Kunstgeschichte. Er wird nach einer Inschrift auf dem Gürtelband, die als Stifter der Figur einen Wolfram und eine Hiltiburc nennt, als *Erfurter Wolfram* bezeichnet. Interessant sind im Mariendom auch die Rundbilder, die an den Pfeilern angebracht wurden.

Rundbild

Die ebenfalls katholische Severikirche wurde im Jahr 836 erstmalig urkundlich erwähnt. Als fünfschiffige gotische Hallenkirche wurde sie von 1278-1340 erbaut und ist in allem Wesentlichen bis heute erhalten. Sehenswert ist unter anderem der mit Stabwerk überdachte 15m hohe gotische Taufstein.

Wichtigstes Stück in dieser Kirche aber ist der Sarkophag mit den Gebeinen des hl. Severus, des Bischofs von Ravenna. Die Deckplatte, die man hier sieht, ist eine Kopie der Originaldeckplatte. Diese befindet sich an der Wand über einem Altar, der die Reliquien aufnahm. Sie wurde um 1360 geschaffen und besteht aus Sandstein. Abgebildet ist der hl. Severus zwischen seiner Frau Vincentia und seiner Tochter Innocentia. Mann und Frau sind durch ein Buch geistig verbunden. Diese Platte gehört zu den wertvollsten und reifsten Schöpfungen der deutschen Plastik des 14. Jhds.

Sarkophag

Haus zum Sonneborn

An der Ostseite des heute an mehreren Tagen von Marktgewimmel erfüllten weiten Domplatzes liegen sehr schön renovierte Fachwerkhäuser. Dort ist auch die Einmündung der Marktstraße, einmal Teil der Via regia und bevorzugter Sitz von Händlern und Kaufleuten. Diese Straße führt in wenigen Minuten zum Fischmarkt.

Ein kleiner Abstecher rechterhand führt zu sorgsam restaurierten Baulichkeiten. Da ist das **Haus zum Sonneborn,** das 1536 erbaut wurde und heute Hochzeitshaus und Standesamt ist. Das prächtige Portal und die Renaissancemalerei sind besonders sehenswert.
In den Baulichkeiten der Arche, dem ehemaligen Waidspeicher, ist heute ein Puppentheater und ein Kabarett untergebracht.

Im Restaurant **Zum Güldenen Rade** in der Marktstraße, auf das wir während

Zu güldenen Rade

unseres Stadtrundgangs aufmerksam wurden, kann man hervorragend essen. In einer eigenen Zeitung werden bekannte Persönlichkeiten genannt, die sich im Gästebuch eintrugen, wie der Ministerpräsident Vogel, Helmut Kohl, Volker Rühe, Norbert Blüm, Roger Withaker usw..

Historischer Fischmarkt
Neben den Kirchen waren es vor allem die Märkte, die Erfurt nachhaltig prägten. Ein reger Handel belebte schon im Mittelalter die Stadt: Stoffe, Gewürze, Edelmetalle, Wein und Waid – die Pflanzen mit dem blauen Farbstoff – wechselten die Besitzer. Am historischen Fischmarkt fallen gleich zwei der wohl schönsten Handelshäuser ins Auge: das Haus »Zum Breiten Herd«, 1584 im Stil der Renaissance errichtet, und das Haus **Zum Roten Ochsen**. Letzteres ließ sich 1562 ein Waidhändler erbauen; die prachtvoll verzierte Renaissance-Fassade lässt auf seinen Reichtum schließen.

Zum roten Ochsen

Das **Rathaus** ist als neugotisches Gebäude am Fischmarkt von 1870 bis 1874 erbaut worden. Es besitzt zahlreiche Wandgemälde im Treppenaufgang und Festsaal. Sie stellen Legenden und Szenen aus dem Leben Luthers und Bilder aus der Erfurter und Thüringer Geschichte und Sagenwelt dar. Der Festsaal bildet oft den Rahmen für Konzerte und Empfänge.

Wandgemälde

Der heilige Martin

Obwohl Erfurt nie den Status einer Freien Reichsstadt erlangte, ließ sie den Fischmarkt von einem Roland bewachen. Um die Mainzer Oberherren nicht unnötig zu provozieren, nannte man die 1591 aufgestellte Figur kurzerhand **Römer**.
Gegenüber dem Rathaus befindet sich

die Statue des heiligen Martin im Gewand eines römischen Kriegers, die 1591 errichtet wurde, auch Roland genannt. Sie diente als Demonstration, dass die Stadt bereit sei, ihre bedrohten Rechte und Freiheiten gegen den erzbischöflichen Stadt- und Landesherrn zu verteidigen.

Die Krämerbrücke, nur wenige Meter vom Fischmarkt entfernt, ist Erfurts interessantestes Profanbauwerk. Die 1325 errichtete steinerne Bogenbrücke über die Gerafurt, durch die einst die Handelsstraße via regia führte, ist die einzige vollständig mit Häusern bebaute und bewohnte Brücke nördlich der Alpen. Im Mittelalter befanden sich an beiden Enden der Brücke Brückenkopfkirchen, von der eine, die Ägidienkirche noch heute existiert.

Es ist vor allem das architektonische Ambiente der Krämerbrücke, das anziehend wirkt und dem Ganzen märchenhaften Reiz verleiht.

Die stark **gewölbte Brücke,** die auf wuchtigen Bögen ruht, ist beidseitig mit bunten Fachwerkhäusern bebaut. 32 Häuser säumen die steile Brückenstraße, den Rest einer alten Handelsstraße. Wenn man sie hinauf- und auf der anderen Seite wieder hinuntergeht, bemerkt man meist gar nicht, dass man dabei das Flüsschen Gera überquert hat.

"Ich werde nicht sterben, sondern Leben und des Herrn Werk verkünden". Martin Luther war mehr als einmal in Erfurt. 1501 zog es den 17-jährigen an die philosophische Fakultät der hiesigen Universität, wo er 4 Jahre später die Magisterwürde erlangte.

Am Ende der Hauptgeschäftsstraße, dem **Anger,** wurde einst der Waidmarkt abgehalten. Der Platz und die anschließende Straße gleichen Namens sind seit den 70er Jahren zu einem Einkaufsboulevard umgestaltet worden.

Ein gar nicht zum Städtebild passendes Gebäude wurde hier gegen den Willen der Erfurter Bevölkerung von der westdeutschen Buchhandlung Hugendubel errichtet.

Gegenüber diesem missratenen Bauwerk befindet sich ein Gebäude, von dessen Balkon aus früher die Kaufleute ihre Waren anpriesen. Heute ist in diesem Haus ein Museum untergebracht.

Dem Waid hatte das alte Erfurt ein gut Teil seines Reichtums zu verdanken. Waid ist ein Kreuzblütler, der bis zu 1,2 Meter hoch wird. Vom Mittelalter bis ins späte 18. Jahrhundert wurde aus ihm der Rohstoff für die Blaufärberei gewonnen.

Der ehemalige Reichtum zeigt sich an den Fassaden der Häuser.

Im heutigen **Haus Dacheröden,** in dem der Magistrat der Stadt untergebracht ist, verkehrten einst Geistesgrößen von späterem Weltruf wie Goethe, Schiller oder Humboldt.

Staatskanzlei

Die ehemalige kurmainzische **Statthalterei,** heute Thüringer Staatskanzlei – Residenz des Ministerpräsidenten Vogel – wurde 1711 bis 1720 nach Ideen des Baumeisters Maximilian von Welsch im Renaissancestil errichtet. Sehenswert sind das repräsentative Portal sowie der westliche Teil des Frontgebäudes im Barockstil. Gäste des Hauses waren u.a. Persönlichkeiten wie Schiller, Herder, Humboldt und Wieland. Hier fand auch das historisch bedeutsame Zusammentreffen Napoleons mit Goethe statt.

Wenn man vom vielen Herumlaufen und Besichtigen hungrig und durstig geworden ist, bietet Erfurt eine umfangreiche, freundliche Gastronomie an.

Barfüßerkirche

Nur eine Straßenecke von der Staatskanzlei entfernt, steht die 1944 zum großen Teil zerstörte **Barfüßerkirche.** Das lange durchgehende Satteldach der Kirche des ehemaligen Franziskaner-Klosters prägte jahrhunderte lang das Erfurter Stadtbild. Noch in ihrem heutigen Zustand ist sie ein großartiges Beispiel deutscher Sakralbaukunst des 14. und 15. Jahrhunderts. Mit der Reformation (Luther hatte 1529 hier gepredigt) war das Kloster aufgehoben worden.

Am 1. Juni des Jahres 1695 wurde in Erfurt der Grundstein gelegt zu einer der wenigen bis heute noch in wesentlichen Teilen erhalten gebliebenen Stadtfestungen des 17. Jahrhunderts in Deutschland, der **Zitadelle Petersberg.** Heute ist sie beeindruckendes Zeugnis europäischer Festungsbaukunst des 17. bis 19. Jahrhunderts. Erst ab 1964 erfolgte die partielle Erschließung der Festung für die Öffentlichkeit, die ab 1990 verstärkt vorangetrieben wurde. So sind heute

Zitadelle

bereits große Teile der Kasematten und Minengänge im Inneren der Anlage wieder zu besichtigen. Die Erschließung der Zitadelle und des Petersberges gehört zu den aufwendigsten denkmal-pflegerischen Aufgaben der Stadt Erfurt. Da die Zitadelle auf dem Petersberg liegt, hat man von hier aus herrliche Ausblicke auf die Stadt.

Löcher

Mit einer historischen Straßenbahn, die im Tempo der 60er Jahre fährt, kann man für 20 Mark eine 1,5-stündige Stadtrundfahrt machen, die auch in die Außenbezirke führt.

Eine Erklärung der Stadtführerin zu den in vielen Häusern neben der Eingangstür vorhandenen Löchern: Zu den Zeiten, als es noch nicht möglich war,

Bier längere Zeit aufzubewahren, wurden immer dann, wenn frisches Bier gebraut war, Reisigzweige in die Löcher gesteckt, damit die durstigen Seelen wussten, wo sie Nachschub holen konnten.

Als wir Erfurt besuchten, feierten die Erfurter ihr Oktoberfest. Wir waren deshalb etwas enttäuscht, da es für uns nicht möglich war, den Domplatz in seiner ganzen Größe einzufangen. Doch der Anblick am Abend entschädigte

Nachtbild

uns etwas. Trotz des Lärms und Lichtgewitters vom Rummel hinterließen die durch Scheinwerfer angestrahlten Kirchen einen prägenden Eindruck.

Mecklenburg-Vorpommern (28.7. - 3.8.2002)

Molly

Wir, das sind Edda und ich, wollten ein paar Tage in den Sommerferien ausspannen und entschlossen uns deshalb, bekannte Orte an der Ostsee im ehemaligen Gebiet der DDR, also in Mecklenburg-Vorpommern zu bereisen.

Nach langem Suchen fanden wir ein Hotel in Bargenhagen, etwa 7 km von Bad Doberan entfernt, das unser Standquartier wurde. Von da aus machten wir unsere Ausflüge und Besichtigungen: Bad Doberan, Heiligendamm, Kühlungsborn, Warnemünde und Rostock und nicht zu vergessen Wismar.

Gleich am nächsten Tag nach unserer Ankunft, ein Montag, wanderten wir von Bad Doberan bis nach Heiligendamm. Die etwa 7 km lange Strecke ist als Radweg ausgebaut. Sie führt teils rechts, teils links an einer kilometerlangen uralten Lindenallee entlang, die als Autostraße dient. Es ist wohl die längste geschlossenen Lindenallee Deutschlands. Neben der Straße liegen auch die Gleise der Molly einer Dampfeisenbahn, die hier im Stundentakt verkehrt.

Deutschlands älteste Rennbahn

Auf halbem Wege zwischen der Stadt Bad Doberan und dem Ostseebad Heiligendamm befindet sich die älteste Galopprennbahn auf deutschem Boden. Am 10. August 1822 initiierten die Barone Gottlieb und Wilhelm von Biel auf damals noch freiem Feld ein Wettrennen der Badegesellschaft, zu Ehren der Erbgroßherzogin Alexandrine. Sie wollten damit die Überlegenheit der englischen Vollblutrasse beweisen, von der sich zu diesem Zeitpunkt erst wenige Pferde in Deutschland befanden.

Galopprennbahn

Es gründete sich der Doberaner Rennverein, um künftig Rennen nach englischem Muster auf einer festen Bahn abzuhalten.
Nach erzwungenen Pausen durch den 1. und 2. Weltkrieg schien das Schicksal der Bahn 1962 endgültig besiegelt, als sich die Hoffnungen auf Lottomittel für einen Tribünenbau zerschlugen. Das Gelände wurde umgepflügt.

Nach der Wende 1992 gründete sich ein neuer Doberaner Rennverein 1822 e.V., schuf in einem Kraftakt auf dem alten Gelände eine neue Rennbahn, die anlässlich der 200 Jahrfeier des Ostseebades Heiligendamm am 7. August 1993 eingeweiht worden ist. 1997 wurde hier das 175. Jubiläum des deutschen Galopprennsports mit viel Prominenz gefeiert.

Schrankenkurbeln

Nach einer knapp zweistündigen Wanderung sind wir am Bahnhof der Molli in Heiligendamm eingetroffen und genießen im Bahnhofsimbiss ein kühles Getränk. Wie in alten Zeiten dreht der Fahrkartenverkäufer stündlich die Schranken der Bahnübergänge herunter und wenn der Zug durchgefahren ist, wieder rauf.
Man fühlt sich fast in die Zeit der Jahrhundertwende zurückversetzt.

Heiligendamm

Das *Seebad Heiligendamm* gründete der mecklenburgische Herzog Friedrich Franz 1. 1793 auf Anregung seines Leibarztes, der die gesundheitliche Wirkung des milden Ostsee-Salzwassers erkannt hatte. Die herzoglichen Kuraufenthalte zogen Adel und Großbürgertum nach Heiligendamm. So entstand die *Weiße Stadt am Meer*. Das klassizistische Ambiente der guten alten Badezeit soll nun wieder hergestellt werden, freilich in moderner Luxusversion. Die eleganten Hotels, Villen und Logierhäuser bieten sich am eindrucksvollsten von der Strandpromenade aus dar.
Mittelpunkt des einstigen gesellschaftlichen Treibens am Meer war das heutige Kurhaus, tempelartig mit Giebelfeld und breiter dorischer Säulenvorhalle 1816 als Tanz- und Speisehaus errichtet. Eine großartige Leistung des norddeutschen Klassizismus mit erkennbaren Einflüssen der *Berliner Schule*.

Kühlungsborn

Nach der 7 km langen Wanderung bis Heiligendamm entschlossen wir uns, nach Kühlungsborn, das 7 km westlich von Heiligendamm liegt, mit der Molli zu fahren.

Seit jeher ist Kühlungsborn eines der bestbesuchten Ostseebäder, dazu eines mit langjähriger Tradition. 1877 erschien hier der erste Badeprospekt, und nur fünf Jahre später erfand der Kühlungsborner Korbmacher Wilhelm Bartelmann den **ersten Strandkorb** der Welt. Die Anzahl der Strandbadehütten vergrößerte sich Jahr um Jahr, 1895 schließlich ging die erste Badeanstalt in Betrieb, hübsch getrennt in ein Damen-
Strandkörbe

und ein Herrenbad, dazwischen 100 m Abstand, selbstverständlich!. 46800 Saisongäste kamen um die Wende zum 20. Jhd. in diesen Badeort, der nach Norderney auf Platz zwei der meistbesuchten deutschen Seebäder rangierte. 1938 schlossen sich drei benachbarte Orte zur Stadt Kühlungsborn zusammen, be-nannt nach der Kühlung, einem bewal-deten Höhenzug im Hinterland.

Molli fährt durch Bad Doberan

Schienen-Methusalem Molli
Die Mecklenburgischen Bäderbahn Molli beginnt in Bad Doberan, fährt über das Ostseebad Heiligendamm, der weißen Stadt am Meer und endet in Kühlungsborn.
Gleich am Anfang ihrer Route dampft sie mit Schrittgeschwindigkeit durch eine enge Straße in Bad Doberan.

Sie ist eine Dampfeisenbahn aus dem Jahr 1886 und Deutschlands älteste Kleinbahn mit der seltenen Spurweite von 90 cm. Man brauchte damals nur 4 Wochen, um das erste 5,6 km lange Teilstück bis Heiligendamm in Betrieb zu nehmen.
1933 wurden die alten Lokomotiven, Reisewagen, Güterwagen und Post-Gepäckwagen gegen die heutigen Modelle der Firma Orenstein & Koppel ausgetauscht. Das ganze Jahr über zuckelt er (Molli ist nämlich männlich) über die 15,4 km lange Strecke im beschaulichen Blumenpflücktempo von höchstens

50 km/h zwischen den Ostseebädern Bad Doberan, Heiligendamm und Kühlungsborn hin und her.

Bad Doberan

Von der Glanzzeit Bad Doberans als herzogliches Sommertheater mit Gesellschaftsbad Heiligendamm und berühmter Galopprennbahn vor den Toren zeugen noch etliche herrschaftliche Palais- und Wohnhausbauten des 18. und 19. Jhds.. Auf dem Kamp, einer kleinen Grünzone, findet man den **Weißen-** und den **Roten Pavillon**, reizende klassizistische Bauten mit chinoisen Elementen von Carl Theodor Severin. Ursprünglich als Musiksäle konzipiert, beherbergen sie heute ein beliebtes Cafe und eine Kunstgalerie.

Weißer Pavillon

Backsteinkirche

Unbedingt sehenswert ist Bad Doberans Klosterbereich. Dort steht das berühmte Bad Doberaner Münster, eine der schönsten und bedeutendsten Backsteinkirchen der norddeutschen Hochgotik. In leuchtendem Rot steigt das dreischiffige Münster auf, gewaltig seine Ausmaße mit breit ausladenem Quer-haus. Der Zisterzienser-Regel gemäß turmlos, sticht lediglich ein spitzer Dachreiter nach oben. Das Kloster liegt inmitten eines herrlichen weiten Land-schaftsgartens.

Licht und weit wirkt der Innenraum des Münsters mit seiner wertvollen Ausstattung. Eines der Glanzstücke ist der reich vergoldete Hochaltar von 1310. Er ist ein Hauptwerk Lübecker Schnitzkunst und einer der ältesten deutschen Flügelaltäre überhaupt. Die Figurenreihen der Flügel thematisieren Szenen des Alten und Neuen

Hochaltar

Testaments.

Bezaubernd ist die Leuchtermadonna mit Mondsichel und Strahlenkranz, eine der ältesten Standmadonnen Norddeutschlands. Sie entstand um 1280.

Monumentales Kreuz

Die Grenze zwischen einstiger Mönchs- und Laienkirche markiert der doppelseitige Kreuzaltar, figurenreich geschnitzt und von einem monumentalen Kreuz 15 m überragt. Er wurde um 1370 in die Kirche integriert. Hochrangig ist auch der zierliche Reliefschmuck der spätgotischen Chorgestühlwangen.

Da die Klosterkirche den mecklenburgischen Herzögen jahrhunderte lang als Grablege diente, gibt es ferner etliche Grabmonumente zu bewun-dern. Da ist die Tumba der Königin Margarete (um 1285), das Doppelgrab des schwedischen Königs Albrecht mit Gemahlin (um 1420) sowie die prächtige Renaissance-Grabkapelle für Herzog Adolf Friedrich 1. und seine Frau Anna Maria. Im nördlichen Seitenschiff steht der Sarkophag von Herzog Friedrich Franz I, dem die Orte Bad Doberan und Heiligendamm ihren Status als fürstliche Sommerresidenz und als Seebad verdanken.

Wo das Querschiff das Längsschiff kreuzt, hängt ein Geweih. Auch ein Schwan hat einen Ehrenplatz bekommen. Der Legende nach wollte Fürst Heinrich Borwin 1186 ein von Aufständischen zerstörtes Zisterzienserkloster durch einen Neubau ersetzen, und zwar dort, wo er einen Hirsch zur Strecke bringen würde. Der fiel in den Sumpf, aber alle Zweifel des Fürsten zerstreute das »dober, dober - gut, gut« eines Schwans.

Warnemünde

»Rostocks schöne Tochter« wird Warnemünde von den Mecklenburgern zuweilen auch genannt, denn seitdem die Rostocker das kleine Fischerdorf 1323 kauften, um sich den lebenswichtigen Zugang zur Ostsee für den eigenen Hafen zu sichern, entwickelte es sich immer mehr zu einem Vorort, was die auf Eigenständigkeit bedachten Warnemünder bis heute freilich nicht gern hören. Schon im frühen 19. Jhd. etablierte sich hier der Badebetrieb, und sukzessive machte sich Warnemünde einen Namen als Seekurort. Viele prominente Sommergäste aus Berlin, von Theodor Fontane über Kurt Tucholsky bis zu Hans Albers, genossen hier ihre Ferien. Den Kabarettisten Joachim Ringelnatz soll Warnemünde sogar zu seinem "Kuttel Daddeldu" inspiriert haben.

Warnemünder Sandstrand

Bei Urlaubern und Rostockern gleichermaßen beliebt ist der breite und feinkörnige Warnemünder Sandstrand. Besonders an Sommerwochenenden kann man hier allen Ferienfreuden frönen: vom faulen Sonnenbaden über Wasserski bis zum Surfen. Warnemünder Wahrzeichen sind der Teepott, der kühn konstruierte Bau eines Lokals, und der Leuchtturm an der Promenade entlang des Badestrands.

Man sieht den **Leuchtturm** von fast überall in Warnemünde – und von ihm kann man aus etwa 30 m Höhe fast alles in Warnemünde sehen. 1897 als Seezeichen erbaut, hilft er nicht nur Schiffen auf ihrem Weg in den sicheren Hafen, sondern ist auch – Dank engagierter Warnemünder Hobby-Leuchtturmwärter – eine weitere Attraktion des Ostseebades geworden.

Leuchtturm

Giebelhäuser

Rostock
Rostock, eine altehrwürdige Hanse- und Universitätsstadt ist heute die größte Stadt und wirtschaftliches Zentrum des Landes. Die Zugehörigkeit zur Hanse ab 1259 brachte Reichtum.
In Rostock leben rund 200000 Einwoh-

ner, etwa 13 % der Gesamtbevölkerung Mecklenburg-Vorpommerns. Die Wirtschaftskraft bestimmen seit alters Handel, Schiffbau und Schifffahrt, wobei die Zulieferindustrie, junge Technologien und wachsende Tourismusströme noch zum blühenden Wachstum der Wirtschaftsregion beitragen.

Architektonische Fundgrube ist die nördliche Altstadt, wo neben modernen Plattenbauten restaurierte und originalgetreu rekonstruierte Speicher und Giebelhäuser das Bild bestimmen. Die Wokrenter Straße prunktet mit 15 historischen Giebeln. Aber nur das Haus der Architekten, Nr.40, hat sich als Kaufmannshaus der Hansezeit original vor Ort erhalten.

Aus einiger Entfernung betrachtet überragt die **Marienkirche** die Giebelfront der Wokrenter Straße.

Sie kündet als bedeutendster Rostocker Sakralbau vom Reichtum und Wohlstand der Hanse, denn das Handelspatriziat stellte 1398 die Gelder für die Vollendung einer älteren, eingestürzten Hallenkirche zur Verfügung.

Mitte des 15. Jhds. war der seit jeher in seiner Blockhaftigkeit das Stadtbild dominierende Bau, eine dreischiffige Basilika mit hohem Querhaus, schließlich vollendet.

Majestätisch wirkt der Innenraum mit einer Höhe von 31,5 m im Mittelschiff.

Absolut sehenswert ist die Ausstattung. Zu den Kunstschätzen der Marienkirche gehören der so genannte **Rochusaltar**, ein wunderschön geschnitzter Flügelaltar, der aus der Zeit um 1530 stammt. Er ist in ungefasstem Eichenholz ausgeführt und war der Zunftaltar der Bartscherer und Wundärzte.

Vor dem grandiosen Orgelprospekt mit kompositorisch eingebundener Fürstenloge, 1750 unter Herzog Christian Ludwig erbaut, kann man lange staunend verweilen. Die 1770 von dem Rostocker Orgelbaumeister Paul Schmidt erbaute und 1938 von der Orgelfirma Sauer umgebaute Orgel hat 5702 Pfeifen, 83 Register, 4 Manuale und ein Pedal.

Astronomische Uhr

Weltberühmt ist die astronomische Uhr, die 1472 in Nürnberg gefertigt wurde und 1643 ihre architektonische Rahmung erhielt. Auf zwei Zifferblättern werden Jahr, Monat, Tag, Stunde, Sonnen- und Mondphasen und Tierkreiszeichen bis zum Jahr 2017 angezeigt.

Der bronzene Taufkessel wurde 1290 in Rostock gegossen. Der figürliche Schmuck stellt das christliche Glaubensbekenntnis dar. Die Trägerfiguren sind bezeichnet mit den Namen der 4 Elemente Erde, Wasser, Luft und Feuer. Sie symbolisieren den Artikel von der Schöpfung. Auf dem eigentlichen Kessel ist das Leben Jesu dargestellt, Ausdruck des Artikels von der Erlösung. Auf dem Deckel finden wir den Artikel von der Heiligung durch die Darstellung von Taufe, Himmelfahrt und dem Gleichnis von den klugen und törichten Jungfrauen.

Brunnen

Lebendiges Zentrum der Neustadt ist der begrünte Universitätsplatz, an dem Rostocks Haupteinkaufsmeile, die Fußgängerzone Kröpeliner Straße, vorbeiführt. Mitten auf dem Platz sprudelt der Brunnen der Lebensfreude, eine Komposition ineinander verschlungener Tier- und Menschenleiber von den Bildhauern Jo Jastram und Reinhard Dietrich entworfen. Es ist ein beliebter Kinderspielplatz!

Rathaus

Merkwürdigkeiten findet man am Neuen Markt, genauer am Rathaus aus dem 13. Jahrhundert. Ein barocker Vorbau verdeckt die Schaufassade mit ihren 7 Türmen und man darf rätseln, welche Fensterpaare nur gemalt sind. Die magische Zahl sieben soll einmal das Stadtbild bestimmt haben: Sieben Türme auf dem Rathaus, sieben Straßen zum Markt, sieben Tore zum Lande, sieben Brücken am Strand, sieben Türme auf St. Marien. Nicht alle magischen

Orte sind mehr zu sehen. Aber den Rostockern war es selbstverständlich, das 777-jährige Bestehen ihrer Stadt 1995 groß zu feiern.

Wismar

Tempietto

Die Hansestadt Wismar mit ihren 49000 Einwohnern erhält gerade wieder ihr schönes mittelalterliches Gesicht zurück. Da ist der sehenswerte Marktplatz mit der Wasserkunst, einem Renaissance-Pavillon, von dem aus die Einwohner mit Wasser aus den südlich gelegenen Metelsdorfer Quellen versorgt wurden. Phillip Brandin aus Utrecht schuf diesen 12-seitigen Tempietto mit kupfernem Glockendach; eine kunstvolle Verteilerstelle der öffentlichen Wasserversorgung.

Da ist das auffälligstes Haus am Markt, der 1380 errichtete Backsteinbau **Alter Schwede**, der diesen Namen allerdings erst 1878 mit der Einrichtung eines Gasthauses erhielt.

Alter Schwede

Der Name Alter Schwede ist wohl eine Reminiszenz an die Zeit, als Wismar zu Schweden gehörte, es war nämlich nach dem Dreißigjährigen Krieg an die Schweden gefallen.

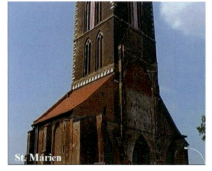
St. Marien

Ein wenig Geschichte: Vermutlich von Lübecker Bürgern wurde die Stadt 1226 gegründet. Von 1257 bis 1358 also 101 Jahre war Wismar Sitz des mecklenburgischen Fürstenhauses. Mit Rostock und Lübeck schloss sich die Stadt 1259 gegen die Seeräuberei zusammen, aus diesem Bündnis entstand später das *Wendische Kontor* der Hanse, die Wismar Wohlstand brachte.
Von der Ratskirche St. Marien, einst

eine von Norddeutschlands schönsten Kirchen der Backsteingotik, überragt nur noch der 80 m hohe Westturm die Stadt.

In einem Gebäude neben dem Turm wird die Herstellung der Backsteine mit Mitteln zur Zeit des Kirchenbaus demonstriert. Ein Beispiel ist die Tretmühle, die unter anderem zum Ziehen schwerer Lasten in beliebige Höhen genutzt wurde.

Die riesige Backsteinruine der 1404 erbauten Georgenkirche gegenüber St. Marien im Gotischen Viertel befindet sich im langjährigen Wiederaufbau. Etwa 2010 soll die Arbeiten abge-schlossen sein.

Zwölf Luftangriffe hatten Wismar im Zweiten Weltkrieg schweren Schaden zugefügt. Die **St. Georgenkirche** wurde in den letzten Kriegstagen zerstört, blieb dann jahrelang ungeschützt der Witterung ausgesetzt und wird seit 1990 wieder aufgebaut.

Idyllisch um einen Innenhof liegen heute die ehemaligen Gebäude vom *Heilig-Geist-Spital.*

Seine vor 1350 erbaute einschiffige Kirche wird innen von einer tiefen Balkendecke aus dem 17. Jhd. geprägt, die mit Szenen aus dem Alten Testament bemalt ist. Eine Kostbarkeit sind die Glasfenster, die um 1400 entstanden.

1250 gegründet, bestehend das Hl.-Geist-Spital aus Kirche und Hospitalhaus, dem sog. Langen Haus. Ursprünglich als Hospital erbaut, diente es lange Zeit als Altersheim.

Wunderschöne Eindrücke zumal bei schönem Wetter bekommt man im Alten Hafen, der nach Rostock der zweitgrößte an der ostdeutschen Küste ist.

Eine Hafenrundfahrt von einer Stunde mit einem Ausflugsschiff gehört dazu, wenn man in Wismar ist. Denn es gibt 4 große Hafenbecken mit unterschiedlichen Funktionen, die man bei der Rundfahrt kennen lernt. Im Überseehafen und im Kalihafen werden Frachten aus aller Welt gelöscht oder Metalle, Holz und Öle exportiert. Allein der Kalihafen be-

wältigte ab 1980 den gesamten Kaliumschlag der ehemaligen DDR. Im Werfthafen werden Fahrgast- Tanker- und Containerschiffe gebaut.

Da man den Kapitän durch Wasser und Windgeräusche sehr schlecht versteht, einige Angaben zur Werft: Die Halle besteht etwa seit 5 Jahren, ist 155 m breit und 395 m lang; das entspricht etwa 12 Fußballfeldern. Der grün angestrichene Portalkran, den man im Hintergrund sieht, kann bis zu 10000 Tonnen heben.

Müritzsee

Wir waren 4 Tage unterwegs und entschlossen uns am Donnerstag, unserem 5. Tag noch zu einem Besuch der Mecklenburgischen Seenplatte, d.h., wir quartierten uns für eine Nacht in Röbel am Müritzsee ein. Unser Hotel am See war teils Stroh bedeckt und unter diesem Dach hatte man uns das letzte freie Zimmer vermietet. Da schon die Außentemperatur hoch war, war es demgemäß im Raum entsetzlich warm. Trotzdem war der Blick ans dem Fenster reizvoll.

Bei einem Ausflug nach Klink, auf einer Landzunge zwischen dem südlich gelegenen Müritzsee und dem nördlichen Kölpingsee, kann man sich beim Anblick des im 19. Jahrhundert errichteten Schlosses derer von Schnitzler leicht ins Loire-Tal versetzt fühlen. Das Schloss ist heute ein Hotel, das mittlerweile reno-vierte Anwesen ist Drehort der ZDF-Serie »Unser Char-lie«. Einheimische und Feriengäste, so wie ich, nutzen den Sandstrand im Park hinter dem Neorenaissanceschloss gern zum Baden.

Wilsede

Unsere letzte Übernachtung hatten wir in der Lüneburger Heide, in Volkmardingen, einem kleinen Ort mit 200 Einwohnern. Bei der Wanderung nach Wilsede konnten wir wieder einmal feststellen, dass es überall in Deutschland wunderschöne Gebiete gibt. Jede Gegend hat ihren besonderen Reiz. Man muss nicht ins Ausland fahren um Neues zu sehen und zu entdecken, Deutschland bietet viel.

Berlin (26.7. bis 2.8.2007)

Nach 6½ stündiger Autofahrt sind wir im Hotel Haubach in der Haubachstr. in Charlottenburg angekommen. Der Blick aus dem Fenster zeigt eine baumbestandene, verkehrsmäßig ruhige Straße. Wir hatten uns schon seit geraumer Zeit vorgenommen, unsere Hauptstadt zu besuchen. Endlich wurde es wahr.

Das Auto wurde geparkt und noch am gleichen Nachmittag kaufte ich 7-Tage-Tickets für den Verkehrsverbund. Für die je 31.- € konnten wir sämtliche Bahnen und Busse die ganze Zeit beliebig benutzen.

Der **Potsdamer Platz**, einst die Verkehrsdrehscheibe Berlins, lag lange als ödes Niemandsland da, zerteilt von Mauer und Grenzanlage. Nach der Wende wurde die Fläche mit einem gigantischen Aufwand neu bebaut. Das interessanteste Objekt ist wohl das Sony-Center. Es ist eine homogene Glas-Stahl-Architektur auf dreieckigem Grundstück, um ein ovales öffentliches Forum gruppiert, darüber Stahlseil- und Stabkonstruktion ohne Mast, die das zeltartige Dach trägt. Hier unter dem Dach findet man überall Gastronomie und Unterhaltung wie Kinos, ein Filmmuseum, hier ist auch der Sitz des japanischen Elektrokonzerns Sony, aber hier gibt es auch Ge-

bäude für Wohnungen.

Wir sind auf dem Weg zum Brandenburger Tor. Vom Potsdamer Platz aus, am Tierpark vorbei – hier steht ein Denkmal von Lessing – sind es nur 420 m.

Das **Brandenburger Tor** war 170 Jahre lang die triumphale Stadtpforte gen Westen. 1961-1989 war es durch

Brandenburger Tor

die Mauer unpassierbar und wurde so zum Symbol der Spaltung und Wiedervereinigung Deutschlands. Der Aufstieg Preußens fand in dem monumentalen Bauwerk, das den architektonischen Abschluss der Prachtstraße *Unter den Linden* bildet, den stärksten Ausdruck, so dass es rasch zum Wahrzeichen wurde und es bis heute – in aller Welt bekannt – geblieben ist.

Den Aufbau krönt eine in Kupfer getriebene Quadriga mit der Viktoria von Gottfried Schadow (1793).
Bei der Schlacht um Berlin 1945 wurden das Tor und die Quadriga schwer beschädigt. 1956-1958 wurde die Figurengruppe in West-Berlin neu getrieben und auf das von der DDR restaurierte Tor an ihren alten Platz gesetzt. Der Preußenadler auf dem Stab der Viktoria und das Eiserne Kreuz, das der König 1914 in den Eichenkranz hatte einfügen lassen, wurden jedoch zuvor entfernt.

Quadriga

Das **Schloss Charlottenburg** ist heute das schönste Zeugnis für die Baulust der preußischen Könige und die von ihnen kultivierte Baukunst auf Berliner Boden. Zu seiner jetzigen Größe und Gestalt wuchs es im Zeitraum von etwa 100 Jahren, alle preußischen Herrscher von Friedrich I. bis Friedrich Wilhelm IV. – mit Ausnahme des sparsamen Soldatenkönigs Friedrich Wilhelm I. – haben bedeutende Künstler daran arbeiten lassen. Als Landhaus für Sophie Charlotte wurde es 1695 begonnen und 1698 durch zwei den Hof flankierende Neubau-ten erweitert.
Eosander von Göthe schloss ab 1702 Hauptbau und Seitenflügel nach dem Vorbild von Versailles zu einer weiträumigen Dreiflügelanlage mit cour d'honneur, also einem Ehrenhof zusammen.

Schloss Charlottenburg

Nach dem Tode Sophie Charlottes 1705 wurde die bisherige Lietzenburg Charlottenburg genannt und bis 1713 nochmals erweitert, insbesondere durch den 48 m hohen imposanten Kuppelturm über dem Hauptbau. Von zwei geplanten Orangerien führte man nur die westliche aus. Ihr Gegenstück erhielt sie erst unter Friedrich dem Großen durch den 1740-1747 von Georg Wenzeslaus v. Knobelsdorff im Osten angefügten *Neuen Flügel*. Schließlich ließ Friedrich Wilhelm II. in den Jahren 1788-1791 von Carl Gotthard Langhans, dem Meister des Brandenburger Tors, das Schlosstheater an das Westende der Eosanderschen Orangerie setzen; damit kam die Schlossfront auf die Länge von 505 Metern.

Anlage mit Kuppelturm

Vergoldete Fortuna

Das Schloss wurde 1943 durch Bomben schwer getroffen. Der Mitteltrakt samt Kuppel, die Eosanderkapelle und der größte Teil des Neuen Flügels brannten bis auf geringe Reste der Dekoration aus. Der Bau ist innen und außen weitgehend wiederhergestellt, die vergoldete Fortuna – eine Nachschöpfung von Richard Scheibe – schwebt wieder auf der erneuerten Kuppel und dreht sich dort, ihren Mantel haltend, mit dem Wind.

Das Reiterdenkmal des Großen Kurfürsten ist eine großartige barocke Ausprägung, ähnlich den Reiterstandbildern der Antike: z.B. dem Standbild des Marc Aurel auf dem Capitol in Rom.
Von Andreas Schlüter 1697 modelliert und von Johann Jacobi 1700 in einem Stück gegossen, wurde es 1703 auf der Langen Brücke, heute Rathausbrücke, beim Stadtschloss aufgestellt.

Reiterstandbild des Großen Kurfürsten

Während der Sicherstellung im Zweiten Weltkrieg versank es mit einem überladenen Lastkahn im Tegeler Hafen, 1949 dort geborgen, fand es 1952 im Ehrenhof des Schlosses Charlottenburg einen neuen Platz.

Gedächtniskirche und Neubau

Der Breitscheidplatz, dessen Mitte die **Kaiser-Wilhelm-Gedächtniskirche** einnimmt, ist ein Brennpunkt des Verkehrs- und Geschäftslebens. Von hier strahlen sechs große Straßen aus, darunter Kurfürstendamm und Tauentzienstraße. Die Kaiser-Wilhelm-Gedächtniskirche ist neben Brandenburger Tor und Rotem Rathaus zu einem Wahrzeichen der Stadt geworden. Von der alten, 1891-1895 nach dem Entwurf von Franz Schwechten erbauten, im Krieg schwer beschädigten Kirche blieb auf Wunsch der Bevölkerung die Ruine des einst 113 m, jetzt 63 m hohen Westturms mit einer Gedächtnishalle erhalten. Der 1961 von Emil Eiermann fertig gestellte Neubau umfasst ein flach gedecktes Oktogon und einen sechseckigen Kirchturm mit

Im Inneren des Neubaus

53 m Höhe, die im Volksmund *Bahlsen-Kathedral* oder *Puderdose und Lippenstift* heißen. Der sehr umstrittene Bau, von außen grau und unscheinbar,

Weltkugelbrunnen

verblüfft im Inneren durch die 33000 Glasbausteine aus Chartres, die in einem warmen Blau leuchten, unterbrochen von einzelnen roten, gelben und grünen Steinen. Durch das Blau ist der Raum nur mäßig erhellt und muss daher künstlich beleuchtet werden. Der auferstehende Christus über dem schlichten Altar ist eine Metalltreibarbeit.

Blickfang des Breitscheidplatzes ist seit 1983 der große **Weltkugelbrunnen**, im Volksmund *Wasserklops* genannt. Auf verschiedenen Ebenen angelegt und in seiner Halbkugelform mehrfach gebrochen, soll der Brunnen mit seinem reichen Figurenschmuck aus Bronze und Granit und seinen kaskadenartig aus zahlreichen Öffnungen sprudelnden Wassermassen u. a. die zentrale Bedeutung des Breitscheidplatzes symbolisieren.

Zwei Passagen, davon eine unterirdische, führen von hier aus direkt ins Europa-Center, das 1963 bis 1965 auf dem Gelände des kriegszerstörten berühmten Romanischen Cafes – das war ein legendärer Treffpunkt von Schriftstellern, Malern und Theaterleuten – als riesiger Geschäftsblock mit rund 100 Läden und Gaststätten im zweigeschossigen Sockelbau und einem 22-geschossigem Hochhaus von 85 m Höhe errichtet wurde.

Ein großes Glasobjekt – 1982 von Bernard Gitton aufgestellt – mit einer Höhe von 13 m nimmt in drei Stockwerken den Innenraum des Blumenhofs im Europacenter ein. Dies ist **Die Uhr der fließenden Zeit**, in der fluoreszierend gefärbtes Wasser die Stunden und Minuten anzeigt.

Die Uhr der fließenden Zeit

Die Zeit wird in einem Kreislauf durch flüssigkeitsgefüllte zu Türmen angeordneter Glaskugeln dargestellt, deren kleinste im Zwei-Minuten Takt gefüllt werden, hier rechts zu sehen. Die linken großen 12 Kugeln zeigen die Stunden an. In der unteren Hälfte der Uhr schwingt zusätzlich ein Pendel.

Hier ist keine Röhre, keine Kugel etwa nur *Verzierung*. Jedes Teil dieser Uhr ist für den Gang des ganzen unerlässlich.

Lage von Rathaus, Fernsehturm, Alex

Über den Sinn der Erfindung erklärt Gitton: „Es geht mir darum zu zeigen, dass der Ablauf der Zeit uns berührt, etwas Magisches in sich birgt, nicht darum, dem Betrachter nur einfach eine einmalige Wasseruhr zu präsentieren. Die Technik ist hier nur Beiwerk."

Wir fahren mit der Linie 100 in einem Doppelstockbus zum Alexanderplatz. Wenn man Glück hat und oben in der ersten Reihe einen Sitzplatz bekommt, entspricht dies fast einer kleinen Stadtrundfahrt.
Vorbei an der Siegessäule, dem Schloss Bellevue, dem Haus der Kulturen der Welt – von den Berlinern *Schwangere Auster* genannt –, dem Berliner Dom ist

man nach kurzer Zeit an der Endstation.

An der Endstation der Linie 100 liegt das rote Rathaus, der Fernsehturm und der Alexanderplatz, alles nur wenige 100 m voneinander entfernt.

Rotes Rathaus

Das zwischen Fernsehturm und Spree gelegene **Rote Rathaus** ist der Sitz des Berliner Senats sowie des Regierenden Bürgermeisters von Berlin. Seinen Namen verdankt das Rathaus den für die Fassadengestaltung verwendeten rötlichen Klinkersteinen. Vorbild für diese rote Umkleidung waren die Bauwerke der norditalienischen Hochrenaissance.

Fernsehturm

In der Zeit von 1861 bis 1869 wurde das Rote Rathaus erbaut. Es entstand ein insgesamt 99 Meter langes und 88 Meter breites mehrflügeliges Gebäude mit drei Innenhöfen. Von weitem sichtbar ist der markante 74 Meter hohe Turm, der ein wenig an den Big Ben in London erinnert.

Der Berliner Fernsehturm ist mit 368 m das höchste Bauwerk Deutschlands und das vierthöchste freistehende Bauwerk Europas. Die Aussichtsetage liegt auf 204 m.

Nach gut vier Jahren Bauzeit wurde der Fernsehturm am 3. Oktober 1969 in Betrieb genommen. Er gehört zu den bekanntesten Sehenswürdigkeiten in Berlin und zählt jährlich rund eine Million Besucher. Vorbild für die Konstruktion als Betonnadel war unter anderem der Stuttgarter Fernsehturm. Heute ist er im Besitz der Deutschen Funkturm GmbH, einer Tochter der Deutschen Telekom.

Alexanderplatz

Der Alexanderplatz ist der bekannteste Platz Berlins. Der Platz wurde um 1700 als Viehmarkt genutzt. Später kamen ein

Wollmarkt und ein Exerzierplatz mit hinzu. Seinen heutigen Namen erhielt der Platz 1805 anlässlich des Besuches von Zar Alexander II.. Vom 19. zum 20. Jahrhundert verlor der »Alex« mehr und mehr den Charakter eines Handelsplatzes und entwickelte sich mit der Errichtung eines Fernbahnhofs zu einem Verkehrsknotenpunkt.

Der Platz, berühmt durch den 1929 herausgegebenen Roman »Berlin Alexanderplatz« von Alfred Döblin, wurde im Krieg fast vollständig zerstört.

Weltzeituhr

Bei der Neuerbauung des Ost-Berliner Zentrums 1966-71 erhielt er seine gegenwärtige Gestalt. Hier befindet sich der 1969 errichtete Brunnen der Völkerfreundschaft und die ebenfalls 1969 aufgestellte **Weltzeituhr**.

Auf einer 10 m hohen Säule dreht sich ein mit geätzten Aluminiumplatten farbig emaillierter, in 24 Segmenten unterteilter und mit schematischen geo-

graphischen Darstellungen von Ländern der Erde verzierter breiter Zylinder. Es werden die für die jeweiligen Gebiete repräsentativen Städtenamen und die Uhrzeiten dieser Städte angezeigt. Über dem Zylinder dreht sich die abstrakte Darstellung des Sonnensystems, Kugeln auf Metallkreisen zeigen sinnbildlich die Planeten auf ihren Bahnen an.

Städtenamen und Uhrzeiten

Das wichtigste Verkehrsmittel in Berlin wie in allen Großstätten ist die Ubahn, die in Minutenabständen verkehrt. Wir haben sie sehr viel benutzt: aber auch

Denkmal für die ermordeten Juden

hier sind die Wege beim Umsteigen teilweise sehr lang und ermüdend. Auf jeden Fall kann man Leute studieren.

Der Deutsche Bundestag beschloss im Jahr 1999, das **Denkmal für die ermordeten Juden Europas** in unmittelbarer Nähe des Brandenburger Tors zu bauen. Am 10. Mai 2005 wurde das

Denkmal eingeweiht, das nach dem Entwurf des New Yorker Architekten Peter Eisenman entstanden ist.
Die 2711 Betonblöcke, auch Stelen genannt, verteilen sich auf einer Fläche von etwa zwei Fußballfeldern. Da die Blöcke nicht alle gleich hoch sind, – sie variieren zwischen 95 cm und 2,38 Meter – entsteht für den Betrachter der Eindruck einer großen Wellenbewegung.

Stelen

Das Mahnmal wurde von Bundestagspräsident Wolfgang Thierse eingeweiht. Es soll an die Ermordung der sechs Millionen europäischen Juden erinnern.
Die Besucher sollten die Stelenreihen alleine durchwandern. Nur so kann man vielleicht nachvollziehen, was die Juden und die anderen Verfolgten im Dritten Reich erdulden mussten.

Unter den Linden

Unter diesem Mahnmal gibt es einige Räume mit einem Informationszentrum, in welchem die Verfolgung und Vernichtung durch die Nazis gezeigt wird. Wir sind uns allerdings nicht sicher, ob dieses Denkmal wirklich die damalige bedrückende Realität spüren lässt?

Am Pariser Platz beginnt Berlins Prachtstraße **Unter den Linden**. Sie wurde von Friedrich dem Großen ausgebaut. Hier findet man die Staatsbibliothek, die Humboldt-Universität, die Neue Wache, den Bebelplatz, die Staatsoper.

Wir flüchteten vor dem Regen in ein Kaffee, um anschließend teils mit Regenschirm auf der Prachtallee nach Osten zu gehen.
In der heutigen Staatsbibliothek – nördlich des Bebelplatzes – wirkte Albert Einstein als Mitglied der Akademie der

Reiterstandbild

Wissenschaften von 1914 an 18 Jahre lang.

Das monumentale **Reiterstandbild** Friedrichs des Großen, von den Berlinern auch kurz *Alte Fritz* genannt, steht auf dem Mittelstreifen der Straße **Unter den Linden** in der Nähe des Bebelplatzes.

Käthe-Kollwitz-Skulptur

Das Reiterdenkmal ist eine der bedeutendsten Skulpturen des 19. Jahrhunderts und markiert den Übergang zu einer realistischen Darstellung in der Bildhauerei

Die Neue Wache ist seit 1993 Deutschlands zentrale Gedenkstätte für die Opfer von Krieg und Gewalt. In ihrem Inneren steht ein Großabguss der Käthe-Kollwitz-Skulptur **Mutter mit totem Sohn**.

Am **Bebelplatz** wollte Friedrich der Große (»der Alte Fritz«, Fridericus Rex, 1712-1786) das Zentrum Berlins errichtet haben, das *Forum Fridericianum* heißen sollte. Davon wurde allerdings nur die Staatsoper verwirklicht. Später hieß der Platz gegenüber der heutigen Humboldt-Universität Opernplatz und wurde 1933 zum Schauplatz der von Joseph Goebbels inszenierten Bücherverbrennung, einem der dunkelsten Kapitel des Berliner Geisteslebens.

Bebelplatz

Im Hintergrund, in der Südostecke des Bebelplatzes wirkungsvoll diagonal angeordnet, erhebt sich die kath. **St-Hedwigs-Kathedrale**. 1747-1773 wurde sie nach den Ideen Friedrichs d. Gr., der an das Pantheon in Rom dachte, und Plänen von Georg Wenzeslaus von Knobelsdorff als Rundbau mit Säulenportikus errichtet.

St. Hedwigs-Kathedrale

Der 1963 abgeschlossene Wiederaufbau der im Kriege ausgebrannten Kirche gab ihr eine abgeänderte Kuppel statt der ursprünglich aufgesetzten Laterne. In den modern gehaltenen Kirchenraum einbezogen ist die weit geöffnete, durch eine Freitreppe zugängliche Unterkirche.

Der **Berliner Dom** ist eine evangelische Kirche auf der Berliner Spreeinsel, deren nördlicher Teil als Museumsinsel bekannt ist. Der Dom gehört zu den bedeutendsten protestantischen Kirchenbauten in Deutschland. Heute finden in ihm Gottesdienste anlässlich von Staatsakten oder wichtigen politischen Ereignissen der Bundesrepublik Deutschland statt.

Berliner Dom

Der Architekt des Kirchenbaus war Julius Raschdorff, der den neuen Dom in Anlehnung an den Stil der italienischen Hochrenaissance und des Barock errichtete.
Das Hauptportal des Berliner Doms befindet sich am Lustgarten.
Der heutige Dom wurde von 1894 bis 1905 erbaut und ersetzte einen deutlich kleineren und schlichteren Vorgängerbau an gleicher Stelle, der vorher abgerissen worden war. Das Gebäude besteht aus der zentralen Predigtkirche unter der Kuppel sowie der Tauf- und Traukirche.

Im Inneren des Doms

Seit der Wiedereinweihung am 6. Juni 1993 überrascht der Dom mit seiner prunkvollen Innengestaltung, die eher an katholische als an protestantische Kirchen erinnert.

In der Gruft des Doms wurden von 1536 bis 1916 Mitglieder des Hauses Hohenzollern, des ehemaligen preußischen Königshauses, beigesetzt, allerdings keiner der deutschen Kaiser. In Prunksarkophagen mit hölzernen Innensärgen haben u.a. der **Große Kurfürst**

Grabmal von Friedrich III.

Friedrich Wilhelm, Kurfürstin Dorothea, der erste König in Preußen Friedrich I. und Königin Sophie Charlotte ihre letzte Ruhestätte gefunden. Die Gruft befindet sich unmittelbar unter der Predigtkirche (Hohenzollerngruft).

Von der Kuppel des Doms, die man über 266 Stufen erreicht, hat man einen herrlichen Blick auf Berlin.

Verkaufsstand

Der Lustgarten vor dem Dom hat seine Gestalt im Laufe von vier Jahrhunderten wiederholt verändert.
Seit der Wiedervereinigung 1989 und der russischen Perestroika versuchen Menschen aus Osteuropa auf kleinen Ständen Dinge zu verkaufen, die hauptsächlich aus Militärbeständen stammen.

Vom Dom aus sind es nur wenige 100 Meter bis zum Hackeschen Markt und den Hackeschen Höfen.
Acht restaurierte Höfe sind durch Tore miteinander verbunden. Sie sind ein Dreh- und Angelpunkt des neuen Berlin. Einen davon ziert eine herrliche Jugendstil-Klinkerfassade. Benannt sind der Hackesche Markt und die anliegenden Höfe nach einem preußischen General aus dem 18. Jhd., sie selbst sind »nur« ein Jahrhundert alt. Ein Theater,

Hacksche Höfe

ein Variete, mehrere Kinos, Cafes, Buchläden und Boutiquen lassen fast vergessen, dass in den Höfen auch Leute ganz normal wohnen.

Siegessäule

Der Trubel aber und steigende Mieten haben inzwischen so manchen Alteingesessenen in die Flucht geschlagen.

Von der Station Alexanderplatz aus fahren wir mit der Linie 100 zurück. Vorbei an der Oper, dem Bebelplatz, dem Reiterdenkmal Friedrich des Großen verlassen wir den Bus an der **Siegessäule**.

Die Siegessäule wurde 1873 zur Erinnerung an die Siege über Dänemark (1864), Osterreich (1866) und Frankreich (1870/1871) vor dem Reichstag errichtet und 1939 hierher versetzt.

Hierher heißt: Sie wurde zum Großen Stern im Tiergarten transportiert und im Zentrum des Platzes aufgestellt.
Die Bronzereliefs zeigen Kriegsszenen. 285 Stufen führen zur Aussichtsplattform in 48 m Höhe. Sie liegt unter dem Bronzerock der 35 t schweren Viktoria, die auch **Goldelse** genannt wird.

Zum Abend hin wird der Breitscheidplatz sehr lebendig. Wir konnten Portraitmaler und junge Akrobaten beobachten.

Das **Reichstagsgebäude**, nur wenige Schritte vom Brandenburger Tor entfernt, ist das Symbol für die neue Hauptstadt Berlin. Nachdem der Bundestag aus Bonn nach Berlin gezogen ist, tagt er in dem mehr als 100 Jahre alten Parlamentshaus. Die erste Sitzung des Bundestages im umgebauten und modernisierten Reichstag fand am 19. April 1999 statt.

Gebaut wurde das Reichstagsgebäude 1894 nach Plänen von Paul Wallot. Der Reichstagsbrand vom Februar 1933 zerstörte das Parlamentshaus. Im Mai 1945 wehte auf dem zerstörten Gebäude die rote Fahne der sowjetischen Armee als Zeichen des Sieges über das nationalsozialistische Deutschland. Nach dem 13. August 1961, dem Mauerbau, lief die Berliner Mauer unmittelbar am Reichstag vorbei. Dennoch wurde die

Wiederherstellung des Gebäudes vollendet; seit 1973 bot es Platz für eine historische Ausstellung und Sitzungssäle für Gremien und Fraktionen.
Die Dachterrasse und die neue begehbare Kuppel des Gebäudes ziehen die Menschen förmlich an.

Menschenschlange

Mit einer Menschenschlange vor dem Eingangstor muss man immer rechnen. Ein Fahrstuhl bringt einen dann nach ausgiebiger Kontrolle zur Terrasse in 30 m Höhe. Von hier aus kann man die neue Kuppel betreten, wenn sie nicht, wie das bei uns der Fall war, für Reinigungsarbeiten geschlossen ist.

Das halbkugelförmige Bauwerk aus Stahl und Glas hat einen Durchmesser von 40 m und wiegt 800 Tonnen. Über zwei spiralförmige Rampen gelangt man zu einer Aussichtsplattform in 47 m Höhe.

Den rund 300 Millionen Euro teuren Umbau plante der britische Architekt Sir Norman Foster. Er legte auf ökologische Bauweise wert. So hat der riesige rüsselförmige Trichter mit seinen 360 Spiegeln in der Mitte der Kuppel die Aufgabe, Licht in den darunter liegenden Plenarsaal zu leiten.

In diesem Trichter verborgen arbeitet eine Wärmerückgewinnungsanlage, die die Energie aus der Abluft des Plenarsaals für die Beheizung des Gebäudes nutzt. Auf dem Süddach des Hauses dient eine 300 Quadratmeter große Fotovoltaikanlage als saubere Stromquelle. Im Besucherrestaurant auf dem Dach des Reichstags hängt an einer Wand ein Bild des von Christo im Sommer 1995 verhüllten Gebäudes.

Rüsselförmiger Trichter

Bundeskanzleramt

Wenn man heute vom Reichstag aus den großzügig angelegten Platz der Republik mit dem rechts liegenden **Bundeskanzleramt** überblickt, glaubt man kaum, wie Berlin während des Umbaus aussah. 1997 war ich dort und filmte von der Info Box am Potsdamer Platz aus die Umgebung.

Der Neubau des Kanzleramts in Berlin wurde im Jahr 2001 bezogen. Nur vier Jahre dauerte der Bau des beeindruckenden Gebäu-des. Interessant ist Folgendes: Das Gebäude hat eine hocheffiziente Energieversorgung. Im Keller des Bundeskanzleramts ist ein modernes Blockheizkraftwerk installiert, das mit Biodiesel betrieben wird. Zudem verfügt das Blockheizkraftwerk über eine Kraft-Wärme-Kälte-Kopplung, damit im Sommer das Kanzleramt auch klimatisiert werden kann. Überschüssige Wärme des Blockheizkraftwerkes wird in einem Salzstock in 300 Metern Tiefe zwischengespeichert. Auf dem Dach des Kanzleramts ist eine Solarmodulfläche von circa 1.300 m² installiert.

Paul-Löbe-Haus

Im **Paul-Löbe-Haus** tagen die Ausschüsse des Deutschen Bundestages.

Das sowjetische Ehrenmal steht nur 200 m westlich des Brandenburger Tores. Es ist die Grabstätte für 2500 sowjetische Soldaten, die im April und Mai 1945 in den Kämpfen um Berlin gefallen sind.. Es ist zugleich Ehrenmal der sowjetischen Armee für den Sieg über den Nationalsozialismus. Errichtet wurde es im Herbst 1945. Im Dezember 1990 wurde es von der sowjetischen Armee in deutsche Hand übergeben. Die Gedenkstätte wird durch das Land Berlin gepflegt und erhalten.

Manche Ubahn-Stationen sind kunstvoll gestaltet wie die Station am Richard Wagner Platz. Wir wollen von hier aus zur Museumsinsel, denn der 31. Juli, ein Dienstag, war trüb, kalt

Sowjetisches Ehrenmal

und regnerisch. Also bestens geeignet für Museumsbesuche.

Seit 1999 gehört die Museumsinsel mit ihren 5 Museen zum Weltkulturerbe der UNESCO. Im Oktober 2006 wurde das Bode-Museum eröffnet, die Alte Nationalgalerie, die wir nicht besuchten, öffnete im Dezember 2001. Die Restaurierungsarbeiten des Pergamon- und des Alten Museum sind noch im Gange. Die Museen sind aber für das Publikum geöffnet.

Ubahn-Station Richard-Wagner Platz

Das Bode-Museum beherbergt die **Skulpturensammlung** und das **Museum für Byzantinische Kunst** sowie das Münzkabinett. Es präsentiert eine der umfangreichsten Sammlungen älterer Plastik in Deutschland. In der Sammlung finden sich Arbeiten vom Mittelalter bis zum späten 18. Jahrhundert aus den deutschsprachigen Ländern sowie aus Frankreich, Holland, Italien und Spanien. Stark vertreten sind auch die deutschen Bildhauer der Spätgotik, wie z.B. Tilman Riemenschneider.

Bode Museum

Das Museum für Byzantinische Kunst enthält Kunstwerke und Alltagsgegenstände aus Westrom und dem Byzantinischen Reich vom 3. bis zum 15. Jhd.. Entsprechend dem Ausbreitungsgebiet dieser Reiche finden sich Objekte aus nahezu dem ganzen antiken Mittelmeerraum: aus Italien, der Türkei, aus den Balkanländern und Griechenland, aus Nordafrika, dem Nahen Osten und Russland.

Beispiel aus dem Bode Museum

Pergamonaltar

Wir hatten im Bode-Museum Eintrittskarten für alle Museen erstanden und konnten so ohne uns anzustellen die weiteren Museen betreten.

Die schon von Friedrich dem Großen begonnene Antikensammlung ist eine der größten und ansehnlichsten der Welt.

Ihr Glanzstück und der großartigste Kunstschatz Berlins überhaupt ist der Pergamonaltar, der um 170 v. Chr. erbaut wurde. Er war Zeus und Athene geweiht als Zeichen des Dankes für die der Stadt Pergamon in Kleinasien im Kampf gegen die Galater gewährte Hilfe.

Der 1878-1886 ausgegrabene, 120 m lange Marmorfries ist ein Hauptwerk der hellenistischen Kunst und schon durch seine räumliche Ausdehnung das wichtigste Denkmal griechischer Plastik, das bis heute erhalten ist. Die ursprünglich bemalten Reliefs des Frieses schildern in dramatischem Schwung den Kampf der olympischen Götter und Titanen mit den halbtierischen Giganten. Seit 1912 fordert die Türkei die Rückgabe des Altars.

Teil des Frieses

Rekonstruktion des Tempels

Eine Rekonstruktion in verkleinertem Maßstab zeigt den Tempel in seiner ehemaligen Gestalt und so kann man die Reliefs an den Wänden des Museums den Tempelseiten zuordnen.

Ein Modell der Bergfestung Pergamon zeigt, wie der Burgberg terrassiert war und sich Bauwerk an Bauwerk reihte. Drei

Gebäude seien erwähnt: Der Große Pergamon-Altar, der Athena-Tempel, das Theater.

Das blaue Stadttor von Babylon, das der Göttin Ischtar geweiht war, ist eine grandiose Bauleistung babylonischer Kunst. In seinen Telegrammen nach Berlin schwärmt der Entdecker Koldewey von der *eigenartigen Schönheit der Ziegel*. Im fernen Deutschland ist man von soviel orientalischer Exotik begeistert. Kistenweise werden die blauen Ziegelbrocken nach Berlin transportiert, gewaschen und sortiert.

Blaues Stadttor

In Berlin wird das Ischtar-Tor auf der Museumsinsel wieder aufgebaut. Nach zweieinhalb Jahrtausenden hat das große Stadttor Nebukadnezars eine Reise von 5000 Kilometern gemacht. Mit ihm die Tierdarstellungen, die typisch für den besonderen Stil babylonischer Kunst sind.

Die Tiere verehrten die Babylonier als Begleiter der Götter, ihre Bilder an den Wänden der Prozessionsstraße geleiteten einst jeden Besucher in das Zentrum der Stadt.

Im **Alten Museum**, gleich neben dem Berliner Dom präsentieren sich Teile der Antikensammlung mit Kunstwerken der Griechen sowie das Ägyptische Museum mit der weltberühmten Büste der Königin Nofretete.

1828 wird unter König Friedrich Wilhelm III. auf Empfehlung Alexander von Humboldts eine ägyptische Abteilung der königlich-preußischen Museen gegründet.

1850 bezog das Ägyptische Museum das eigens dafür gebaute Neue Museum auf der Museumsinsel. Dieses wurde im Krieg schwer beschädigt und so befanden sich bis zum 1. März 2005

Büste der Nofretete

Nofretete

die Kunstwerke in Charlottenburg. Seit dem 13. August 2005 ist die Sammlung des Ägyptischen Museums im Obergeschoss des Alten Museums zu sehen, bevor sie 2009 wieder in das Neue Museum zurückkehrt.

Einen Schwerpunkt der Ägyptischen Sammlung bilden Werke aus der Regierungszeit des Königs Echnaton und seiner Gemahlin **Nofretete**, deren Büste das bekannteste Objekt des Ägyptischen Museums ist. Die Büste wurde 1912 bei den Grabungen von Ludwig Borchardt in Amarna entdeckt. Ihre Bemalung hat sich seit 1340 v. Chr. ohne Restaurierung erhalten.

Das Museum für Kommunikation ist als ältestes **Postmuseum** der Welt. 1872 von Generalpostmeister Heinrich von Stephan gegründet worden. Unter einem überkuppelten Lichthof wird man heute von Ballspielenden Ro-botern begrüßt.

Heinrich Fassbender gründete 1863 die Confisenie L. Fassbender. Er stellte die feinsten Pralinen in Berlin in der Mohrenstraße 10, in unmittelbarer Nähe des Gendarmenmarktes, her und wurde so königlicher Hoflieferant.

Titanic aus Schokolade

In diesem Geschäft hatte man die Titanic aus mehr als 200 Schokolade-Einzelteilen nachgebaut.

Der **Gendarmenmarkt** wird als Berlins schönster Platz gerühmt.

Das Ensemble aus Schauspielhaus, Französischem und Deutschem Dom hieß zu DDR-Zeiten Platz der Akademie. Die Kirchen errichtete man in den Jahren 1701-1708, die Kuppeltürme kamen erst 80 Jahre später dazu. Im Deutschen Dom zeigt eine Dauerausstellung die deutsche Entwicklung zur parlamentarischen Demokratie, im Französischen Dom ist das Hugenottenmuseum den französischen Glaubensflüchtlingen gewidmet, die im 17. Jhd. nach Berlin kamen. Das Schauspielhaus – früher ein berühmtes

Theater – fungiert jetzt als Spielort für Konzerte und Kammermusik und wird deswegen auch Konzerthaus genannt. Trotz veränderter Nutzung steht mit Friedrich von Schiller immer noch ein deutscher Dichterfürst und kein Komponist vor dem Gebäude.

Am letzten Tag unseres Berlinaufenthalts – es war ein schöner sonniger Nachmittag – machten wir eine einstündige Bootsfahrt auf der Spree: man sieht die Gebäude aus einer anderen Richtung und erhält zusätzliche Informationen.

Mit einem letzten Blick auf Berlin aus dem 20. Stock des Europacenters aus 80 m Höhe verabschieden wir uns von einer Stadt, die viel zu bieten

hat.

Dresden (14. bis 18.10.09)

Wir hatten uns entschieden, Eddas 70. Geburtstag in der Nähe ihres Geburtsortes zu verbringen: in Dresden. Wir hatten uns auf den Ausflug gefreut, doch das Wetter spielte nicht mit. Am Ankunftstag war es noch einigermaßen erträglich, doch am nächsten Tag wurde es recht kalt, sogar Schneeschauer mussten wir ertragen. Wir waren also ständig auf den Regenschirm angewiesen. Aber man muss das Beste daraus machen.

Blick zur Stadt

Entschädigt wurden wir durch das sehr schöne 4-Sterne-Nichtraucher Hotel. das direkt an der Carolabrücke an der Elbe liegt. Dort hatten wir vom 8. Stock aus einen wunderschönen Blick zur Innenstadt, die nur wenige 100 m entfernt war. Auf der anderen Seite der Elbe am Königsufer liegen Gebäude der Staatsregierung und der Ministerien wie das Kultusministerium.

Gebäude der Staatsregierung

Noch zu Beginn der 1990er-Jahre war der Neumarkt eine Einöde in erstklassiger Lage. Der Zweite Weltkrieg hatte Trümmer, die anschließende Enttrümmerung nichts als Leere hinterlassen, mit der Ruine der Frauenkirche in der Mitte. Erst der spektakuläre Wiederaufbau des protestantischen Gotteshauses hauchte dem Platz neues Leben ein. Die einstigen Straßenfluchten aufnehmend entstehen hier derzeit mehrere Quartiere: moderne Wohn- und Geschäftshäuser, nicht wenige davon in barockem Gewand. Das Konzept der *Leitbauten* mit ihren den historischen Vorbildern nachempfundenen Fassaden wurde von Beginn an kontrovers diskutiert. Trotz allem steht außer Frage, dass Dresden mit dem Neumarkt einen sei-

Neumarkt

Standbild von Martin Luther

ner wichtigsten Stadträume zurückgewonnen hat. In den letzten Jahren ist nach umfassender Restaurierung zudem ein Denkmal an seinen angestammten Platz zurückgekehrt: das Standbild des großen Reformators Martin Luther.

Dresdens neues altes Wahrzeichen, die **Frauenkirche**, das beeindruckende protestantische Gotteshaus entstand 1726-43 nach Plänen von Ratszimmermeister George Bahr, der sich von den Kuppeln italienischer Kirchen hatte inspirieren lassen. Die riesige Kuppel, die *Steinerne Glocke*, widerstand dem Bombardement der Preußen im Siebenjährigen Krieg. Auch die Bombennacht des 13. Februar 1945 hatte sie zunächst, obwohl ausgebrannt, überstanden. Am Vormittag des 15. Februar jedoch gaben die ausgeglühten Pfeiler nach, und die Kirche sank in sich zusammen.

1993 begann mit der Bergung und Inventarisierung der noch verwendbaren Steine der Wiederaufbau. Bei diesem Neuaufbau wurden die katalogisierten Steine teilweise wieder verwendet.

Durch die schwarze Patina der alten Steine, eine natürliche Färbung des Sandsteines durch Oxidation des enthaltenen Eisens und den neuen hellen Sandsteinen sieht das Gebäude jetzt wie ein großes Puzzlespiel aus. Die neuen Steine der Frauenkirche werden jedoch mit der Zeit nachdunkeln und sich dann von den Originalsteinen nicht mehr unterscheiden.

Am 30. Oktober 2005 wurde die Frauenkirche festlich eingeweiht.

Das Licht durchflutete Kircheninnere in der Form eines Zentralraumes mit fünf Emporen und Platz für 1800 Menschen empfängt den Besucher

in barocker Pracht. Der Altar von Johann Christian Feige konnte unter Verwendung erhaltener Teile weder hergestellt werden.
Auch der Orgelprospekt wurde rekonstruiert, die Orgel im Geiste Silbemanns von einer Straßburger Firma gebaut.

Altar in der Frauenkirche

In der größeren figürlichen Ebene des Altars sind neben der zentralen Szene mit Jesus am Ölberg zwei Personen des Neuen und zwei Personen des Alten Testamentes dargestellt: Ganz links Moses mit den Gesetzestafeln, in der Mitte links Paulus mit Schwert und Buch, in der Mitte rechts Philippus mit dem Kreuz und ganz rechts Moses Bruder Aaron.

Mit einem kleinen Abendspaziergang auf den **Bühlschen Terrassen** beschlossen wir den 1. Tag.
Als wir am nächsten Tag früh aus dem Fenster sahen, war dies der Eindruck. So ähnliches Wetter hatten wir auch die restlichen Tage, kalt, regnerisch, ungemütlich. Trotzdem besuchten wir, auch wenn der Regenschirm notwendig war, die **Kreuzkirche**.

Brühlsche Terrassen

Kalt und regnerisch

Sie ist die älteste Dresdner Kirche, deren Ursprünge im 13. Jhd. liegen. Das im Zweiten Weltkrieg schwer beschädigte Gotteshaus wurde 1955 wieder geweiht, die eigentlich provisorische Gestaltung des Innenraums in ihrer Schlichtheit von den Dresdnern als angemessene dauerhafte Lösung angenommen. Hier ist seit Jahrhunderten der berühmte, aus 150 jungen Sängern bestehende Kreuzchor zu Haus.

Innenraum der Kreuzkirche

Raddampfer

Mit neun historischen Raddampfern, die zwischen 81 und 131 Jahre alt sind, verfügt die Sächsische Dampfschifffahrt über die älteste und größte Raddampferflotte der Welt. Zwei elegante Salonschiffe und zwei kleine Motorschiffe komplettieren diese einzigartige Flotte.

Als wir vorhatten eine Fahrt zu machen, hätten wir bei der Kälte am Promenadendeck sitzen müssen, weil das Schiff voll besetzt war. Daher fuhren wir mit dem Auto nach Pillnitz.

Semperoper

Nachdem das erste **Semper Opernhaus** 1869 abgebrannt war, entstand 1871-78, an gleicher Stelle und wiederum entworfen von Gottfried Semper, das zweite Königliche Hoftheater im Stil der italienischen Hochrenaissance. Nach der Zerstörung am 13. Februar 1945 und der Fassadensicherung bis 1956 entschied man sich für einen weitgehend originalgetreuen Wiederaufbau. Um den veränderten Anfor-derungen an moderne Bühnen gerecht zu werden, nahm man allerdings kleinere Änderungen vor. Am 13.2.1985, dem 40. Jahrestag ihrer Zerstörung, wurde die Semperoper mit der Aufführung von Webers *Freischütz* wieder eröffnet.

Wandelgang in der Semper-Oper

Die Aufnahmen, die man hier sieht, sind in den Wandelgängen des Theaters gemacht. Man meint, dass alle Pfeiler, Treppen und Geländer aus Marmor ge-fertigt sind, doch alles ist eine meisterhafte Marmorimitation.

La Traviata

Wir hatten uns auf die Aufführung von *La Traviata* gefreut und fanden das Innere des Theaters sehr sehenswert.
Doch als der Vorhang hoch ging, wurden wir enttäuscht. Das Bühnenbild bestand aus einem roten gewellten Rechteck und einem roten Sessel. Die

sängerische und schauspielerische Leis-tung war sehr gut, doch der Eintritt von 82,5 € pro Person schien uns nicht gerechtfertigt. Ich habe einige Szenen zusammen geschnitten, um das Bühnen-bild zu verdeutlichen.

Wenn man auf der Brühlschen Terrasse in Richtung Westen geht, kommt man zur Semperoper, der Hofkirche, dem Schloss und zum Zwinger. Den Zwinger hatten wir als Ziel

Den etwas sonderbaren Namen verdankt die luftig-heitere Anlage ihrem Standort an der einstigen Stadtbefesti-gung. 1709-32 entstand hier im Auftrag Augusts des Starken und nach Ent-würfen des Architekten Daniel Pöppel-mann und des Bildhauers Balthasar Permoser ein einzigartiges barockes Gesamtkunstwerk. Um einen recht-eckigen Hof mit Wasserspielen grup-pieren sich spiegelbildlich der Wall- und

der Glockenspielpavillon sowie vier durch Bogen- und Langgalerien verbun-dene Eckpavillons. Den Hauptzugang bildet das Kronentor mit einer Zwiebel-

kuppel und der von Adlern getra-genen polnischen Königskrone.

1847-55 wurde das Ensemble zur Elbseite mit einem von Gottfried Semper entworfenen Galeriegebäude geschlossen, hier befinden sich be-rühmte *Alte Meister*.

Die Glocken des Glockenspielpavil-lons sind aus Meißener Porzellan. Sie spielen Melo-dien von Vivaldi, Mozart und Bach.

Am letzten Tag fuh-ren Edda und ich mit der Straßenbahn in die Neustadt jen-seits der Elbe. Dort

findet man die **Pfundsmolkerei**, in der natürlich Filmen nicht gestattet war. Der über 100 Jahre alte, vollständig mit farbenprächtigen, handgemalten Fliesen ausgekleidete *Schönste Milchladen der Welt* ist ein beliebtes Ziel der Touristenbusse. Angeboten werden Milchprodukte, aber auch sächsischer Wein, Kosmetik, Souvenirs.

Zahlreiche Brunnen mit imposanten Figurengruppen gestalten die Hauptstraße.

Ehemalige DDR-Einheitsbauten sind noch zu sehen, werden aber bereits renoviert.

Am südlichsten Ende der Hauptstraße steht ein Standbild August des Starken. 1736, über drei Jahre nach seinem Tod, wurde auf dem Neustädter Markt sein imposantes **Reiterstandbild** enthüllt. Der in Kupferblech getriebene Monarch, 2003 neu vergoldet, reitet im Gewand eines römischen Cäsaren in Richtung seines polnischen Königreichs.

Vom Standbild aus geht man über die Augustusbrücke zurück zum Schlossplatz.

Das **Italienische Dörfchen** ist eine Gaststätte in Dresden. Sie befindet sich am Theaterplatz in der Nähe der Semperoper. Der Name erinnert an den Wohnort der italienischen Bauarbeiter, die an der Errichtung der Katholischen Hofkirche zwischen 1739 und 1754 mitwirkten. Der italienische Architekt Gaetano Chiaveri, der von Kurfürst Friedrich August II. den Auftrag für den Kirchenbau erhalten hatte, brachte mehrere Landsleute als Bauführer und Handwerker mit. Die italienischen

Handwerker errichteten hier ihre Wohnhäuschen. Heute ist die Gaststätte aufgrund ihrer zentralen Lage und der schönen Bemalung innen besonders bei Touristen beliebt.

Italienisches Dörfchen

Fast 100 überlebensgroße Figuren zählt der 102 m lange **Fürstenzug** in der Augustusstrasse, die vom Schlossplatz zum Neumarkt führt. Neben Adligen, Militärs und Vertretern des Dresdner Bildungsbürgertums sind dies vor allem die Herrscher des Hauses Wettin, von Konrad dem Großen bis König Georg I. also von 1098 bis 1904. Sachsens letzter König fehlt: Friedrich August III. war bei Fertigstellung des Wandfrieses in Sgraffitotechnik 1876 noch ein Knabe. 1904-07 übertrug man das Bild auf 25000 Meißener Porzellankacheln.

Gaststätte innen

Eigentlich wollten wir ja mit dem Raddampfer nach Pillnitz zum Schloss fahren, aber wie bereits erwähnt, war das Schiff voll besetzt, also fuhren wir mit dem Auto dorthin.

Fürstenzug

Die **Schlossanlage Pillnitz** ist ein außergewöhnliches Ensemble aus Architektur und Gartengestaltung, eingefügt in die Flusslandschaft vor den Weinbergen des Elbtals.

Fürstenzug Teilansicht

Das Gelände mit den ursprünglichen Schlössern wechselte einst oft den Besitzer. Im Jahre 1694 erwarb es Kurfürst Johann Georg IV., der es seiner Mätresse schenkte. Später zog August der Starke in diesen Besitz ein und vermachte ihn seiner Geliebten, der Gräfin Cosel, bis sie in Ungnade fiel. Danach ließ August der Starke das Gelände mit

großem Aufwand umgestalten – für seine spektakulären Garten- und Wasserspiele.
Diese Aufgabe war keinem geringeren als Oberlandesbaumeister Daniel Pöppelmann, dem Schöpfer des Dresdener Zwingers, aufgetragen.
In den Jahren 1720 bis 1723 entstand das Wasserpalais mit seiner Freitreppe

zur Elbe, gegenüber der Elbinsel. Ein Jahr später wurde das Bergpalais errichtet. Unter dem Einfluss der ostasiatischen Mode wurde hier der Grundstein für eine der wichtigsten chinoisen Architekturen Europas gelegt.

Mit einem letzten Blick auf das nächtliche Dresden verabschieden wir uns von einer schönen aber diesmal kalten und feuchten Stadt.

München vom 14. - 18-10.2010

Wir erreichten München gegen 15:00 Uhr. Unser Hotel lag in der St. Anna-Straße, recht nahe am Zentrum. Es war ein sehr ruhiges 3 Sterne-Hotel. Für die 4 Übernachtungen mit Frühstück zahlte ich 510.-€. Nachdem das Hotelzimmer bezogen war und es noch nicht regnete, gingen wir am Hofgarten entlang zum Odeonsplatz, um von hier aus durch die Theatinerstraße zum Marienplatz zu gelangen.

Dianatempel

Im **Dianatempel** kann man meist das Spiel verschiedener Musiker hören, die immer wieder den Pavillon in der Mitte des Gartens als Bühne nutzen.

Mit seinen vielen Bänken ist der Hofgarten im Sommer ein beliebter Treff-punkt für Jung und Alt.

Die **Feldherrnhalle** befindet sich am südlichen Ende des Odeonsplatzes, zwischen Theatiner- und Residenzstraße. In den Jahren 1841 bis 1844 wurde sie von Friedrich von Gärtner im Auftrag von König Ludwig I. erbaut. Die florentinische Loggia dei Lanzi diente dabei als Vorbild. Der König ließ die Feldherrnhalle als Denkmal zu Ehren des bayerischen Heeres errichten. Wegen des am 9. November 1923 niedergeschlagenen Aufstands der Putschisten um Adolf Hitler wurde die Feldherrnhalle für die Nationalsozialisten zur *Kultstätte der Bewegung.*

Turm von St. Peter

Vom Turm der Pfarreikirche Sankt Peter genießt man die Aussicht über die gesamte Innenstadt, doch muss man zunächst einmal nicht weniger als 307 Treppenstufen erklimmen. Ist man allerdings oben angekommen, macht der Rundumblick auf Münchens Mitte die Anstrengung gleich wieder wett.

Frauenkirche und Rathausturm

So erfreut man sich am Anblick der **Frauenkirche**, dem Rathaus dem Marienplatz mit der Mariensäule, dem Turm des Spielzeugmuseums, der Hl. Geist-Kirche und dem sich anschließenden Viktualienmarkt.

Glockenspiel

Das Glockenspiel im Turm des Rathauses ist ein touristischer Anziehungspunkt.
Der Spielerker, in dem sich das *Glockenspiel* befindet, ist in Kupfer getrieben. Die Spielfiguren, die erstmals 1908 zum Einsatz kamen, beziehen sich auf Motive aus der Geschichte und Sage Münchens.

Im oberen Teil des Erkers ist ein *Turnier* dargestellt, das zur Vermählung des Herzogs Wilhelms V. mit Renata von Lothringen 1568 auf dem Marienplatz abgehalten wurde. In der unteren Etage wird der Schäfflertanz gezeigt, dessen Entstehung auf die Pestjahre 1515-1517 zurückgeht.

Alter Peter
Auf jeder Turmseite des Alten Peters sind gleich zwei Ziffernblätter angebracht. Warum? Das wusste kein Geringerer als der legendäre Münchner Komiker **Karl Valentin**: "Ja mei, damit halt zwei Leute gleichzeitig auf die Uhr schauen können".
Die Kirche St. Peter gehört zu den

Ziffernblätter

Wahrzeichen Münchens und ist zugleich die älteste Pfarrkirche der Stadt, weshalb sie im Volksmund liebevoll *Alter Peter* genannt wird. Die Kirche steht auf dem Petersberg, der einzigen nennenswerten Erhebung innerhalb der historischen Altstadt von München.
Die Kirche datiert bis ins 11. Jahrhundert zurück und gilt als historischer Ursprungsort Münchens.

Heilig-Geist-Kirche
Die Heilig-Geist-Kirche befindet sich im Tal direkt neben dem Viktualienmarkt und nur wenige Meter vom Alten Peter entfernt. 1392 vollendet, zählt sie zu den ältesten noch erhaltenen Kirchengebäuden Münchens. Im 18. Jahrhundert wurde der gotische Bau von den Brüdern Asam im Barockstil umgestaltet und in den Folgejahren mehrmals erweitert. Nach enormen Beschädigungen im zweiten Weltkrieg begann 1946 der Wiederaufbau der ehemaligen Spitalkirche.

Altes Rathaus

Das **Alte Rathaus** am Münchner Marienplatz hat eine bewegte Geschichte hinter sich. Erstmals wurde das Gebäude 1310 im Ratsbuch der Stadt erwähnt und war bis 1847 Sitz des Münchner Stadtrates.
Heute beherbergt der Turmbau des Alten Rathauses auf 4 Stockwerken sein historisches Spielzeugmuseum. Zu sehen sind alte Modelleisenbahnen, Plüschtiere, Puppen, Puppenstuben und Blechspielzeug.

Praterkraftwerk

Im Praterkraftwerk fließen 34.000 Liter Isarwasser pro Sekunde durch einen unterirdischen Stollen, um an seinem Ende eine High-Tech-Turbine anzutreiben. Die unsichtbare, geräusch- und emissionslose Erzeugung von Ökostrom mitten in München ist möglich, weil sich das eigentliche Kraftwerk inklusive der Turbinenanlage unter der Flusssohle befindet. Hier hat die Isar ein natürliches Gefalle von etwa 9 Metern. Mit seiner Gesamtleistung von 2,5 MW erzeugt es jährlich etwa 10 Millionen Kilowattstunden Ökostrom, genug, um ca. 4.000 Münchner Haushalte versorgen zu können.

Als wir am Nachmittag den englischen Garten besuchten, der nur 300 m nördlich unseres Hotels lag, wurden wir von einer Menschenansammlung angezogen, die jenseits der Prinzregentenstraße etwas beobachtete. Als wir näher kamen, wurde ein Rauschen immer stärker und dann war es klar: wir hatten eine Münchener Attraktion entdeckt. Das Surfen am Eisbach an der Prinzregentenstraße.

Eisbach-Surfen

Dies scheint schon lange eine echte Münchner Attraktion zu sein: Von der Brücke aus hat man einen ausgezeichneten Blick auf die von den Sportlern vollführten Kunststücke. Trotz der Legalisierung des **Eisbach-Surfens** wird dies allerdings nur erfahrenen Surfern empfohlen und findet auf eigene Gefahr statt.

Denn eine große Erfahrung gehört schon dazu, die gewaltige Kraft der Welle richtig einzuschätzen.

Wie der Name des Baches schon vermuten lässt, ist das Wasser kalt und für die Surfer empfiehlt es sich, mehr als eine herkömmliche Badehose zu tragen.
Beim Sprung aufs Brett wird ersichtlich, dass es sich hier nicht um Anfänger handelt kann. Der Surfer ist nicht direkt auf dem Brett festgeschnallt. Es ist allerdings durch eine Leine mit dem Fußgelenk verbunden, so kann es zumindest nicht sehr weit weg schwimmen. Die Anzüge sind meist schwarz, also bleibt nur das Brett, um farbige Akzente zu setzen.

Englischer Garten
Der Englische Garten zählt zu den größten innerstädtischen Parks weltweit. Alles begann 1789, als Kurfürst Carl Theodor den Auftrag gab, an der Isar einen öffentlichen Park anzulegen. Den Namen Englischer Garten erhielt der Park, da er im Stile eines englischen Landschaftsparks angelegt wurde.

Englischer Garten mit Monopteros

Heute bietet der Park zahlreiche Freizeitmöglichkeiten. Radler und Jogger trainieren auf dem 78 Kilometer langen Wegenetz, auf den Wiesen treffen sich die Amateurfußballer. Einen schönen Aussichtspunkt über die Stadt bietet der **Monopteros** der 1836 samt Hügel in die Parklandschaft eingefügt wurde.

Man sieht Türme der Theatinerkirche, der Frauenkirche, den Rathausturm, den Turm von St. Peter und die Kuppel der Staatskanzlei im Hofgartens.

Chinesischer Turm

Erst 1972 entstand das japanische Teehaus am Südende des Parks, das auf einer künstlichen Insel im Schwabinger Bach steht. Mit 7.000 Plätzen liegt hier zudem Münchens zweitgrößter Biergarten, direkt am **Chinesischen Turm**. Dieser auffällige Pagodenbau ragt 25 Meter in die Höhe und geht auf einen Entwurf von 1789 zurück. Mehrmals brannte der Turm schon aus, er wurde aber jedes Mal originalgetreu wieder aufgebaut.

Das **Faszinosum der Mobilität**

Wenn man die U-Bahn-Station »Olympiazentrum« verlässt, steht man vor einem neuen großen Gebäude. Es ist das Erlebnis- und Auslieferungszentrum von BMW, das sich in direkter Nachbarschaft zum Museum befindet. Vereint unter dem Dach der BMW Welt bekommen Kunden und Besucher aus aller Welt einen ganz besonderen Eindruck von der Marke BMW.

Erlebnis- und Auslieferungszentrum

Mobilität verbunden mit Sportlichkeit, Eleganz, Dynamik und Leidenschaft, dafür steht das BMW Museum seit seiner Eröffnung im Jahr 1973. Nach einer vierjährigen Phase der Neugestaltung eröffnete das Museum im Juni 2008 mit einer erweiterten Ausstellungsfläche. Eine Gesamtschau zeigt über 125 der bedeutendsten und attraktivsten Originalexponate der Marke.

748 ccm, 15 PS

Auf 5000 Quadratmetern präsentiert das Museum dauerhaft 26 Themenschwerpunkte in sieben Ausstellungshäusern im Flachbau.

Die Häuser und mehrere Plätze sind über einen 1000 Meter langen Besucherweg miteinander verbunden. Jedes Haus hat eine eigene Identität und stellt aus seiner Perspektive die Geschichte der Marke BMW dar.

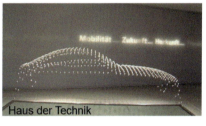
Haus der Technik

So befasst sich zum Beispiel das *Haus des Unternehmens* mit der historischen Entwicklung der Unternehmenskultur. Komplexe Designprozesse in der Fahrzeugentwicklung erlebt der Besucher im *Haus der Gestaltung*. Die allerersten BMW-Baureihen werden im so genannten Baureihenturm eindrucksvoll präsentiert und im *Haus der Technik* stehen technische Innovationen im Vordergrund.

Weitere Aspekte des facettenreichen Unternehmens kommen in den Häusern des Motorrads und des Motorsports

Von Künstlern bemalt

anschaulich und eindrucksvoll zur Geltung. Im Rundbau, der *Schüssel*, dem ehemaligen Museum, werden außerdem temporäre Wechselausstellungen gezeigt. Als wir dort waren, gab es eine Ausstellung von BMW Fahrzeugen, die *von Künstlern bemalt* waren.

Bemaltes Fahrzeug

Im BMW-Museum gab es zwar etwas zu essen, aber das Restaurant bzw. die Kantine entsprach nicht unseren Vorstellungen. Es war der 16. Oktober, Eddas Geburtstag, also versuchten wir im Dreh-Restaurant des Olympiaturms Plätze zu bekommen. Wir fuhren nach oben, für Geburtstagskinder ist der Aufzug sogar kostenfrei, bekamen einen schö-nen Platz am Fenster und speisten vorzüglich mit herrlichem Blick auf die sich wandelnde Umgebung.

Olympiaturm

Der Olympiaturm ragt 291,28 Meter über München empor. Er versorgt München und Südbayern mit digitalem Fernsehen. Wir sitzen hier in 190 Metern Höhe und genießen den herrlichen Ausblick. Das Restaurant dreht sich alle 53 Minuten um die eigene Achse. Natürlich wäre der Besuch bei guter Witterung noch schöner gewesen, dann könnte man sogar die Alpenkette vom Salzkammergut bis hin zu den Allgäuer Alpen sehen.

Blick vom Olympiaturm

Wir sind zurück in der Innenstadt und laufen vom Stachus oder Karlstor aus durch die Kaufingerstraße zur Frauenkirche.

Karlstor

Die beiden Zwiebeltürme – jeder Turm ist 99 m hoch – der gotischen Dom- und Stadtpfarrkirche *Zu unserer Lieben Frau* sind das unverwechselbare Wahrzeichen der Stadt München.

Ihr Bau begann 1468 unter Herzog

Sigismund. Es ist ein massiver, spätgotischer Backsteinbau.
Im zweiten Weltkrieg wurde die Frauenkirche bei Luftangriffen sehr schwer beschädigt und danach in mehreren Bauphasen wieder aufgebaut und renoviert.

Die katholische Hof- und Stiftskirche St. Kajetan, von den Münchnern **Theatinerkirche** genannt, gehört zum architektonischen Ensemble des Odeonsplatzes.

Im Jahr 1668 war der Bau der Theatinerkirche anlässlich der Geburt des lang ersehnten Thronfolgers Max Emanuel beschlossen worden.
Im Jahre 1688 wurde das Gotteshaus fertig gestellt. Die hellgelbe Außenfassade im Stile des Rokoko wurde von Francois de Cuvilliés gestaltet, den Innenraum zieren Stuckarbeiten und korinthische Säulenelemente.

Der mächtige Barockbau beherbergt die Gruft der Wittelsbacher, u.a. haben hier die Könige Max Josef I. und Max II. ihre letzte Ruhestätte gefunden.

Schloss Nymphenburg
Am letzten Tag in München, ein Sonntag, fuhren wir mit der Straßenbahn nach Nymphenburg.
Das Schloss Nymphenburg im Westen Münchens gehört zu den größten Königsschlössern Europas. Im Jahre 1664 ließ Kurfürst Ferdinand das Schloss erbauen – als Geschenk an seine Frau, die ihm den lang ersehnten Thronfolger Max Emanuel geboren hatte. Max Emanuel selbst hatte später wesentlichen Anteil an der Erweiterung der Schlossanlagen.

Lange Zeit wurden die Schlossbauten als Sommerresidenz der Wittelsbacher genutzt. Einige Räumlichkeiten haben ihre originale Barockdekoration erhalten, andere wurden später im Stil des Rokoko und des Klassizismus umgestaltet.
Prominente Architekten wie Leo von

Barockdekoration

Landschaftsgarten

Klenze und Francois de Cuvilliés waren an den Erweiterungen beteiligt.
Aus den Fenstern der Räume, die man besichtigen kann, hat man schöne Blicke auf die 229 ha großen Landschaftsgärten. Wie man sieht, zeigte sich aber auch hier das Wetter von der unschönen, kalten Seite, so dass wir auf eine Parkbesichtigung verzichteten.

König Ludwig I. (1786-1868) begeisterte sich von Jugend an für weibliche Schönheit, die er in der Bildenden Kunst fand. Mir seinen Sammlungen und Museumsbauten, aber auch seinem Einsatz für die Malerei der *Nazarener* machte er München zum Kunstzentrum Deutschlands.

Garten von der Vorderfront aus

Schönheitsgalerie

In seinem Auftrag porträtierte Joseph Stieler von 1826 bis 1850 36 schöne Frauen aus verschiedenen Gesellschaftsschichten von der Schuhmacher- bis zur Königstochter. So entstand ein Kompendium weiblicher Schönheit nach dem persönlichen Geschmack des Königs. Heute befindet sich seine Schönheitengalerie hier in Nymphenburg. Schönheit galt als äußeres Zeichen sittlicher Vollkommenheit. Die *Sammlung der Schönsten* war öffentlich zugänglich und eine der Sehenswürdigkeiten Münchens.

Seine späte Leidenschaft für die Tänzerin Lola Montez, die ebenfalls in die Schönheitsgalerie aufgenommen wurde, trug übrigens 1868 zur Revolution in München bei.

Nürnberg (16.-19.10.2012)

Weil ich diesmal erst 2 Tage vor Reisebeginn ein Hotel suchte, waren alle Zimmer in Nürnberg – bedingt durch einen Kongress – belegt und wir mussten nach Fürth ausweichen. Aus dem Grund konnten wir uns nachmittags ein wenig Fürth anschauen.

Michaeliskirche

Die **Michaeliskirche** war ursprünglich eine Wehrkirche. Das Langhaus wurde um 1100, der Turm um 1400 und der Chor um 1480 erbaut. Seit 1525 wird hier ev. Gottesdienst gefeiert. Es ist die einzige Kirche in Fürth, die den 30-jährigen Krieg überstanden hat.

Am nächsten Morgen fuhren wir mit Bus und Bahn nach Nürnberg bis zur Station Lorenzkirche. Die Altstadt der

Innenraum

mit fast 500000 Einwohnern zweitgrößten Stadt Bayerns wird durch die Pegnitz in den Sebalder- und den Lorenzer-Stadtteil getrennt, genannt nach den Hauptkirchen.
Wir überqueren die Pegnitz. Vorbei am **Schönen Brunnen** besuchen wir zuerst die Sebalduskirche und die Burganlage.

Blick zum Langen Steg

Der Schöne Brunnen mit den beiden Türmen der **Sebalduskirche** im Hintergrund ist über einem niedrigen oktogonalen Wasserbecken gebaut. Es ist eine

Schöner Brunnen

vierfach gestufte Steinpyramide mit 17,3 m Höhe. Er zählt zu den ältesten Röhrenbrunnen der Stadt und besitzt seit seiner Entstehung zwischen 1385 und 1396 eine eigene Wasserzuleitung.

Steinfiguren

40 Steinfiguren in 4 Ebenen ergänzen den reichen ornamentalen Schmuck. So sind hier z.B. die Personifikationen der 7 Freien Künste und die Philosophie, die 4 Evangelisten und die 4 Kirchenväter sowie Moses und die 7 alttestamentliche Propheten zu finden.

Wir stehen an der Sebaldkirche, sehen den Sinnwellturm und bewundern das Chörlein am nebenan stehenden Sebalder Pfarrhof.
Mit dem Neubau der heutigen Kirche im Stil der Romanik begann man um 1230. Ihr Vorgängerbau wird im Zusammenhang mit einer Wallfahrt von 1072 erwähnt. Da sich angeblich verschiedene

Krankenheilungen ereigneten, wurde Sebald als Volksheiliger verehrt, jedoch erst 1425 vom Heiligen Stuhl anerkannt. Fast alle Pfeiler der Kirche sind mit Skulpturen verziert, die zumeist von vermögenden Nürnberger Patrizierfamilien gestiftet wurden.

Einen der Pfeiler ziert die *Madonna im Strahlenkranz*, etwa um 1425 geschaffen. Es handelt sich um das Werk eines

Nürnberger Meisters, im so genannten *Weichen Stil* in Birnbaumholz geschnitzt.

Im Mittelschiff, hinter dem Altar, entdeckt man eines der beachtenswertesten Einrichtungsstücke der Kirche: das **Sebaldusgrab**. Es handelt sich um einen Messinguss von 4,71 m Höhe, der seit 1519 das

würdige Gehäuse für den gotischen Reliquienschrein des Kirchenheiligen bildet. 4 Delphine und 12 Schnecken tragen die Sockelplatte.

Steinrelief

Über einem mit Reliefs verzierten Unterbau wölbt sich ein dreijöchiger spätgotischer Baldachinraum zur Aufnahme des Reliquienschreines.
An der Außenfassade sind Steinreliefs angebracht, die Szenen aus dem Leben Jesu darstellen.

Wir sind auf dem Weg zum Wahrzeichen und gleichzeitig der Keimzelle Nürnbergs, der **Kaiserburg**. Sie ist eine der bedeutendsten Kaiserpfalzen des Mittelalters. Kaiser Friedrich I. Barbarossa (1123-1190) und seine Nachfolger erbauten auf dem Nürnberger Burgfels eine der größten und prachtvollsten Burganlagen des Reiches.

Sinwellturm

Der runde **Sinwellturm** wurde in der 2. Hälfte des 13. Jahrhunderts erbaut. Er ist bis heute der repräsentative Hauptturm. Von der Aussichtsplattform hat man einen weiten Blick über die gesamte Stadt Nürnberg.

Der Turm, den man hier sieht, ist die Kaiserkapelle, die aus der Zeit der Staufer um 1200 stammt. Sie ist der bedeutendste erhaltene Bau der Burg. Sie besteht aus einer Unterkapelle für die niedere adlige Gefolgschaft und einer Oberkapelle für den höherrangigen Hofstaat. Beide Kapellen sind nur durch eine Öffnung in der Decke räumlich und litur-

Blick über Nürnberg

gisch miteinander verbunden.

Welche überragende Bedeutung damals Nürnberg besaß, geht daraus hervor, dass alle deutschen Herrscher zwischen 1050 und 1571 auf der Burg weilten und hier ihre Reichs- und Gerichtstage abhielten. Kaiser Karl IV. allein 52 mal. Insgesamt gab es mehr als 300 Aufenthalte deutscher Herrscher mit einer Vielzahl glänzen-

Kaiserkapelle

der Reichs- und Hoftage.

So war im Reichsgesetz der **Goldenen Bulle** von 1356 verfügt worden, dass jeder neu gewählte deutsche König seinen ersten Reichstag in Nürnberg abhalten solle. Seit 1313 musste die Stadt die Reichsfestung instand halten. Sie bekam aber dafür das Recht, in Abwesenheit des Kaisern eine Besatzung darauf zu halten.

Gleich unterhalb der Burg steht Nürnbergs ältestes Fachwerkhaus, gebaut 1338.

Rechts von diesem Haus führt eine Treppe abwärts und man kommt zu einem Eckhaus, das **Pilatushaus** genannt wird. Es ist durch die große Statue des hl. Georg im Harnisch unverwechselbar. Hier hatte einst der Harnischmacher Hans Grünewald seine Werkstatt. Der prächtige Fachwerkbau entstand 1489.

Bei einem Schwenk nach links sieht man die Wehrmauer, die die mittelalterliche Stimmung des Platzes, auf dem wir jetzt sind, wahr macht, und schräg gegenüber vom Pilatushaus steht das zierliche Dürerhaus um das Jahr 1420 erbaut, das wir am nachfolgenden Tag besuchten.

Die am Hauptmarkt aufragende **Frauenkirche** kann man als *Sühnebau* für die Niederlegung des Judenviertels betrachten. Kaiser Karl IV., der 1349 die Genehmigung dazu gegeben hatte, stiftete das 1350-58 erbaute Gotteshaus seiner Lieblingsstadt, wie es in einem kaiserlichen Stiftungsbrief heißt: "Zum Ruhme seines Kaisertums, zu Ehren der Muttergottes und zum Heil der Verstorbenen". Als Baumeister berief der Kaiser den Schwaben Peter Parier (um 1330-99), der für ihn am Dom von Prag tätig gewesen war. Typisch für den

erfolgreichsten Sohn der berühmten Architekten- und Bildhauerfamilie ist die reich gegliederte und verzierte Schaufassade, die früher den Hoftagen wie heute dem Christkindlesmarkt einen glanzvollen Rahmen gab und gibt.

Im Hauptraum der ältesten Hallenkirche Frankens findet man am vorderen Pfeilerpaar zwei gerundete Bilder, auf dem linken, um 1440 entstanden, ist die Auferstehung abgebildet, das rechte zeigt den hl. Michael als Drachentöter. Die bedeutendste Tafelmalerei aus der Zeit vor Dürer enthält der Tucheraltar des Chorraums, entstanden um 1440.

Eines der vielen Denkmäler und Brunnen der Stadt sieht man hier, rund um die bootsartig gebaute Schale kann man lesen: "Gewalt und Technik und Resignation zerstören das Leben, der Tod lacht schon".

Trotz oder gerade wegen des für Ackerbau ungünstigen Bodens hat sich Nürnberg durch den Fleiß und den Geschäftssinn seiner Bürger bereits im Mittelalter zu einer der bedeutendsten Metropolen Deutschlands entwickelt. In des »Deutschen Reiches Schatzkästlein« wirkten Albrecht Dürer und Hans Sachs, Veit Stoß, Adam Kraft und Peter Vischer, Martin Behaim und Peter Henlein. Der Name Nürnberg erinnert an Lebkuchen und Bratwürste, Spielzeug und Meistersinger, den Nürnberger Trichter und den Christkindlesmarkt, an gotische Kunstschätze, mächtige Stadtmauern und ferne Reichstage, aber auch an die jüngere Geschichte mit  den Reichsparteitagen, den Nürnberger Gesetzen und den Kriegsverbrecherprozessen.

Der Reiz der Stadt für die Touristen – Nürnberg hat über 1,7 Millionen Übernachtungen pro Jahr – liegt wohl gerade in den Kontrasten zwischen erhaltenen und wiedererstandenen alten Kulturgütern und dem von Leben erfüllten Zeitgeist.

Szenen des Brunnens

Wir sind am Ludwigsplatz im Westen der Innenstadt und stehen vor einem figurenreichen, modernen Brunnen, dem »Ehekarussell«. Menschen und Getier stellen Szenen dar, welche die guten, aber auch die möglichen schlimmen Seiten eines Ehelebens drastisch aufzeigen.

Diesen Brunnen schuf 1984 ein Prof. Jürgen Weber aus Braunschweig.

Brunnenszene

Was auf den ersten Blick sehr verwirrend scheint, erklärt sich, wenn man das in Stein gemeißelte Gedicht von Hans Sachs aus dem Jahre 1541 liest:

> Mein Frau ist mein getreuer Freund
> Oft worden auch mein größter Feind
> Mein Frau oft mildsam ist und gütig
> Sie ist auch zornig oft und wütig
> Sie ist mein Tugend und mein Laster
> Sie ist mein wund und auch mein Pflaster
> Sie ist mein Herzens Aufenthalt
> Und machet mich doch grau und alt.

Ein Standbild von Hans Sachs findet man natürlich auch in der Nähe.

Das Ehekarussell liegt hinter dem **Weißen Turm.** Er gehörte als Torturm zur älteren Stadtbefestigung aus der Mitte des 13. Jhds. und steht heute über

Weißen Turm

Bastei

einem Bahnhof der U-Bahn.
Die Wehrhaftigkeit des Weißen Turms erhöhten die Stadtbaumeister dadurch, dass sie eine kleine Bastei mit Rundtürmen und einem Vortor an seiner

Außenseite vorsetzten.

Am Hefnersplatz, wenige 100 m vom Weißen Turm entfernt, erinnert eine Bronzestatue seit 1905 am **Peter-Henlein-Brunnen** an den Nürnberger Mechaniker, er lebte von 1485-1542, der als Erfinder der Taschenuhr gilt, zumindest aber eine der ersten mit Federwerk getriebenen Uhren herstellte. Er hält eine der frühen Taschenuhren, ein *Nürnberger Ei*, in der Hand.

Als **Langer Steg** wurde der Henkersteg um 1322 zur Verbindung der beiden Nürnberger Stadthälften, Sebald und Lorenz, errichtet. Er überbrückt heute den südlichen Pegnitzarm und führt vom südlichen Ufer in den westlichen Teil des Trödelmarkts, direkt an den Henkerturm, der seinen Namen der Wohnung des Henkers in diesem Turm verdankt, der hier vom 16. bis 19. Jhd. lebte. Da der Beruf des Scharfrichters als *unehrlich* angesehen wurde, musste er auf die Trödelmarktinsel verbannt werden.

Im Frühjahr 1595 wurde der Henkersteg mitsamt 15 Schaulustiger Opfer eines Hochwassers, als eine Eisscholle ihn rammte und mitriss. Ein neuer, über-

dachter Holzsteg wurde daraufhin etwas weiter westlich errichtet.

Von der westlich des Henkerstegs gelegenen Maxbrücke hat man schöne Blicke auf die an der Nordseite befindlichen Brückenbögen, die direkt zu dem gegenüberliegenden Wasserturm neben dem Weinstadel führen.

Der Kettensteg aus dem Jahr 1824 verbindet beide Flussufer für Fußgänger.

Kettensteg

Im Handwerkerhof beim Hauptbahnhof zeigen die heutigen Handwerker ihr Können, man darf ihnen auch über die Schulter sehen und bei ihnen einkaufen. Man kann sich hier ein wenig in das mittelalterlichen Stadtlebens versetzt fühlen.

Lorenzkirche

Wir stehen hier vor der Lorenzkirche, die ihrer Schwesterkirche St. Sebald sowohl äußerlich als auch von der Qualität der Ausstattung fast zwillingshaft ähnelt.
Über den Grundmauern einer früheren kleineren dreischiffigen romanischen Basilika begann man um 1260 mit dem Bau des heutigen Gotteshauses. Mit der zwischen dem Turmpaar eingefügten Schmuckwand mit mehrschichtiger Maßwerkrosette von 10,28 m Durchmesser außen und 5,90 m innen, war das Werk um 1360 beendet. Inzwischen waren die beiden Siedlungen nördlich und südlich der Pegnitz von einer einheitlichen Stadtmauer umgeben, und immer mehr Patrizier zogen auch in den Lorenzer Stadtteil. Dadurch waren der Kirche größere Geldquellen erschlossen, Stiftungen trugen dann zur reichen Ausstattung bei.

Schmuckwand

Teil der Bildergeschichte

Eines der kunstvollsten Werke des Nürnberger Bildhauerhandwerks ist die Bildergeschichte im Bogenfeld des **Hauptportals.** Sie erzählt vom Leben Jesu, von Geburt und Kindheit, von der Passion.

Von den vielen Kunstwerken, die in der Kirche zu sehen sind, seien nur einige erwähnt:
Zu den ältesten Plastiken Nürnbergs zählt die *Lächelnde Anbetungsmadonna* von 1285.
Das letzte Pfeilerpaar des Langhauses schmücken die gefassten Holzfiguren der beiden Kirchenpatrone Lorenz und Stefan.

Lächelnde Anbetungsmadonna

Verkündigungsdarstellung

Am rechten Pfeiler stellt eine Dreiergruppe das Martyrium des hl. Sebastian dar, den Schutzheiligen gegen die Pest. Diese Seuche war vom 14. Jahrhundert bis zu ihrem letzten Auftreten in Nürnberg im Jahr 1713 eine schlimme Geißel der Stadtbevölkerung.

Ein Kunstwerk ist auch die Verkündigungsdarstellung, der sog. Engelsgruß aus dem Jahr 1517 von Veit Stoß. Die überlebensgroßen Hauptfiguren sind der Verkündigungsengel Gabriel und die Jungfrau Maria, die bestürzt und ergeben zugleich dreinblickt. Der Kranz enthält 55 Rosen, die gleiche Zahl wie der Leuchter Kerzen. Sie symbolisieren das

Gottvater

Rosenkranzgebet: fünfmal zehn Ave Maria, dazu je ein Vaterunser.
Engelsgestalten umfliegen die Hauptfiguren, doch über allen thront Gottvater.

Leuchter

Der Leuchter von etwa 2,50 m Durchmesser und Höhe besteht aus vergoldetem Eisen, die 55 Kerzenhalter aus vergoldetem Holz. In seinem oberen Gehäuse trägt er die in Lindenholz geschnitzte Statue einer gekrönten Maria, die aus der Werkstatt des Veit Stoß stammt.

An einem Seitenschiffpfeiler ist der hl. Stephanus als Diakon dargestellt, der seiner Arme beraubt wurde.

Bis ins Gewölbe empor ragt der schlanke, fast 20 m hohe Aufbau des **Sakramentshauses**, um sich diesem dort rankengleich anzuschmiegen. Eine Fülle von Figuren und Szenen zwischen den Fialen des Aufbaus nimmt Bezug auf die Passion.
Adam Krafft, der das Sakramentshaus schuf, hat sich dort als Sockelfigur im Bildhauergewand selbst dargestellt.

Nördlich der Westfassade der Lorenzkirche entdeckt man den **Tugendbrunnen,** ein Wahrzeichen der Stadt. Aus dem achteckigen Becken erhebt sich eine bronzene Brunnensäule, in 3 Stockwerke unterteilt und mit sieben menschlichen Figuren geschmückt. Dies sind Darstellungen der sieben Tugenden des Mittelalters, erkennbar an den Attributen der Frauengestalten:
Glaube=Kreuz, Liebe=Kinder, Hoffnung, Großmut, Mäßigkeit, Geduld sowie als Bekrönung der Brunnensäule die Gerechtigkeit mit verbundenen Augen, Waage und Schwert.

Aus ihren Trompeten wie auch aus den Brüsten der Frauengestalten ergießen sich scharfe Wasserstrahlen. Der Brunnen entstand um 1586 in der sinnenfrohen Zeit der Renaissance.

Im großen Rathaushof steht dieser hübsche Puttobrunnen von 1557.

Putto

Wie bereits am Anfang erwähnt, besuchten wir zum Abschluss unseres 2-tägigen Nürnbergaufenthaltes das Dürerhaus. Es wurde um 1420 in der typischen Mischbauweise eines Nürnberger Bürgerhauses mit Sandsteinsockel und Fachwerk erbaut. Von 1509 bis 1528 war es Wohn- und Arbeitsstätte Albrecht Dürers. Seit 1826 ist es Dürer-Erinnerungsstätte, heute Museum. Mit einem Blick zur Burg in der Dämmerung verabschieden wir uns von einer besuchenswerten Stadt.

Albrecht Dürerhaus

Dürer-Museum

Bamberg (15. bis 18.10.2017)

Unser Hotel in Bamberg, der Bamberger Hof, lag fast im Zentrum am Schönleinsplatz zwischen dem Main-Donau-Kanal bzw. dem Rechten Regnitzarm und dem linkem Regnitzarm. Nur wenige 100 m waren es bis zum alten Rathaus und dem Dom. Auf dem Schönleinsplatz vor dem Hotel thront **Luitpold, der Prinzregent** von Bayern, der von 1886 bis 1912 regierte.

Prinzregent Luitpold

Vor das Denkmal hat man eine Gruppe von acht rot bemalten hockenden Männergestalten postiert. Es soll wohl ein Kunstwerk sein.

Einen schönen Blick hat man von der Dachterrasse des Hotels aus auf die Türme des Doms und die beiden Türme

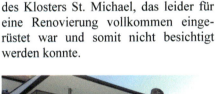
Hockende Männer

des Klosters St. Michael, das leider für eine Renovierung vollkommen eingerüstet war und somit nicht besichtigt werden konnte.

Dachterrassenblick

Etwa um 14:00 Uhr hatten wir unser Hotel erreicht. Natürlich war – nachdem wir uns eingerichtet hatten – ein erstes Ziel das Alte Rathaus. Vorbei am

E.T.A. Hoffmann

Denkmal von E.T.A. Hoffmann und dem nach ihm benannten Theater erreicht man über eine kleine Brücke und einem kurzen Weg entlang des Alten Kanals das Alte **Rathaus**. Wie ein Schiff ruht es mit dem Fachwerkbau mitten in der Regnitz.

Altes Rathaus

Die Wahl dieses ungewöhnlichen Bauplatzes ergab sich aus der Stadtentwicklung.

Weil der Siedlungsraum auf dem schmalen Streifen zwischen dem Westufer

der Regnitz und dem Domberg zu eng ge-worden war, hatten sich Kaufleute be-reits seit dem 12. Jahrhundert östlich des Flusses auf der so genannten Insel niedergelassen. Rund um die Märkte entwickelte sich das neue Zentrum, und das Rathaus sollte *Altstadt* und *Neustadt* miteinander verbinden.

Hier am Alten Rathaus scheiden sich zwei Bamberg, das geistliche und das weltliche. Im Westen ist das kirchliche, im Osten das weltliche Bamberg. So trägt die westliche Seite des Rathauses das bischöfliche, die östliche das bürgerliche Wappen.

Die Wandfresken auf beiden Seiten des Gebäudes stammen von Johann An-

wander. Sie stellen Szenen aus Bambergs Geschichte dar. Sie wurden 1960 restauriert. Wenn man genauer auf der östlichen Seite des Rathauses hinschaut, entdeckt man eine kleine *Engelsfigur*, die plastisch vor der Fassade sitzt.

Von der oberen Brücke aus hat man bereits einen Blick auf den Anfang von *Klein Venedig*, der Anlegestelle **Am Kranen**.

Am Kranen war bis ins 20. Jahrhundert der Hafen Bambergs. Hier wurden Fische verkauft und Schiffe beladen. Seinen Namen hat der Hafen daher, dass die Schiffe unter Umständen mit Kränen beladen wurden.

Heute treffen sich hier an schönen Tagen häufig Studenten um zu Lesen oder sich in der Sonne auszuruhen.

Am Kranen

Die ehemalige **Fischersiedlung** besteht aus rund 30 im 15.-16. Jhd. erbauten Wohnhäusern und liegt am östlichen Ufer der Regnitz zwischen dem ehema-

ligen Hafen *Am Kranen* und der *Markusbrücke*. Die ältesten dieser kleinen Häuser sind einstöckig und haben hohe Dächer. Anders als bei anderen am Wasser gelegenen Häusern sind die Wohnräume aufs Wasser ausgerichtet anstatt zur Straße. Die Keller waren

Fischersiedlung

damals zum Wasser hin offen und dienten als Halle für die Schelche, also größeren Kähnen. Die Häuser haben hübsche Balkone, winzige Vorgärten und sehr schöne Bootsstege. Die idyllische Lage ist noch heute ein Grund für die Begehrtheit der kleinen Häuschen. Manche von ihnen wurden zu Ferienwohnungen umgestaltet, sodass jeder Besucher nach Belieben seine Freizeit in dieser malerischen Umgebung verleben kann.

Südlich neben den Fischerhäuschen *Am Kranen* befindet sich das 1742 im Barockstil errichtete *Schlachthaus*. Es wurde in den Fluss hineingebaut, damit ein Teil des Hauses von dem Fluss durchströmt werden konnte. So konnten Fleischabfälle sehr bequem entsorgt

Schlachthaus

werden.
Nett anzusehen waren die zwei Kinder mit den großen Eisportionen.

Kinder

An unserem Hotel war eine Bar angeschlossen, die sich Luitpold-Bar nannte. Hier konnte man tagsüber im

Freien sitzen, was wir aber nicht ausnutzten, denn unser Ziel war die Stadt Bamberg. Dennoch war abends ein gezapftes Bier obligat.

Nach einem sehr guten Frühstück war unser Ziel der Dom. Auf dem Weg dorthin kommt man am Rathaus **Schloss Geyerswörth** mit einem sehenswerten Innenhof vorbei.

Das ehemalige fürstbischöfliche Stadtschloss wurde 1585-1587 errichtet und liegt von Wasser umgeben auf einer Insel zwischen dem Alten Kanal und dem linken Regnitzarm unweit des Alten Rathauses. Heute ist Schloss Geyerswörth Sitz des Sozialreferates und weiterer Ämter der Stadtverwaltung Bamberg.

Das Schloss ist nach der ursprünglichen Besitzerfamilie Geyer benannt. Im Lauf des 16. Jahrhunderts gelangte der Besitz an das Hochstift Bamberg. Die Fürstbischöfe ließen sich die Baulichkeiten zu ihrem Stadtschloss einrichten. Der große Park, der sich daran anschloss, fiel der Säkularisation zum Opfer. Der Innenhof, dessen nördlicher Trakt einen Arkadengang aufweist, beherbergt die Originalplastik *Stadtritter* vom Alten Rathaus.

Bamberg ist wie Rom auf sieben Hügeln erbaut. Auf einem der Hügel sind wir jetzt, dem Domberg. Hier steht der romanische **Bamberger Dom St. Peter und St. Georg.** Er gehört zu den deutschen Kaiserdomen und ist mit seinen vier Türmen das beherrschende Bauwerk des Weltkulturerbes *Bamberger Altstadt.*

Man betritt den Dom durch die Adamspforte im Osten. Hier sieht man auf der linken Seite des Portals den heiligen Stephanus im Gewand eines Diakons. Er war der erste christliche

Märtyrer.
Die Steine in seinen Händen sind ein Hinweis auf seinen Märtyrertod durch Steinigung. Kunigunde, die wohl als eine neue Maria angesehen wird, hält ein Modell der von ihr gestifteten Bamberger Stephanskirche in den Händen. Und als 3. Figur sieht man Heinrich, den Bistumsgründer.

Auf der rechten Seite ist Petrus, der normalerweise 2 Schlüssel in Händen hält, mit einem Kreuz zu sehen. Neben ihm Adam, der erste Mensch und Eva, die der heiligen Kunigunde auf der gegenüberliegenden Seite entspricht.
Nach der Adamsfigur wurde das Portal Adamspforte genannt

Im Inneren des Doms befinden sich berühmte Sehenswürdigkeiten wie das **Kaisergrab**, das Grab des einzigen heilig gesprochenen Kaiserpaars des Heiligen Römischen Reichs, der Bamberger Reiter, der Veith-Stoß-Altar.
Das Kaisergrab wurde in den Jahren 1499 bis 1513 in der Werkstatt Tilman Riemenschneiders angefertigt.

Auf der monumentalen Deckplatte, die nur von oben betrachtet werden kann, sind Heinrich und Kunigunde als liegende Figuren dargestellt. Zu ihren Füßen liegen zwei Löwen mit dem bayerischen und luxemburgischen Wappen.

Das marmorne Hochgrab des Kaisers Heinrich II. und der Kaiserin Kunigunde zeigt auf den Seitenwänden Legenden aus dem Leben des Kaiserpaars. So ist auf der linken Wand die Feuerprobe dargestellt:

Heinrich wurde zugeflüstert, dass Kunigunde ihm untreu gewesen sei. Deshalb musste die Kaiserin als Gottesurteil über glühende Pflugscharen gehen und blieb dabei unverletzt.

Gleich daneben der gerechte Lohn: Das Pfennigwunder der heiligen Kunigunde zeigt, wie die Kaiserin persönlich den Lohn für die Bauleute von St. Stephan auszahlte. Ein Handwerker, der mehr nehmen wollte als ihm zustand, schrie vor Schmerzen auf, weil er einen glühenden Pfennig ergriff.

Auf der gegenüber liegenden Seite die Seelenwägung des heiligen Heinrich. Die Darstellung zeigt, wie sich der Erz-engel Michael und der Teufel um die Seele des Kaisers streiten. Als der hei-lige Laurentius einen Kelch als Zeichen für Heinrichs fromme Taten in die Waagschale legt, schlägt die Waage zu seinen Gunsten aus.

Seelenwägung

Bamberger Reiter

Der Schöpfer des **Bamberger Reiter**s ist unbekannt. Diese Figur – die älteste erhaltene mittelalterliche Plastik eines Reiters – wurde um das Jahr 1230 aus mehreren Schilfsandsteinblöcken herge-stellt und zeigt einen unbekannten Herr-scher. Sie steht noch immer an dem Pfeiler, an dem sie früher aufgestellt war.

Über die Identität des Darge--stellten ist man sich bis heute noch im Unklaren. Diese Deu-tungsversuche, dass es ein Kai-ser gewesen sein könnte, müs-sen verworfen werden, da der Reiter keine Kaiserkrone trägt.

Westchor

Der dem heiligen Petrus ge-weihte Westchor ist der Be-reich des Bischofs und des Domkapitels und Standort des Hauptaltars.

Beeindruckend ist der große aufgehängte Radleuchter.

So sähe der Marien- oder Weihnachtsaltar von dem berühmten Künstler Veit Stoß aus, wenn er nicht gerade restauriert würde. Man hat im Dom ein

überdimensionales Bild des Triptichons installiert, das meiner Ansicht nach recht gut die Wirklichkeit darstellt.

Der Flügelaltar zeigt im Mittelteil die Weihnachtsgeschichte, in den Außenflügeln die Flucht nach Ägypten, die

Geburt Marias, die Anbetung der Drei Könige und die Darbringung Jesu im Tempel.

Welche Arbeit und welche Kostbarkeiten in der Kirche stecken, sieht man an einem Detail: Im nordwestlichen Chorgestühl spielt David auf einer Harfe.

An der Nordseite des Doms befindet sich der Haupteingang, das **Fürstenportal**. Dieses Tor, durch das einst die Großen und Mächtigen einzogen, wird auch heute nur noch an hohen Feiertagen geöffnet. Es ist reich gestaltet. Im Tympanon hat man das

Jüngste Gericht dargestellt. Im Zentrum ein übergroßer Jesus Christus als Weltenrichter mit deutlich sichtbaren Wundmalen, die auf den erlittenen Kreuzestod hinweisen. Links vom Beschauer tragen Engel Kreuz, Lanze und Dornenkrone. Daneben Figuren, die die Erlösten darstellen. Ihre Körpersprache zeigt die Freude über die Gewissheit, in das Paradies einzugehen.

Rechts vom Betrachter schleppt ein abschreckend dargestellter Teufel mit einer Kette die Verurteilten in die ewige Verdammnis. Darunter sind ein Bischof, im Zentrum ein Reicher mit Geldsack, neben ihm ein Papst und ein Fürst.

Insgesamt eine deutliche Warnung an die Herrschenden, ein gottesfürchtiges Leben zu führen.

In den Gewändern sind die zwölf Apostel auf den Schultern der zwölf Propheten dargestellt. An der rechten Außenseite blendet ein Teufel einen Juden.

Die neue Ratsstube und die Schöne Pforte der **Alten Hofhaltung** zählen zu Bambergs seltenen Renaissancebauten. Unter dem Erker hat sich der Baumeister zunftgerecht mit Lederschürze und Klüpfel verewigt.

Die **Alte Hofhaltung** geht zurück auf ein Kastell der Babenberger. 1003 entstand hier eine Pfalz Kaiser Heinrich II., die er 1007 zum Sitz des 1. Bamberger Bischofs machte. Genutzt wird heute ein Großteil der Gebäude vom Historischen Museum der Stadt Bamberg sowie der Dombauhütte.

Die Westtürme sind nahezu Kopien der Türme der gotischen Kathedrale Notre-Dame im nordfranzösischen Laon. Mit den Laoner Domtürmen wurden auch die aus den offenen Ecktabernakeln blick-

enden Kühe und Esel übernommen. Diese sind eine Anerkennung für die Lasttiere, die das Steinmaterial transportieren mussten. In Bamberg heißen diese Figuren, wohl weil man sie von unten nicht so genau erkennen kann, *Domkühe,* wobei es sich in Bamberg wohl nicht um Rinder, sondern um Maulesel handelt. Diese Maulesel zogen Steine mittels Flaschenzügen nach oben, liefen im Dachstuhl in Laufrädern und schleppten Mörtelbottiche auf die Türme.

Geht man durch den Haupteingang der

Neuen Residenz am Domberg – hier ein Bild aus Google Earth –, so erreicht man den Rosengarten. Die heutige symmetrische Anlage entstand 1733 unter Fürstbischof Friedrich Karl von Schönborn nach Plänen von Balthasar Neumann. In den Sommermonaten breiten in über 70 Beeten rund 4500 Rosen ihren Duft und ihre Blütenpracht aus. Sehenswert sind die Gartenskulpturen mit Putten und Figuren aus der antiken Götterwelt.

Ein Aufstieg auf den Michaelsberg zum Kloster St. Michael war enttäuschend. Der gesamte Komplex war eingerüstet. Nur ein schöner Blick von oben auf Dom und Stadt entschädigten etwas.

Auf dem Weg zurück zum Hotel kommt man am historischen Gasthaus **Schlenkerla** vorbei, in dem es das berühmte Rauchbier gibt, an das man

sich auch erst gewöhnen muss.

Kunigunde

Auf der unteren Brücke des Alten Rathauses wacht St. Kunigunde seit jeher über die Stadt.

Am linken Regnitzarm im Weltkulturerbe Bamberg befindet sich in Sichtweite des berühmten Brückenrathauses die Schleuse 100. 100 Schleusen im Donau-Main-Kanals waren nötig, um die 187 Höhenmeter zwischen Donau und Main zu überwinden. Heute wird hier in sechs bis sieben Metern Tiefe völlig emissionsfrei Strom für rund 1000 Vier-Personen-Haushalte erzeugt.
Die vier Kaplan-Rohrturbinen erbringen

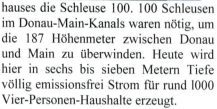
Schleuse 100

die kontinuierliche Leistung von 335 KW, wobei ihr Schluckvermögen 27,5 m^3 Wasser pro Sekunde beträgt. Gemeinsam liefern sie zum Teil vor Ort genutzten und zum Teil ins öffentliche Netz eingespeisten Strom.

Kettenbrücke

Um noch einen Eindruck vom rechten Regnitzarm zu bekommen, der außerdem ein Teil des Main-Donau-Kanal ist, und etwas Abendstimmung zu genießen, wandern wir die Fußgängerzone entlang, vorbei an der Stadtkirche St Martin, dem Maxplatz, zur *Kettenbrücke*.
Auf dem Maxplatz, dem größten Platz Bambergs steht ein Brunnen, der dem 1. bayrischen König Maximilian I. gewidmet ist.

Auf dem Heimweg entdecken wir noch den **Neptunbrunnen**, der von den Einheimischen liebevoll Goblemoo, also Gabelmann genannt wird.

Neptunbrunnen

Nach einem sehr guten Frühstück fuhren wir mit dem Bus zum etwa 5 km entfernten Schloss Seehof bei Memmelsdorf, nordöstlich von Bamberg.

Schloss Seehof ist die ehemalige Sommerresidenz und das Jagdschloss der Bamberger Fürstbischöfe.
Es wird von einem großen Garten umschlossen, der ehemals im Stil des Rokoko gestaltet war. Die Fläche der Anlage umfasst etwa 21 Hektar.
Das Bild aus Google zeigt die Ausmaße

Schloss Seehof

Ausmaß der Anlage

der Anlage: Länge 600 Meter, Breite 360 Meter, die Karpfenteiche im Vordergrund nicht eingerechnet.

Die Orangeriegebäude mit dem

Memmelsdorfer Tor

Memmelsdorfer Tor und den später hinzugefügten Gewächshäusern auf beiden Seiten gehören zu den bedeutendsten Orangeriebauten in Franken.

Die Vierflügelanlage des Schlosses hat wuchtige, haubenbekrönte Eckpavillons. Der verschwenderisch angelegte Park

Eckpavillons

zeugt von der großen Baulust der Bamberger Fürstbischöfe. In den Teichen hat man Figurengruppen geschaffen.
Nach einem guten Mittagsmahl im

Parkanlage

Restaurant der Orangerie besichtigen wir noch das Schloss selbst, den Innenhof und die Innenausstattung. Allerdings muss hier noch sehr viel getan werden, um mit anderen bayrischen Schlössern mithalten zu können. Die Innenausstattung wurde von Rokokokünstlern geschaffen.

Figurengruppen

Skattour Fichtelgebirge (24.-27.5.2001)

Unser Ziel war Bischofsgrün, 2 km nördlich des zweithöchsten Berges des Fichtelgebirges, dem Ochsenkopf gelegen. Wir, das sind Juliane und Reinhard, Hannelore und Werner, Inge, Edda und Peter.
Unsere erste Rast nach einer recht stauintensiven Fahrt machten wir auf dem Zubringer zur Autobahn von Bamberg nach Bayreuth.
Unser Tisch war reichlich gedeckt. Hannelore hatte wie immer Fleischwurst und Brötchen und Kaffee dabei, Inge hielt gekochte Eier parat, Juliane hatte Brötchen zubereitet, Reinhard entkorkte eine Flasche Wein, Edda und ich trugen die Verantwortung.
12 km vor unserem Ziel machten wir Halt im Luft- und Kneippkurort Bad Berneck. Der Ort liegt im schmalen Ölschnitztal am Südrand des Fichtelgebirges und wird von steilen Felshängen gesäumt. Zentrum ist der romantische Marktplatz. Über ihm thront oberhalb der alten Bürgerhäuser der ehemalige Schlossturm.

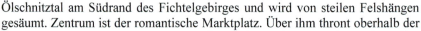
Bad Berneck

Zu einem Kneippkurort gehört natürlich eine Wassertretanlage, die wir im Kurpark fanden. Juliane und ich konnten nicht widerstehen, hurtig diese Anlage zu begehen.
Nach dem anstrengenden Wassertreten war eine Erfrischung vor allem für die Zuschauer von Nöten.
Bischofsgrün liegt inmitten des hohen Fichtelgebirges am Fuße der beiden höchsten Erhebungen Frankens dem Ochsenkopf und dem Schneeberg. Es macht einen sehr gepflegten Eindruck.

Kneippanlage

In unserer Pension Anna, nur 150 m von der ev. Kirche entfernt, konnte man gemütlich im Freien sitzen. Natürlich hatten wir uns nach der langen Fahrt ein Getränk verdient und fanden einen schönen Biergarten gleich neben der Kirche.
Viel Spaß hatten wir auf der Bundeskegelbahn, die uns unser Wirt am 1. Abend kostenlos zur Verfügung stellte. Er versprach sogar für den Gewinner eine Flasche Sekt, die er uns prompt zu später Stunde bringen ließ.

Von allen geologischen Erscheinungen, an denen das Fichtelgebirge reich ist, stellt die Bildung des **Felsenlabyrinths** der Luisenburg den ruhigsten und langsamsten Vorgang dar. Die Entstehung dieser einmaligen Naturerscheinung lässt sich heute so deuten: Vor 240 Mio. Jahren, also in der Oberkarbonzeit füllten sich die Hohlfalten eines längst nicht mehr existierenden Hochgebirges mit glühend flüssiger Schmelze. In langen Zeiträumen erstarrte das Magma zum kristallinen Tiefengestein Granit. Seit dem Tertiär vor 30 Mio. Jahren griff die Oberflächenverwitterung auch in den Granit selbst ein.
Burgschlucht

Das fast tropische Klima des Tertiärs begünstigte die chemische Verwitterung. Der Frost und die rhythmischen Temperaturschwankungen des Diluviums, also die Eis- und Zwischeneiszeiten dagegen zeigten eine heftige mechanische Verwitterung. Als das Abtragungsgut im Zusammenhang mit nacheiszeitlichen Fließerden herausgeschwemmt wurde, veränderten die inzwischen mehr oder weniger isolierten Blöcke ganz langsam ihre Lage, ein Vorgang, der sich auch heute noch, wenn auch mit kaum merklicher Geschwindigkeit fortsetzt. Felsgebilde, in labyrinthähnlichen Anhäufungen finden sich auf allen Bergen des Fichtelgebirges und auch in anderen Granitgebirgen. Sie sind aber weithin noch mit Abtragungsmaterial gefüllt und liegen unter der Erdoberfläche. Das einmalige und besondere des Luisenburg Labyrinths ist, dass hier die Verwitterungsformen freigelegt sind und zwar in einer so vollkommenen Weise, dass sich der imposanten Wirkung dieser Felsgiganten niemand entziehen kann.

Leuchtmoos

An einigen Stellen im Labyrinth – heute hinter Zäunen – um es vor den Besuchern zu schützen, findet man noch letzte Reste des berühmten **Leuchtmooses**, das einst an vielen Stellen des Luisenburg Labyrinths vorkam und ganze Teppiche bildete. Das Leuchtmoos gehört zur Familie der gipfelfrüchtigen Laubmoose. Durch eine besondere Anordnung der Chlorophyllkörner in den Zellen seinen Vorkeims entsteht bei bestimmten Lichtbedingungen der goldgrüne Leuchtreflex. Der Leuchtreflex ist an den Standort des Mooses gebunden. Es ist also sinnlos, das Leuchtmoos aus den Felsspalten herauszunehmen.

Auf dem höchsten Punkt des Labyrinths mit 785 m steht ein 16 m hohes Kreuz, das 1949 von der Stadt Wunsiedel neu errichtet wurde. Das Aussichtsplateau heißt Versöhnungsfelsen. Drei Freunde, die 1815 den damals noch schwer ersteigbaren Felsen erklommen hatten, wurden von der Erhabenheit der Natur und der herrlichen Aus-sicht so ergriffen, dass sie spontan gelobten, fortan stets in Frieden und Eintracht zu leben.

Drei Brüder

Zum Zeichen ihres Gelöbnisses ließen sie noch im gleichen Jahr neben dem Felsen erstmals ein Kreuz errichten.

Die Felsengruppe, deren oberste Steine sich in brüderlicher Verbundenheit aneinander zu lehnen scheinen, heißt deswegen *Die drei Brüder*.

Einem Walfisch gleich erscheint der große Stein bei der Felsengruppe an der Eremitenhöhle. Kurz vor dem Ausgang des Labyrinths steigt man eine Treppe hinab. Dieser Durchgang heißt: Fels-durchlass unter der **Teufelsbrücke**.

Fichtelsee

Nachdem wir das Labyrinth nach ca. 2 Stunden verlassen hatten, war eine Stärkung notwendig. In Ermangelung eines Tisches, mussten Steine für Ersatz sorgen.

Nach unserem ausgiebigen Mahl mit Tanzeinlage wanderten wir in das ca. 2 km entfernte Bad Alexandersbad, einem kleinen Kurort östlich des Luisenburg-Labyrinth gelegen.

Der Fichtelsee ist ein 10,5 ha großer künstlich angelegter Stauweiher in der waldreichen Einsattelung zwischen Ochsenkopf und Schneeberg. Er liegt 752 m über dem Meer und hat ein Fassungsvermögen von etwa 500.000 m³ Wasser. Er dient als Naturfreibad und mit seinen umliegenden Einrichtungen wie Liegewiese, Kinderspielplatz, Sportflächen und Rundwegen als beliebtes Naturerholungsgebiet.

An unserem 2. Abend hatte der Wirt ein Spansauessen angesetzt. Wir entschieden uns, dies Essen im Rahmen unserer Halbpension mitzumachen, zumal angesagt war, dass man soviel essen konnte, wie man wollte.

Eine Busfahrgesellschaft war ebenfalls im Speiseraum und so hatten wir etwas bedenken, ob wir vielleicht lange werden auf unser Essen warten müssen. Jedoch sehr angenehm überrascht waren wir dann über die hervorragende Organisation. Mehrere Bedienungen kamen laufend vorbei um Fleisch anzubieten. Auch am Salatbüffet gab es keine Staus.

Spansauessen

Nach einem guten Essen muss man sich bewegen, und so wurde der nächste Tag, der Samstag unser Wandertag. Das erste Ziel war der **Ochsenkopf**, von dort aus ging es zur Weißmainquelle. Wir folgten weiter dem Quellenweg, hatten eine Rast bei Karches, überquerten die Bundestrasse, um dann nach einer längeren Wanderung auch der Egerquelle "Guten Tag" zu sagen. Nach einer weiteren Walddurchquerung in südwestlicher Richtung erreichten wir abends gegen 18 Uhr unsere Pension.

Ochsenkopf

Der Ochsenkopf im Süden von Bischofsgrün ist mit 1024 m der zweithöchste Berg des Fichtelgebirges. Da Bischofsgrün in etwa 680 m Höhe liegt, sind es bis zum Gipfel nur 350 m Höhenunterschied, die man in etwa einer Stunde bewältigen kann.

Das Fichtelgebirge besitzt mit dem Schneeberg, der den Ochsenkopf um 35 Meter überragt, und dem Ochsenkopf die höchsten Erhebungen in Franken.

Die von der Pflanzensoziologie her als alpin eingestuften Kammlagen des Ochsenkopfes und des Schneebergs haben mit der dort vorherrschenden Fichte den Namen Fichtelgebirge die Grundlage gegeben.
Einen schönen Blick, zumal bei schönem Wetter, hat man vom Hasenturm.

Das Fichtelgebirge ist eine seit dem Mittelalter berühmte Wasserscheide. So

Fichten

wird es durch die Flüsse Weißer Main nach Westen zum Rhein, im Nordosten durch die Eger und die Saale zur Elbe, im Südwesten durch die Naab zur Donau entwässert.

Nach einer wohlverdienten Pause im Rasthaus Karches wurde nach 3 km eine weitere Verschnauf- und Trink-pause notwendig. Es bot sich eine stark renovierungsbedürftige Sitzgelegenheit an.

Als der Knabe sprach zur Eger,
Eger sprich, wo eilst du hin,
Zu der Elbe rauscht es reger
zu der Elbe muss ich zieh'n!
Als der Knabe kam zur Elbe,
war die Antwort inhaltsschwer:
Donnernd braust zurück dieselbe
und ich muss ins deutsche Meer

Dieses kleine Gedicht steht auf einem Stein an der Egerquelle.

Die **Eger** entspringt am Schneeberg 752 m ü.M., fließt 325 km in Richtung Tschechische Republik und mündet nördlich von Prag in die Elbe. Die Quelle ist mit Granitsteinen eingefasst auf denen die Wappen von Städten dargestellt sind, die das hier zu Tage tretende Wasser auf seinem Weg zur Nordsee als Eger und Elbe durchfließt.

Ein unvergesslich schöner Anblick bot sich uns, als wir plötzlich aus dem Wald austretend eine Lichtung mit einem totalen Blick auf Bischofsgrün vor uns hatten.

Skattour Altmühltal (30.5. bis 2.6.2002)

Wieder einmal war es soweit. Unser Skatausflug wurde fällig. Werner war dran, ein Hotel ausfindig zu machen. Wir hatten uns entschieden, das Altmühltal zu

Eichstätt

besuchen und dort Wanderungen zu unternehmen. Unsere übliche spätmorgentliche Rast machten wir in der Nahe des Altmühlsees.

Die Stadt **Eichstätt** liegt an der Altmühl. Der Ort war bereits in spätrömischer Zeit besiedelt. Er entstand im 11. Jahrhundert als Marktsiedlung bei dem um 740 gegründeten und 762 erstmals erwähnten Kloster Eichstätt. Bereits Mitte des 8. Jahrhunderts wurde Eichstätt Bischofssitz. 1805/06 fiel die Stadt an Bayern. Kunstkenner schätzen sie als eine Metropole des Barock und kommen daher bereits mit den entsprechenden Erwartungen. Der bauliche Gleichklang und die dadurch herrschende Harmonie bestimmen das Stadtbild. Wir besuchten Eichstätt an Fronleichnam und darum waren auch teils die aus Blumen geformten Bodenbilder noch nicht zertreten.

Fronleichnam

Im Ort Walting, der etwa 10 km östlich von Eichstätt liegt, hatte Werner ein preiswertes, aber wie sich später herausstellte, gutes Hotel gefunden, in dem wir 3 Nächte blieben. Wunderschön war die Terrasse. Sie lud uns sofort bei dem herrlichen Sonnenschein zu einem Glas frisch gezapftem Bier ein.

Terrasse

Die Wanderung am folgenden Tag entnahmen wir einer Wanderkarte, die uns unser Wirt verkaufte. Sie wurde vom dortigen Wanderwegverein herausgebracht, unser Wirt war Vorsitzender. Er machte uns gleich vorsorglich darauf aufmerksam, dass wegen behördlicher Auflagen nicht überall Wegweiser angebracht seien. Dies stellten wir sehr bald fest, denn zweimal nahmen wir den falschen Weg.

Nahe dem Ort Buchenhüll, den wir auf unserer Wanderung streiften, wurde im Sommer 1911 auf einer Juradolomitkuppe ein Höhleneingang entdeck. Man begann zu graben und fand Skelette von Edelhirsch, Rentier, Hyäne und Mammut. Man schätzte das Alter der Skelette auf etwa 50000 Jahre v.Chr.. Die Tiere waren wohl beim Trinken in eine zeitweise mit Wasser gefüllte Doline gefallen und dabei ertrunken. Ihre Skelette sammelten sich so in dem schlotartigen Dolomitgrund an.

Radtour

Da das Altmühltal mit wunderschönen Fahrradwegen durchzogen ist, entschlossen wir uns, den zweiten Tag als Radfahrtag zu gestalten. In dem Nachbarort Pfalzpaint borgten wir uns Fahrräder und strampelten gen Eichstätt. Allen machte es Spaß, denn das Wetter zeigte sich freundlich. Insgesamt legten wir so eine Strecke von 35 km zurück. Auf den letzten Kilometern allerdings war das Sitzen auf den Sätteln nicht mehr so angenehm.

Kloster Rebdorf

Wir hatten uns auch überlegt, Boote zu mieten und die Altmühl entlang zu schippern. Da aber Reinhard des Schwimmens nicht fähig ist und vor allem unser Wirt uns erklärte, dass schon des Öfteren beim Einsteigen Boote umgekippt sind, wurde dieser Vorschlag schnell verworfen.

Der Naturpark Altmühltal erstreckt sich im Süden der Fränkischen Alb und in deren Vorland. Er ist der größte Naturpark Deutschlands. Das Tal der Altmühl mit seinen steil aufragenden Kalkfelsen erlangte nicht nur wegen seiner landschaftlichen Schönheit Bekanntheit, sondern vor allem wegen der einzigartigen Fossilienfunde.

Kreuzgang

Auf unserer Radwanderung kamen wir zufällig an einem Kloster vorbei, dem **Kloster Rebdorf** südlich von Eichstätt. Um 1156 errichtete Bischof Konrad I. von Morsbach in *Rebedorf*, im Dorf mit Reben, das 1055 erstmals urkundlich erwähnt wurde, heute eingemeindet in Eichstätt, ein Chorherrenstift der Augustiner. Die Gründung erfolgte für die Mitglieder des Eichstätter Domkapitels, welche die Beibehaltung der vita communis, des gemeinsamen Lebens, wünschten. Der Kreuzgang wurde in der 2. Hälfte des 15. Jhds. im Süden der Kirche neu angelegt.

Der dritte Tag, der Sonntag, war da und die Fahrt nach Hause fällig. Wir verabschieden uns von unserem Gasthaus *Zur Mühle* und fahren wieder gen Westen.

Ein kurzer Aufenthalt in Solhofen verbunden mit einem kleiner Aufstieg brachte uns in die Nähe des Schieferabbaugebietes. Dort suchten wir vergebens nach Versteinerungen.

Werner empfahl uns einen weiteren Aufenthalt in dem kleinen Ort **Wolfram-Eschenbach**. Dort nahmen wir in einem ihm bekannten Lokal ein sehr gutes Mittagessen ein und Juliane überraschte uns mit einem Gedicht, das sie abends, wenn wir dem Bier zusprachen, verfasste.

Skattour Erzgebirge (29.5. -1.6.2003)

Wir verließen die Autobahn nach etwa 300 km Fahrt, suchten uns ein lauschiges Fußballstadion, fanden Tisch und Stühle, die wir unseren Vorstellungen

entsprechend platzierten, breiteten Tischdecken, Servietten, Besteck und die mitgebrachten Vorräte aus und begannen unser zweites Frühstück einzunehmen. Denn die Zeit war wieder gekommen, in der unsere obligate Skatfahrt im Jahr 2003 stattfinden musste. Das Wetter meinte es wieder sehr gut mit uns. Herrlicher Sonnenschein und Wärme lockten zum Wandern, denn das ist jeweils auf den Fahrten neben gutem

Essen und Trinken unser Ziel.

So war zu erwarten, dass auch dem nächsten Tag, unserem Hauptwandertag, kein Wasser von oben beschieden sein würde. Also waren wir alle froher Stimmung. Unser Ziel war das Erzgebirge. Dort in der Nähe des Städtchens Annaberg, in Auerbach besitzt Reinhard mit seinem Bruder zusammen ein Haus. Reinhard hatte uns ehemals eingeladen, in seinem dortigen Domizil zu wohnen, doch ein Bett und ein Frühstückbuffet im Hotel sind bequemer als eine mitgebrachte Liege und ein selbst zubereitetes Frühstück.

So buchte Reinhard in der Nähe von Tannenberg im Sauwald ein einsam gelegenes Hotel. Die Zimmer waren geräumig, das Frühstücksbuffet reichlich, das Abendmenü gut genießbar, das Bier lief freudig durch die Kehlen.

Das Hotel nannte sich *Waldgasthof Am Sauwald*. Die Fassadenbemalung war dem Namen entsprechend angeglichen, der bei der Einfahrt einem entgegenströmende Geruch machte auch dem Namen alle Ehre.

Nach einem erfrischenden Getränk und Inbesitznahme der Zimmer war ein kleiner Rundgang notwendig. Es bot sich der am Hotel beginnende **Erlebnispfad** an, den wir nicht in seiner gesamten Länge erforschten.

Hotel Am Sauwald

Holzart

Jede Holzart hat eine unterschiedliche Dichte, dementsprechend ändert sich auch der Ton, der beim Anschlagen erzeugt wird.

So sollte es möglich sein, ohne einen Baum zu sehen oder zu betasten – nur durch das Gehör – die Art zu bestimmen. Das aber bedarf enormer Übung und Ausdauer.

Bereits nach 15 Minuten Wanderung schienen alle wieder überanstrengt oder ermüdet zu sein, möglicherweise vom ausdauernden Baumstammschlagen, denn eine Sitzpause war wieder angesagt. Aber es gilt: wenn man nichts außergewöhnliches mehr vorhat und Zeit uns Muße mitbringt, sollte man es sich so gemütlich wie möglich machen.

Ein weiterer Standpunkt auf dem Erlebnispfad war die Baumscheibe. Ein Baum zeigt durch seine Jahresringe die trockenen bzw. nassen aber auch kalten und warmen Jahre durch dünne oder dickere Ringe an. Außerdem ist das Alter vom Zentrum aus bestimmbar. Jeder Ring bedeutet ein Jahr.

Jedes der aufgereihten drehbaren Hölzer gehört zu einer Nummer auf der Baumscheibe. Die Nummern entsprechen sich. So kann man an den Hölzern die Jahreszahlen ablesen und damit das Alter des gefällten Baumes.

Der Baum, von dem die hier gezeigte Baumscheibe stammt, wurde etwa im Jahr 1830 geboren. Die Nummer 1 entspricht dem Jahr 1844, das Jahr des Weberaufstandes. 4 Jahre später – entsprechend der Nummer 2 – tagte die Nationalversammlung in Frankfurt. Nummer 4 und 5 geben den Beginn des 1. und des 2. Weltkrieges an. Die 6 entspricht dem Jahr 1949, der Gründung der ehemaligen beiden deutschen Staaten.

Der 2. Tag, unser Großwandertag, bestand aus einer einstündigen Bahnfahrt und Wanderung. Von *Cranzahl* aus fährt die Schmalspurbahn mit einer alten Dampflok über Neudorf, Kretschham-Rothensehma, Niederschlag nach **Oberwiesenthal**. Die gesamte Fahrstrecke beträgt 17 km. Von der Endstation aus erreicht man nach wenigen 100 Metern eine Schwebebahn, die einen auf den 1214 m hohen Fichtelberg befördert. Von dort aus erfolgte für uns nach einer kleinen, erholsamen, getränkereichen Rast, der 7-stündige Abstieg zurück zum Ausgangsbahnhof.

Nach einer Stunde Bahnfahrt trafen wir im Kurort Oberwiesental ein. Die Stadt ist mit 911 m die höchstgelegene Stadt Deutschlands. Nachdem wir uns für die

Wanderung Verpflegung eingekauft hatten, ging es mit der Bergbahn hinauf zum Fichtelberg – einem der höchsten Berge des Erzgebirges – bis in eine Höhe von 1214 m.

Schwebebahn

Die Schwebebahn, deren Stützen man links sieht, ist bereits 1924 als erste Seilschwebebahn Deutschlands in der Rekordzeit von 15 Wochen erbaut worden. Die Gondelbahn, die wir benutzen, ist erst in den letzten Jahren erstellt worden. Wir nahmen sie, weil man bei der Wärme, die wir an unserem Wandertag hatten, im Freien saßen und Luft und Wind Kühlung versprachen.

Silber, Zinn und andere Bodenschätze gaben übrigens der Region im Süden Sachsens ihren Namen: Erzgebirge! 1168 fand man bei Freiberg zum ersten Mal Silber, größere Funde wurden um 1475 gemacht, dann entwickelte sich das Erzgebirge schnell zu einem der wichtigsten Bergbaugebiete Deutschlands. Jahrhunderte währte diese Blütezeit, bis aus den Bergen nichts mehr herauszustemmen war. Endgültig zum Erliegen kam der Bergbau dann 1991, als die letzten Zinnerzgruben, stillgelegt wurden.

Seit 1897 fahrt die dampfbetriebene **Schmalspurbahn** Cranzahl-Oberwiesenthal, im Volksmund hebevoll *Bimmelbahn* genannt, durch das Sehmatal.
Immer wieder aufs Neue bestaunt und bewundert, schnauft die Lokomotive die 17,35 km lange Strecke bergauf, denn 240,13 m Höhenunterschied muss das Bahn'l überwinden, ehe der Kurort

Bimmelbahn

Oberwiesenthal erreicht ist. Dafür braucht sie damals wie heute knapp eine Stunde.
In ihrer Blütezeit fuhren an Sonntagen 5000 Fahrgäste mit der Bimmelbahn. Heute kämpft die mehr als Hundertjährige fast ums Überleben.
Der Bahnbau war seinerzeit Auslöser für den Wintersport: Ein norwegischer Bahningenieur brachte seine Skier mit – der Kurort am Fichtelberg ist schneesicher – und in Windeseile war Skifahren in Mode gekommen. Bereits 1911 fanden hier die ersten deutschen Skimeisterschaften statt.

Das **Klima** der Kammlagen im Erzgebirge ist rauh. Das obere Erzgebirge und vor allem das Fichtelberggebiet werden deshalb oft scherzhaft als das *Sächsische Sibirien* bezeichnet. Die Temperaturen liegen ganzjährig erheblich niedriger, als man es vom Tiefland her gewohnt ist. Der Sommer ist merklich kürzer, kühle Tage sind auch in dieser Jahreszeit häufiger. Die im Vergleich zum Tiefland fast doppelt so hohe Niederschlagsmenge sichert eine mächtige und in vielen Jahren bis in den April anhaltende Schneedecke. Deshalb gehören die Kammlagen des Erzgebirges zu den schneesichersten Gebieten der Mittelgebirge. Wir hatten Gott sei Dank von kühlen oder kalten Tagen nichts mitbekommen

Nette **Bahnsteig-Geschichten,** die sich tatsächlich auf den Bahnhöfen der Cranzahl- Oberwiesenthaler Schmalspurbahn zugetragen haben, wohl von Lokführern verfasst, fand ich im Internet.
So erzählt ein Lokführer: Entweder halten uns manche Leute für total bescheuert, oder sie wollen uns nur necken. Am besten können das norddeutsche Reisegruppen.
Meistens fragen die Leute so einfache Sachen wie: „Faht ihr mit Öl oda Brikett ?" und sind erstaunt, dass wir schon mit Steinkohle heizen.
Manche fragen auch: „Habta auch jenuch Kouhln?"
oder: „Brauchuta noch'n Heiza ?" und gucken ganz verdattert, wenn du sagst: „Na komm rauf. Ich schick dann den Kollegen so lange in den Buffetwagen".

Auf der etwa 15 km langen Wanderung zurück nach Cranzahl kamen wir bei dem heißen Sommerwetter trotz des fast ständigen Abstiegs ins Schwitzen. So nutzen wir natürlich jede Gelegenheit, an einem schattigen Plätzchen auszuruhen und uns zu stärken. Bei solchen Raststellen wurden natürlich immer besonders interessante und hoch intelligente Themen gewählt und erörtert.

Greifensteine:

Am 2. Tag hatte sich die Sonne versteckt. Trotzdem waren eine Besichtigung und eine Wanderung vorgesehen. Auf dem Weg nach Auerbach kamen wir in das Gebiet der *Greifensteine*.
Das Greifensteingebiet ist ein flachwelliges, durchschnittlich 700 Meter hohes Plateau zwischen den Orten Thum, Ehrenfriedersdorf, Geyer, Zwonitz und Dorfchemnitz im mittleren Erzgebirge.

Das Erzgebirge, heutiges Bruchschollengebirge, ist als Teil des mitteleuropäischen variskischen Gebirges im Oberkarbon herausgefaltet wurden.
Als variskisches Gebirge bezeichnet man das im Karbonzeitalter gebildete Faltengebirge Mitteleuropas.

Matratzenform

Dieses ehemalige **Faltengebirge** wurde im Perm und Erdmittelalter bis auf eine Restscholle abgetragen. Während der Faltung und Verschiebung der Erdschichten entstanden Risse und Spalten in der Erdkruste, die sich im Tertiär mit Magma füllten. Kurz oberhalb der Erdoberfläche erstarrte der Magmafluss und bildete somit den Granitstock des Greifensteins. Durch die anschließende Hebung wurden die Granitstöcke des Greifensteins freigelegt.

Im Verlauf der erdgeschichtlichen Entwicklung wurden durch die physikalische, chemische und biologische Verwitterung die Granitstöcke stark verändert und auch zum Teil zerstört. Durch äußere Einflüsse wie Wasser, Frost und Wind sind diese *matratzenähnlichen* Formen entstanden.

Wo heute noch sieben Granitfelsen sind, die Höhen bis zu 732 m über Normal Null erreichen, standen vor 200 Jahren 13 solcher Felsen.
Dem in der Mitte des 16. Jahrhundert begonnenen Steinbruchbetrieb sind wohl einige Felsen zum Opfer gefallen. Man verdankt ihm aber auch die heutige Naturbühne, die mit ihrer einmaligen Kulisse zu den schönsten Europas gehört. Da man schon vor 1850 Anzeigen über Veranstaltungen im Freien finden kann, ist sie zudem auch eines der ältesten Freilufttheater Deutschlands.

Freilufttheater

1800 Sitzplätze stehen der Bühne zur Verfügung. Seit 1961 werden hier auch Freilichtfilmvorführungen durchgeführt. 35000 Zuschauer zählt dieses größte Freilichtkino Deutschlands pro Saison.
Eine weite Aussicht hat man vom höchsten Punkt des Greifensteinmassivs, den man über eine Treppe erreicht, wenn es das Wetter zulässt. Uns hatte an dem Tag leider das gute,

sonnige Wetter verlassen.

Wir fuhren dann zum 2. Domizil unseres Skatfreundes Reinhard nach **Auerbach**, wo uns Regina, die Frau seines Bruders so mit Essen und Trinken verwöhnte, dass ich ganz vergaß, den wunderschön gedeckten Tisch mit den dekorierten Wurst- und Käseplatten und den Salaten zu filmen.

Natürlich war dies nicht umsonst: Nach dem Essen soll man arbeiten und nicht ruhen, damit die aufgenommenen Kilojoule gleich wieder vernichtet werden. So war es für uns eine Freude, eine Couch aus der Garage in die Wohnung zu transportieren.

Bevor wir wieder zu unserem Waldgasthof zum Abendmenü fuhren, machten wir noch einen kurzen Besuch am Museum Frohnauer Hammer. Dort gibt es einen Laden, der erzgebirgische Schnitzereien anbietet. Denn heute ist das Erzgebirge vor allem durch die Holzkunst in aller Welt bekannt. Die Schnitzereien, gedrechselte Figuren und Spielzeuge werden in zahlreiche Staaten exportiert. Edda erstand dann auch ein Räuchermännchen, das Reinhard, unser ausgiebiger Raucherzeuger, auch prompt mit echtem Tabakrauch einweihte.

Unser Abreisetag, der Sonntag war gekommen. Wir hatten beschlossen, uns noch ein gemeinsames Mittagessen zu genehmigen, das wir in Bad Berka, 12 km südlich von Weimar, zu uns nahmen.

Lüneburger Heide (21. bis 24.9 2004)

Wieder ist mehr als ein Jahr vergangen, und unsere obligate Skattour wurde fällig. Es ist bereits das 16. Mal, dass wir voller Elan, wanderfreudig und gutgelaunt die etwas weitere Fahrt bis in die Lüneburger Heide antraten.

Auch diesmal sind wir zu siebt, mit Juliane, Edda, Hannelore, Inge, Reinhard, Werner und mir.

Natürlich war eine Trink- und Esspause geplant, die wir in der Nähe von Melsungen machten. Reinhard wusste, dass es in der Nähe der Autobahnabfahrt einen Berg mit einer ehemaligen Burganlage gibt.

Diesen Berg steuerte er an. Überrascht waren allerdings alle, als wir sogar eine Hütte mit einem Außensitz fanden. Auch eine geöffnete Toilettenanlage gehörte dazu. Leider war es nicht sehr warm und so mussten wir unser vorzügliches Mahl in Pullover und Jacke einnehmen.

Ein Aufstieg zur 393 m hoch gelegenen Burg Heiligenberg lohnte sich wegen der schönen Aussicht, die man von hier oben hatte.

Wir sind in **Bispingen**, im Zentrum der Lüneburger Heide. Ein Schäfer mit seinen Heidschnucken als Standbild ziert den Mittelpunkt des kleinen Dorfes. Dort hatte ich im Hotel Harmshof Zimmer gebucht, und weil der Wirt mich als Initiator der Reise ansah und er mich vom Telefon her kannte, bekamen Edda und ich das *Königszimmer*, das im 2. Stock lag und einen sehr schönen Blick auf große Eichen gestattete. Es war sehr geräumig, man hätte fast Partys feiern können.

Bei einer Abendwanderung in Bispingen fanden wir eine kleine Kirche. Die Alte Feldstein-Kirche oder *Ole Kerk* wurde 1353 erbaut und ist damit die älteste Kirche im Altkreis Soltau. Der Bauherr war der Bischof von Verden und versprach jedem, der beim Bau Hand- und Spanndienste leistete, 40 Tage Ablass.

Die Gegend war arm, deshalb baute man mit Feldsteinen und Fachwerk. Ziegel waren zu teuer.
Die **Ole Kerk** hat eine wechselvolle Geschichte hinter sich und war zuletzt Konfirmandensaal, bis sie 1973 grundlegend renoviert und baulich in den ursprünglichen Zustand zurückgeführt wurde. Nur das umlaufende Band der 16 Bleifenster, die an Wasser, Taufe, Fischzug oder Sturmstillung erinnern, sind eine Konzession an die Moderne.

Ole Kerk

Sehr schön anzusehen sind die strohbedeckten Häuser, die man überall in der Heide findet.

Der Naturpark Lüneburger Heide liegt in der Zentralheide etwa 40 km südlich von Hamburg, und 90 km nördlich von Hannover. Er gehört zum Regierungsbezirk Lüneburg.

Auf etwa 700 km Wander- und 300 km Reitwegen kann man die Landschaft erleben, die mit ihren halboffenen Heiden einen besonderen Charakter besitzt.
Der Besuch des Gebietes ist auf den ausgewiesenen Wegen zu Fuß, mit dem Fahrrad, zu Pferd oder auch mit Kutschen möglich, die auf den großen Parkplätzen auf Besucher warten. Zum Schutz der Landschaft sowie der Tier- und Pflanzenwelt gilt mit Ausnahme von zwei das Gebiet durchquerenden Straßen ein generelles Kraftfahrzeugverbot.

Kutsche

Das **Wilseder-Berg-Massiv** bildet die Wasserscheide zwischen Elbe, Weser und Aller. Von den im Naturschutzgebiet entspringenden Flüssen entwässern die Seeve und Este zur Elbe, die Wümme zur Weser und die Böhme entwässert zur Aller.

Als *kleines Berglandklima* werden die hohen Lagen des Naturschutzgebietes bezeichnet und höhere Niederschläge (ca. 800 mm/Jahr) und niedrigere Temperaturen (die Jahresdurchschnittstemperatur liegt bei etwa 8,2° C) grenzen dieses Regionalklima gegen die deutlich flachere Umgebung ab.

Im Zentrum des Naturparks befindet sich der **Wilseder Berg**, der mit 169,2 m die höchste Erhebung der nordwestdeutschen Tiefebene ist. Der Naturpark ist fast identisch mit dem Naturschutzgebiet Lüneburger Heide. Er genießt damit auf ganzer Fläche den höchsten Schutz, den das deutsche Naturschutzrecht vorsieht.

Heidelandschaft

Natürlich gehört zu einer zünftigen Wanderung auch eine kleine Pause und ein Durstlöscher. Es ist Mittag und an einem idyllischen Ort packen wir unsere mitgenommenen Vorräte aus.

Heiden entstanden durch die Einwirkungen des Menschen seit der Bronzezeit und bedeckten zeitweise mehr als die Hälfte der Geest von Dänemark bis Belgien. Durch Rodungen, Beweidung und Feuer wurde der Wald immer mehr zurückgedrängt. Auf den trockenen, sandigen Böden, die im Naturschutzgebiet Lüneburger Heide vorherrschen, entwickelten sich Heideformen, in denen die Besenheide (Caluna vulgaris) die dominante Pflanzenart ist. In feuchten Lagen wird sie durch die Glockenheide (Erica tetralix) abgelöst.

Um 1900 wurden die Heiden in weiten Teilen zu Wald oder Acker umgewandelt. In der Lüneburger Heide jedoch begann der 1909 gegründete Verein Naturschutzpark e.V. (VNP) bereits 1910 damit, Heideflächen im heutigen Naturpark vor Bebauung, Aufforstung oder Umbruch in Ackerland zu bewahren. Die Idee des Vereins fand sofort große Beachtung und wurde von zahlreichen Persönlichkeiten aus Politik, Kultur, Wirtschaft und Wissenschaft unterstützt. In kurzer Zeit konnte der Verein mehrere große Heideflächen und einige Höfe aufkaufen. 1922 wurde ein ca. 21 km^2 großes Gebiet um den Wilseder Berg unter Naturschutz gestellt. Die Naturschutzgebietsfläche wurde 1993 auf etwa 23 km^2 erweitert. Heute ist der Verein Eigentümer von ca. einem Drittel der Fläche des Naturschutzgebietes Lüneburger Heide.

Wir besuchten an unserem 2. Tag in der Heide die Stadt **Lüneburg**. Die alte Salz- und Hansestadt liegt am Rand der Elbniederung und hat heute 68000 Einwohner. Eine erste Erwähnung als Saline findet man in einer Urkunde von 956 zur Zeit Otto des I.. Das Salz brachte der Stadt Reichtum, der bis 1600 anhielt. Durch innere Zwistigkeiten geschwächt, folgte, auch bedingt durch den 30-jährigen Krieg, der Niedergang. Erst zu Beginn des 19. Jhds. kam allmählich eine politische und ökonomische Modernisierung in Gang, wobei Industrieunternehmen entstanden. Bis 1980 wurde hier Salz gewonnen. Seit 1989 ist Lüneburg Universitätsstadt, dies war sogar schon im 16. Jhd. geplant.

Platz am Sande

Der Platz *Am Sande* ist mit seinen Giebelhäusern sehenswertwert. Er war früher Warenumschlagplatz: die Kaufleute stellten ihre Fuhrwerke auf dem sandigen Platz ab, übernachteten in einem der zahlreichen Gasthäuser und zogen am nächsten Tag weiter Richtung Osten. Heute laden breite Bürgersteige zum Flanieren ein.
Er ist ältester Platz und zugleich Zentrum der Stadt, hier kann man die schönsten Backsteinhäuser mit ihren Giebeln bewundern.

Backsteinhäuser

Die **St. Nicolai-Kirche** ist eine dreischiffige Basilika, mit deren Errichtung 1407 begonnen worden war. Der 98 m hohe Turmneubau nach neugotischem Entwurf wurde nach 60-jähriger Bauzeit 1895 fertig. Das Mittelschiff ist doppelt so hoch wie die Seitenschiffe und höher als die Gesamtlänge des Langhauses. Überspannt ist das Mittelschiff von einem achtzackigen Sternengewölbe, was einmalig in Norddeutschland ist.

Nikolaikirche

Sternengewölbe

Aufgrund zahlreicher Restaurierungen ist die Kirche weitgehend vom 19. Jahrhundert geprägt. Der Innenraum der Kirche hat jedoch sein wunderschönes mittelalterliches Gepräge bewahrt und birgt bedeutende Schätze gotischer Malerei und Schnitzkunst.

Immer wieder bleibt das Auge an dem matt golden glänzenden Hauptaltar hängen. Er ist in die Mitte des 15. Jahrhunderts zu datieren. Nur während der Passionszeit verdecken die Flügel des Altares die 20 geschnitzten Szenen aus dem Leben Jesu und zeigen bis Ostern Bilder aus dem Leben von Heiligen und Märtyrern.

Wie sich die Menschen in früheren Zeiten die Teufel vorstellten, ist an einem Bild im seitlichen Umgang des Altars zu sehen.

Hauptaltar

Teufeldarstellung

Die St. Nicolai-Kirche ist die jüngste und kleinste der drei gotischen Kirchen. Im Wasserviertel gelegen, war sie einst das Gotteshaus der Schiffer, denn in diesem Viertel lebten hauptsächlich die Flussschiffer und die von der Handelsschifffahrt lebenden Handwerker.

Es ist 12 Uhr und im Glockenturm des Lüneburger Rathauses beginnt ein Glockenspiel, das mit 41 Glocken aus Meißener Porzellan bestückt ist, seinen Gesang.

Rathaus

Das Rathaus liegt am Marktplatz und ist eines der schönsten und größten mittelalterlichen Rathäuser Deutschlands. Es wurde über mehrere Jahrhunderte errichtet und bildet daher keinen einheitlichen Bau. Älteste Teile stammen aus dem 13. Jahrhundert, die Barockfassade wurde 1720 vollendet.

Johanneskirche

Vor der weiteren Stadtbesichtigung ist natürlich ein feudales Mal notwendig.

Die St. Johannis-Kirche zählt nicht nur zu den ältesten Backsteinbauten der Stadt, sondern ist gleichzeitig eine der ältesten Taufkirchen Niedersachsens. Zu einem Wahrzeichen der Stadt ist der 108 m hohe, deutlich nach Südwesten geneigte Kirchturm geworden. Die fünfschiffige Hallenkirche entstand bis 1370 und enthielt einst 39 Altäre. Sie diente als Vorbild vieler Hallenkirchen in Norddeutschland. Besonders sehenswert im Innenraum sind die prächtige Barockorgel und die vor ihr herabhängenden großen Messingleuchtern aus dem 16. und 17. Jhd.. Weiterhin sollte man an dem geschnitzten, mit Bildtafeln ausgestattete Hochaltar verweilen.

Der mächtige Kessel des Taufbeckens, der in früheren Zeiten ganz mit Wasser gefüllt wurde, unterstreicht die Bedeutung der Taufe. Er wird von vier Propheten und Apostelgestalten getragen, die

Taufbecken

Schriftbilder in den Händen halten. Aus der Barockzeit stammt der vom Gewölbe herabhängende, geschnitzte buntbemalte Deckel des Kessels. Die Figur stellt Johannes den Täufer mit dem Lamm dar.

Deckel des Taufbeckens

Wir sind im ältesten Viertel von Lüneburg, dem alten Hafenviertel, auch **Stintmarkt** genannt. Heute ist es mit seinen *pittoresken Häusern* eine romantische Kneipenmeile. Bei schönem Wetter, das wir leider nicht hatten, trinkt man sein Bier direkt an der Ilme-nau sitzend, dem Fluss, der sich durch Lüneburg schlängelt. Man kann spüren, dass sich an lauen Sommerabenden der Stintmarkt in eine große Freiluftszenerie mit geradezu südländischem Flair verwandelt.

Hier steht auch der Alte Kran, Lüneburgs heimliches Wahrzeichen. Er wurde 1346 erstmals urkundlich er-wähnt und hat seit 1792 sein heutiges Aussehen. Er diente zum Heben schwerer Lasten und kann heute im Rahmen einer Stadtführung auch von innen besichtigt werden.

Ein mächtiges Bauwerk steht nord-östlich von Lüneburg. Es ist das **Doppelschiffshebewerk** Scharnbeck, das im Elbe-Seitenkanal einen Höhenunterschied von 38 m ausgleicht. Dazu muss man wissen, dass der Elbe-Seitenkanal eine Süd-Nord-Verbindung zwischen dem Mittellandkanal und der Elbe ist. Er beginnt westlich von Wolfsburg und endet in der Elbe in der Nähe von Artlenburg. 61m Höhenunterschied sind von Süd nach Nord zu abzubauen. Da ein Kanal ein stehendes Gewässer ist, wird es daher erforderlich, Höhenunterschiede durch Schleusen, Schrägaufzüge oder Hebewerke zu überwinden. Deshalb gibt es beim Elbe-Seitenkanal eine Schleuse bei Ülzen, die 23 m überbrückt und das Hebewerk bei Scharnbeck, das die restlichen 38m bewältigt.

Alter Kran

Das Prinzip ist einfach: Eine Art Badewanne wird an Seilen hochgehoben. Die Seile sind über Rollen mit Gegengewichten verbunden, so dass ein minimaler Kraftaufwand zur Bewegung notwendig ist.

Schauen wir uns jetzt das Hebewerk in Natura an:

Doppelschiffshebewerk

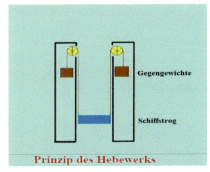

Prinzip des Hebewerks

Nach jahrzehntelanger Planung und in knapp acht-jähriger Bauzeit schufen Ingenieure den Elbe-Seitenkanal und damit die Verbindung zwischen der Elbe und dem Mittellandkanal. Man sieht hier, wie die Wanne mit dem Wasser und einem oder mehreren Schiffen nach unten gefahren wird.
Das Tor zum unteren Kanal öffnet sich und das Schiff verlässt den Trog.

Das große Doppelsenkrechtschiffshebewerk in Scharnebeck wurde 1974 als das größte Schiffshebewerk der Welt erbaut. Am 15. Juni 1976 wurde die 115,2 km lange Wasserstraße in Betrieb genommen. Die Baukosten des gesamten Kanals betrugen 1,7 Milliarden DM, davon entfielen allein auf das Schiffshebewerk 152 Millionen DM.

Das erste Schiff befuhr mit der Teilfreigabe des Kanals zwischen der Elbe und dem Lüneburger Hafen am 05. Dezember 1975 das Schiffshebewerk.
Das Gewicht jeden einzelnen Troges beträgt rund 5800 Tonnen und entspricht der Last von 6000 Mittelklasse-Pkw. Dies wird auch verständlich, wenn man weiß, dass er 100 m lang, 12 m breit ist und die Wassertiefe 3,40 Meter beträgt.

Schiffe, die in Richtung Mittellandkanal fahren, steuern in das Becken und das Tor wird wieder verschlossen.

Um Energie zu sparen, dienen 224 Betonscheiben, jede mit einem Gewicht von 26,5 Tonnen an 54 mm dicken Stahlseilen hängend, als Gegengewichte. Die Tröge werden durch vier gleichgeschaltete Elektromotoren getrieben, die die Kraft mittels Zahnstangenantrieb übertragen.
Die Zeit zum Hochziehen oder Absenken eines Troges beträgt etwa 3 Minuten, die Dauer für ein Schiff mit Ein- und Ausfahrt circa 20 Minuten.
Ein Luftbild zeigt abschließend die Gesamtanlage mit unterem und oberen Kanal.

Der letzte Abend unserer gemeinsamen Skattour ist angebrochen. Wir hatten einen Speiseraum ganz für uns allein, wurden nett bedient, konnten singen, albern sein, brauchten keine Rücksicht auf andere zu nehmen. Und so konnte auch Juliane diesmal ihr Abschlussgedicht dynamisch, ausdrucksstark, voller Freude, vor allem ungestört uns vortragen.

Melsungen

Es ist Freitag und wir sind auf der Heimreise. Dort wo wir auf der Hinfahrt unsere Mittagsrast machten, wollten wir auch diesmal wieder eine Pause einlegen. Allerdings nicht im Wald, sondern in der Stadt **Melsungen**. Sie besteht fast ausschließlich aus Fachwerkhäusern und hinterließ bei uns einen sehr guten Eindruck. Hier verabschieden wir uns bei einem gemeinsamen guten Essen und planen bereits die nächste Skattour.

Skattour Oberfranken (1. - 4.6.2005)

Wieder ist mehr als ein halbes Jahr vergangen und unsere obligate Skattour fällig. Wir hatten uns diesmal erneut für Oberfranken entschieden, diesmal aber nicht für das Fichtelgebirge, sondern für meine ehemalige Heimat: Lichtenfels. die Klosterkirche 14-Heiligen, mein Wohnort Coburg, Kloster Banz.
Natürlich war auf der Hinfahrt eine Rast geplant, die wir im Gramschatzer Wald zwischen Würzburg und Schweinfurt einlegten. Wir fanden an einem Wanderrastplatz – wie für uns geschaffen – Tisch und Bänke und packten die mitgebrachten Speisen und Getränke aus.

Ich hatte telefonisch in **Reundorf** westlich von Lichtenfels in einem Hotel Zimmer bestellt. Erstaunt waren wir über die Größe des Hotels mit über 140 Betten in einem so kleinen Dorf. Aber die Nähe der beiden Kirchen scheint dies zu bedingen. Edda und ich hatten im 3. Stock ein Zimmer mit einem wunderschönen Blick auf die Kirche 14-Heiligen.

Blick auf 14-Heiligen

Natürlich war auch gleich nach der anstrengenden Fahrt ein Bier notwendig.

Lichtenfels

Nach dieser Stärkung wanderten wir in die Korbstadt Lichtenfels.

Eine Urkunde des Bamberger Bischofs Egilbert aus dem Jahre 1142 erwähnt erstmals den Ortsnamen **Lichtenfels**, der damals freilich eine Burg bezeichnete, eine Burg, die auf einem lichten Fels stand. Aber schon lange vorher, in der Alt- und Mittelsteinzeit, war die Umgebung von Lichtenfels bereits besiedelt.

Das Untere oder Bamberger Tor, durch das wir in die Innenstadt kommen, stammt im Kern noch aus dem 14. Jhd., das Obergeschoß und das Dach wurden 1618 aufgesetzt.

Die Katholische Pfarrkirche *Zu unserer lieben Frau* prägt das Stadtbild entscheidend mit. Ihr ältester Teil ist der spitze Turm, der in das 14./15. Jahrhundert zu datieren ist. Der 41 Meter hohe Obere oder Kronacher Torturm, den man rechts der Kirche sieht, war Teil der Stadtbefestigung. Die unteren Geschoße wurden Anfang des 15. Jahrhunderts vollendet. Das oberste Geschoß und die Kuppel wurde 1802 errichtet. Hier lebte bis 1896 der Türmer. Das Erdgeschoß diente einst als Verließ.

Kath. Kirche -Zu unserer lieben Frau-

Größter Präsentkorb

Am Marktplatz, an der Ostseite des Rathauses, hat man den größten Präsentkorb der Welt ausgestellt und bepflanzt. Hier auf dem Markt findet alljährlich am Wochenende zum 3. Sonntag im September der Lichtenfelser Korbmarkt statt.

Er ist eine Mischung aus Altstadtfest und Spezialmarkt für Korbwarenprodukte. Aussteller von nah und fern zeigen und verkaufen ihre Produkte. Vom einfachen Einkaufskorb bis zur kompletten Rattaneinrichtung für designorientiertes Wohnen - die Bandbreite ist enorm und zeigt die vielfältigen Gestaltungsmöglichkeiten, die das Naturprodukt Flechtwerk ermöglicht.

Der nächste Tag erwartete uns mit schönem Wanderwetter und so starteten wir nach dem Frühstück zur etwa 3 km entfernten **Wallfahrtskirche 14-Heiligen**. Sie liegt in einer Höhe von 387 m. Ihre hohe Westfassade ist weithin sichtbar, so dass sie den Wallfahrern früher und heute schon lange Zeit vor Augen steht, bevor sie den Gnadenort erreichen. Rückblickend ist das ehemalige Benediktinerkloster Banz zu sehen.

Wallfahrtskirche 14-Heiligen

Wohl als erste Wallfahrtsstätte der Christenheit geht Vierzehnheiligen auf Erscheinungen zurück. Ein Schäfer sah am 17. September 1445 ein Kind auf einem Acker sitzen; als er es aufheben wollte, verschwand es. Wenig später erschien ihm das Kind erneut, diesmal flankiert von brennenden Kerzen. Als er es am 29. Juli 1446 an derselben Stelle inmitten eines Kreises von 14 weiteren Kindern erblickte, fragte er das Kind auf den Rat eines Priesters hin, wer es sei oder was es wolle, und er erhielt die Antwort: "Wir sein die vierzehn Nothelfer und wollen ein Cappeln haben, auch gnediglich hie rasten, und biß [du] unser Diener, so wollen wir dein Diener wieder sein". Einige Tage darauf sahen er und eine Frau, die gerade des Weges kam, am selben Ort zwei brennende Kerzen.

Erscheinung der 14 Nothelfer

Im Kloster Langheim wurde dem Schäfer erst geglaubt, als der hoffnungslos scheinende Zustand einer kranken Magd sich nach Anrufung der 14 Nothelfer gebessert hatte. Der Abt von Langheim ließ ein Kreuz am Erscheinungsort aufrichten und begann mit dem Bau einer Kapelle. Schon seit 1448 durch Ablässe gefördert, entwickelte sie sich zum viel besuchten Wallfahrtsort.

Doch schon um 1700 entsprach die Kapelle ihrer Größe und ihrem Bauzustand nach nicht mehr den Erfordernissen, die sich aus dem Zustrom der Wallfahrer ergaben. Aber erst 1743 wurde ein Neubau nach Plänen des Würzburger

Architekten Balthasar Neumann begonnen. Neumann sah einen kreuzförmigen Kirchenraum vor. In der Vierung, unter einer großen Rundkuppel, sollte der Gnadenort liegen. Da die Umfassungsmauern der Kirche durch seinen Vorgänger Krohne festgelegt waren, war Neumann zu grundlegenden Umplanungen gezwungen.

Das zentrale Problem war dabei, den Erscheinungsort in den optischen Mittelpunkt des Kirchenraumes zu rücken. Dies gelang Neumann indem er das Gewölbesystem völlig neu konzipierte. Den Ort der Erscheinung überspannte nun eine große längsovale Kuppel, an die sich in Osten und im Westen je ein kleineres Oval reihte. So rückte er den Ort wieder in den Mittelpunkt, ohne vom Grundkonzept einer dreischiffigen Basilika abzuweichen. Durch diese Notlösung hat Neumann die starren Prinzipien von Längs- und Zentralbau überwunden. Er hat eine einzigartige Mischform geschaffen.

Der Gnadenaltar ist das Herzstück von 14-Heiligen, in seiner Art eine der kühnsten Schöpfungen des 18. Jahrhunderts mit viel dekorativem Raffinement. Der Grandriss ist herzförmig. Um einen Schacht, schnellen sich aus vier breit ausrollenden Schneckensockeln, auf denen phantastisch durchbrochenes

Kräuselwerk aufsitzt, vier sich durchbiegende Trägergebilde hoch, von denen der Baldachin luftig empor gehalten wird. Auf dem äußeren Ring stehen auf hohen Sockeln Blasius, der Helfer bei Halsleiden und Dionysius, Helfer in Kopfleiden und Gewissensängsten, dargestellt als Bischof mit seinem abgeschlagenen Kopf in Händen. Rechts Cyriacus. Patron der Unterdrückten sowie Helfer in heftigen Versuchungen und Erasmus, Helfer in Seenot und bei Unterleibskrankheiten und Patron der Seeleute.

Die zweite, kleiner gebildete Gruppe sitzt wie hochgeschaukelt auf der Kippe der großen Rocaillenmuscheln und zeigt links Achatius, Helfer in allen Lebens- und Todesängsten und Ägidius, Beschützer des Viehs und der Hirten. Rechts sieht man Christophorus als Helfer in allen plötzlich auftretenden Gefahren und

Eustachius, der Helfer in Glaubenszweifeln und in schweren Schicksalschlägen, auch der Patron der Jäger und Förster.

Vier weitere, nochmals in den Maßen verkleinerte Heilige halten die Fußenden des Baldachins besetzt, links Virus, Helfer bei Anfällen, Augenkrankheiten, Unfruchtbarkeit, auch Patron der Apotheker, Brauer, Wirte und Winzer und Margareta, Patronin der Bauern und Helferin in Geburtsnöten. Rechts Pantaleon, Helfer gegen Kopfweh, Schutzpatron der Ärzte und Hebammen und Georg, Vorbild christlicher Tapferkeit, Helfer bei Schlangenbiss, Pest, Lepra, Patron der Bauern.

Strahlenumflutetes Kind der 3. Erscheinung

Ganz oben thront auf goldener Weltkugel gleich viermal nach den vier Weltgegenden das *strahlenumflutete Kind der 3. Erscheinung* mit rotem Kreuz auf der Brust.

Als Barockkirche enthält 14-Heiligen aber nicht nur den Gnadenaltar, jede Ecke der Kirche ist mit Putten, Engeln, Bildern geschmückt. Szenen im Film geben davon einen Eindruck.

Meine Mutter bat uns telefonisch, eine Kerze für unsere Tante Martel aufzustellen. Es war gut so. denn am nächsten Tag schlief sie friedlich ein.

Staffelberg

Der Staffelberg ist mit seinen 539 Metern über dem Meeresspiegel eines der beliebtesten Ausflugsziele der Region. Bei guten Verhältnissen reicht die Sicht bis weit in den Thüringer Wald hinein. Seine Besonderheit verdankt der Berg seinem Hochplateau.

Schon zur jüngeren Steinzeit, zur frühen Bronzezeit, zur Urnenfelder- und zur späteren Hallstattzeit, also vom 4. bis zum 1. Jahrtausend vor Chr., war er immer wieder besiedelt. Ausgrabungen bestätigen dies. Auf dem etwa 4 km langen Weg von 14-Heiligen bis zum Staffelberg kamen wir an schön anzusehenden bunten Wiesen vorbei.

Bevor wir uns in die Nähe des Staffelberg-Abgrundes wagten, lud eine kleine Kapelle zum Verweilen ein.

Abgrund des Staffelberges

Coburg

Wir sind in Coburg, der Stadt, in der ich meine Jugend bis zum Abitur verbrachte. Coburg liegt in 297 m Höhe ü. dem Meeresspiegel am Südabhang des Thüringer Waldes. Von 1826-1918 war es eine der beiden Hauptstädte des Herzogtums Sachsen-Coburg-Gotha. 1920 schloss sich das Land Coburg an Bayern an. Das war für die Coburger ein Glücksfall, sie hätten sonst zur ehemaligen DDR gehört.

Schloss Ehrenburg

Der Platz vor Schloss Ehrenburg wurde von 1830 bis 1837 gestaltet. Er wird begrenzt von dem gegenüber liegenden Landestheater Coburg und dem Hofgarten, der sich bis hinauf zur Veste zieht. Der Hofgarten ist im Stil eines englischen Landschaftsparks gestaltet. Den unteren Bereich nimmt die Hofgartenterrasse mit dem Reiterdenkmal Herzog Ernst II ein.

Wunderschöne Blicke zur Veste hat man, wenn man durch den Hofgarten aufsteigt.

Veste Coburg

Die Veste Coburg zählt zu den am besten erhaltenen Burgen in Deutschland. Weithin sichtbar thront sie auf einem hohen Dolomitfelsen. Der Weg hinauf ist romantisch schön und belohnt immer wieder mit eindrucksvollen Blicken auf die Stadt. Aber auch von der Veste selbst aus bietet sich dem Besucher bei klarem Wetter ein

Landestheater

atemberaubender Fernblick in alle vier Himmelsrichtungen und auf Landschaftsgebiete wie Thüringer Wald, Fichtelgebirge, Frankenwald, Steigerwald und Haßberge. Wegen ihrer dominanten Lage, ihrer Ausmaße, aber auch wegen

Blicke zur Veste

ihrer Bedeutung als Residenz berühmter Herrscher wird die Veste Coburg auch als **Fränkische Krone** bezeichnet. In früheren Zeiten bot sie auch bedeutenden Persönlichkeiten eine Herberge, darunter Lucas Cranach d. Ä. und Martin

Luther. Neben der Wartburg zählt die Veste Coburg daher zu den wichtigsten Luther-Gedenkstätten.

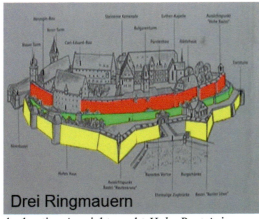
Drei Ringmauern

Die Burg ist von einem dreifachen Mauerring umgeben. Der äußere Ring umschließt einen Fläche von ca. 260 x 135 m^2. Die Gebäude des Burginneren umgeben zwei Höfe. Der östliche Burghof wird im Norden und Westen von dem zweiflügeligen Hauptgebäude begrenzt, dem Fürstenbau und der Steinernen Kemenate. Den östlichsten Punkt der inneren Burganlage nimmt der heutige Aussichtspunkt *Hohe Bastei* ein.

Der Herzogin-Bau wird von zwei Mauertürmen flankiert, vom Blauen Turm im Süden und vom Roten Turm im Norden, wobei der Blaue Turm einer der ältesten Teile der Gesamtanlage ist.

Natürlich war auch ein gepflegtes Bier in der Burgschänke notwendig.

Kloster Banz, eine ehemalige Benediktinerabtei, liegt der Wallfahrtskirche 14-Heiligen gegenüber. Es ist ein mächtiger Komplex, in dem heute oft Tagungen nicht nur bayerischer Politiker stattfinden. Die Stifts- und Pfarrkirche St. Petrus und St. Dionysius überragt alles mit ihren beiden Türmen.

Fränkische Krone

Weithin sichtbar und überwältigend wuchtig für die Näherkommenden ist zwischen den Doppeltürmen die leicht vorgewölbte, ruhig und klar gegliederte, hohe Eingangsfassade, zu de-

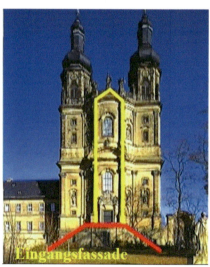

ren Portal eine gleichzeitig mit dem Kirchenbau errichtete, breite Freitreppe führt. Leider war der Innenraum der Kirche durch ein Gitter versperrt. Ich musste daher alles vom Eingangsbereich her aufnehmen. Dennoch bekamen wir einen Eindruck von der kostbaren Ausschmückung des Inneren, der Deckengemälde, der 6 Altäre, der Predigtkanzel.

Am letzten Abend beglückte uns Juliane wieder mit einem selbst gemachten Gedicht über die Erlebnisse der vergangenen Tage.

Schwäbische Alb (31.5.-3.6.2006)

Wieder ist ein Jahr vergangen und wir sind unterwegs, um das Geld auszugeben, das wir in dem Jahr durch den Skat eingespielt haben. Wir hatten diesmal beschlossen, die Schwäbische Alb zu besuchen und dort Burgen und Höhlen zu besichtigen und zu wandern.
In Hohenheim bei Stuttgart, im Verbindungshaus von Reinhard machten wir unsere Frühstückspause. Es war
auch gut in einem Raum zu sein, denn im Freien hätten wir sicherlich gefroren. Es war regnerisch und kühl.

Majestätisch thront der Stammsitz der **Hohenzollern** auf einem der Schwäbischen Alb vorgelagerten Bergkegel. Diese Burg war unser erstes Ziel. Ihre weithin sichtbare Silhouette wirkt je nach Betrachterstandpunkt und Wetterstimmung malerisch bis erhaben. Die heutige Burg Hohenzollern ist bereits die dritte Anlage auf dem gleichnamigen, 855 Meter über dem Meer gelegenen Berg. Von hier nahm vor rund eintausend Jahren die Dynastie der Hohenzollern ihren Ausgang.

Die Burg Hohenzollern wird das erste Mal im Jahr 1061 und dann im Kopialbuch des Klosters Sterten bei Hechingen 1267 urkundlich erwähnt. Über die Anfänge ist wenig bekannt.
Erbstreitigkeiten führten 1423 zur gänzlichen Zerstörung der Burg. Im Jahre 1454 begann Graf Niklas v. Zollen mit dem Wiederaufbau.

Doch die schwäbischen Hohenzollern verlegten allmählich ihre Residenzen nach Hechingen bzw. Haigerloch und Sigmaringen, so dass die Burg vorrangig als Rückzugsort in Kriegszeiten genutzt wurde. Im Dreißigjährigen Krieg umgab man sie mit einem tiefer liegenden Basteienkranz, wodurch sie als uneinnehmbar galt. Dennoch musste sie 1634 nach neunmonatigem Aushungern der Burgbesatzung an schwedische und württembergische Truppen kampflos übergeben werden. In der Folgezeit wechselten die Besitzer mehrfach. Dadurch war sie zunehmend dem Verfall preisgegeben und präsentierte sich zu Beginn des 19. Jahrhunderts nur noch als Ruine. Erst im Jahre 1819 sollte sich durch einen Besuch des preußischen Kronprinzen und späteren König Friedrich Wilhelm IV. (1795-1861) eine Wende abzeichnen.

Oberer Burghof

Den historisch wie künstlerisch überaus interessierten Thronfolger beeindruckte die an einem herrlichen Sommerabend stattfindende Besichtigung des Stammsitzes seiner Vorfahren derart, dass er dessen Wiederherstellung beschloss. So erfolgte 1850 die offizielle Grundsteinlegung und 1867 die Einweihung der Burg durch Wilhelm I..

Nach dem Passieren des Torturms und der letzten Steigung befindet man sich auf dem oberen Burghof, der beinahe einem Bühnenbild gleicht. In der Mitte des Hofs befindet sich ein Nürnberger Kanonenrohr auf einer neuen Lafette.

Die Wände der Eingangshalle schmückt ein gemalter **Stammbaum der Hohenzollern.** Er beginnt an der Stirnwand über dem Eingang mit der ersten urkundlichen Erwähnung der Dynastie im 11. Jahrhundert und teilt sich kurz darauf in eine schwäbische (rote) und eine fränkische (blaue), später brandenburgisch-preußische Linie. Diese setzt sich an der benachbarten Wand

Stammbaum

rechts fort und verläuft bis in die oberen Balkenfelder, zwischen denen die preußischen Könige, Deutschen Kaiser und deren Nachfahren bis in die Gegenwart hinein aufgeführt sind.

Schwäbischer Zweig

Der schwäbische Zweig setzt sich gleichfalls an der Seitenwand fort, erfährt im 16. Jahrhundert nochmals eine Teilung und endet mit der heutigen Generation des Fürstenhauses sowie dem rumänischen Königshaus, das gleichfalls aus dieser Linie hervorging.

Zwei Bilder sind in der Stammbaumhalle zu sehen: 1. eine großformatige Kohlezeichnung von König Friedrich dem Großen, dem wohl bedeutendsten preußischen Monarchen, und

2. ein Ölgemälde des letzten Deutschen Kaisers Wilhelm II. in Jagduniform aus dem Jahre 1908.

Der Grafensaal genannte Fest- und Speisesaal ist der größte und repräsentativste Raum der Burg. Durch sein von freistehenden Säulen aus rötlichem Nassauer Marmor getragenes, mit goldener Rankenmalerei versehenes Kreuzrippengewölbe wirkt er beinahe wie ein dreischiffiger Sakralraum. Tatsächlich dienten dem Architekten Stüler die Unterkirche der Sainte Chapelle in Paris sowie die Kapelle auf der Burg Karlstein bei Prag als Anregungen hierfür.

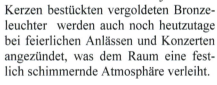

Der Fußboden besteht aus Solnhofener Platten und italienischem Marmor in den heraldischen Farben der Hohenzollern Weiß und Schwarz. Die mit jeweils 48 Kerzen bestückten vergoldeten Bronzeleuchter werden auch noch heutzutage bei feierlichen Anlässen und Konzerten angezündet, was dem Raum eine festlich schimmernde Atmosphäre verleiht.

Wunderschöne Ausblicke auf die unten liegenden Lande hat man aus den Fenstern des Schlosses.

Die als Galerie gestaltete Bibliothek verbindet die Repräsentationsräume mit den einstigen Privatgemächern. Über den Eichenschränken befinden sich acht Wandgemälde. Sie stellen Sagen und historische Begebenheiten aus der Zeit der ersten beiden Zollerburgen dar.

Das Bild links von Kamin bezieht sich auf eine Sage, der zufolge eine junge Frau die Burgbesatzung 1423 heimlich bei Nacht mit Essen und Arznei versorgt haben soll und die auf Grund ihrer Kleidung von den Belagerern für die *Weiße Frau*, eine

sagenhafte Unheilsbotin der Hohenzollern, gehalten wurde.

Über dem Kamin ist ein Abguss der Grabplatte des Grafen Eitel Friedrich II. und seiner Gemahlin Magdalena von Brandenburg zu sehen.

Mit dem **Salon des Königs** im Markgrafenturm beginnen die einstigen privaten Wohnräume des Königspaares. Auf dem mit geschnitzten Wappen versehenen Tisch liegt das Gästebuch, dessen erster Eintrag am 3. Oktober 1867 anlässlich der Einweihung der Burg durch **König Wilhelm I.** erfolgte. Die Fotografien zeigen Mitglieder der kaiserlichen Familie vom Jahre 1913 bis zur heutigen Generation.

Salon des Königs

Das Schlafzimmer des Königs wurde nur einmal von einem Mitglied des Hauses Hohenzollern längere Zeit bewohnt, als sich **Kronprinz Wilhelm** 1945 einige Monate auf der Burg Hohenzollern aufhielt, bevor er im Herbst des Jahres nach Hechingen zog.

Das Zimmer der Königin wird auf Grund der Farbe seiner Polstermöbel auch »Blauer Salon« genannt. Mit seiner reich vergoldeten Kassettendecke und einem aus fünf verschiedenen Hölzern bestehenden Fußboden gehört es zu den prachtvollsten Räumen der Burg. Rechts vom Erker befindet sich ein Porträt der berühmte Königin Luise von Preußen, der Mutter Friedrich Wilhelm IV.

Blauer Salon

Das Langhaus und der Chor der im Jahre 1461 geweihten St. Michaelskapelle stellen heute den ältesten erhaltenen Teil der Burg Hohenzollern dar.

Im Erker der im 19. Jahrhundert neu errichteten Vorhalle steht eine spätgotische Lindenholzskulptur des *Hl. Georg* im Kampf mit dem Drachen.

Auf Grand der unterschiedlichen Glaubenszugehörigkeit der beiden Familienzweige ließ König Friedrich Wilhelm IV. eine evangelische Kapelle im neugotischen Stil erbauen.

Heiliger Georg

Neben dem Westchor des Naumburger Domes diente die Pariser Sainte Chapelle als Vorbild.

Hier befanden sich von 1952 bis 1991 die Särge von Friedrich dem Großen und seinem Vater Friedrich Wilhelm I.. Nach der Wiedervereinigung Deutschlands konnten die Särge 1991 wieder nach Potsdam zurückkehren, wo Friedrich der Große seinem Testament entsprechend auf der Terrasse vor Schloss Sanssouci bestattet wurde.
Mit einem letzten Blick ins Tal verlassen wir die Burg Hohenzollern.

Wir sind auf dem Weg nach **Hayingen**, dort hat Werner für uns im Hotel Ott Zimmer gebucht. Wir waren – wahrscheinlich bedingt durch die in diesem Jahr kalte Witterung im Juni – die einzigen Gäste und wurden von der Familie Ott liebevoll betreut.

Brunnen in Hayingen

Die Stadt Hayingen liegt in 660 m Höhe. Sie hat etwa 2200 Einwohner. Sie besitzt im Zentrum einen schönen Brunnen, der die Stadt als ehemalige bedeutende Handwerker-stadt preist.
Die ältesten Teile der **Stadtkirche St. Vitus** stammen aus dem 13. Jahrhundert.

Stadtkirche St. Vitus

Am Turm sieht man noch heute, dass sie ursprünglich als Wehrkirche angelegt worden war. Nach erheblicher Beschädigung im 30-jährigen Krieg wurde sie 1724 zur Hallenkirche umgebaut und mit barocken Stilelementen versehen.

Am nächsten Morgen bekamen wir ein sehr gutes Frühstück, die älteren Leute waren dafür zuständig. Opa Ott gab uns gute Informationen über die Gegend und über mögliche Ausflüge und Wanderungen. Und so hatte er uns empfohlen, das Glastal zu durchwandern und die Wimsener Höhle zu besuchen.

Das **Glastal** ist benannt nach einer Glashütte, welche sich gegenüber einer massiven Felswand, dem Lämmerstein befunden hat und dem Bächlein Glas. Das Tal muss bei Sonnenschein sicher einen bleibenden Eindruck hinterlassen, denn man wandert etwa 4 km ständig an der kristallklaren Glas entlang, die sich stetig erweitert und in der man Forellen beobachten kann.

Wimsener Mühle

Vor dem Gasthaus Friedrichshöhle fließen die **Glas** und die **Zwiefalter Ach** zusammen. Hier gab es schon im 12. Jhd. eine so genannte Bannmühle, auf welche die Dörfer der Umgebung *gebannt* waren, also dort ihr Mehl mahlen lassen mussten. Heute ist die ehemalige Wimsener Mühle ein Kulturdenkmal.

Die Wimsener Höhle, auch **Friedrichshöhle** genannt, ist die einzige Wasser führende Höhle der Schwäbischen Alb, die mit einem Boot befahren werden kann.

Friedrichshöhle

Eine Steintafel über dem Eingangsportal zeugt vom Besuch des Kurfürsten Friedrich von Württemberg im August 1803.
Auch damals schon konnte man in die Höhle mit einem Kahn einfahren.
Bereits im Jahre 1447 wurde sie das erste Mal urkundlich erwähnt. Beschrieben wird ein Fluss, »der aus dem Holstein gat«.

Das Einfahren in die Grotte verspricht ein wenig Abenteuer, auf den ersten Blick ist sie nämlich ein ganz schön schmales Nadelöhr. Und durch dieses fährt man mit dem Kahn ins Innere der Höhle. 70 Meter weit ist sie für Gäste befahrbar. Der Kahnführer hangelt sich an der Decke entlang, die teilweise derart niedrig ist, dass man sich im Boot gewaltig ducken muss, um nicht mit dem Kopf anzustoßen.

Höhlenfahrt

Die mittlere Wassermenge, man spricht von Schüttung, beträgt 590 l/sec und bei Extremwerten 600 - 2800 l/sec. Das Wasser ist so klar, dass man meterweit bis auf den Grund sehen kann. 1961 entdeckten Höhlentaucher übrigens einen **Tropfsteineingang** und den etwa 40 Meter langen *Ehrenfelser See.*

Zwiefalden

Wenn man sich dem Ort Zwiefalden nähert, fallen einem sofort die zwei Türme ins Auge, die sich in den Himmel emporstrecken. Die landschaftlich reizvolle Lage am Zusammenfluss *zwiefältiger* Gewässer, der Aach und der Kesselaach, die dem Ort den Namen gegeben hat, entzückte nicht nur frühere Besucher, sondern begeistert auch den Wanderer unserer Tage, mag er nun von den Höhen der Alb herabsteigen oder aus dem Donautal kommen.

Hier befindet sich eine bedeutende Barockkirche, entstanden 1739-65 aus einer ehemaligen Benediktiner-Reichsabtei, die 1089 gegründet wurde.

Wer das Zwiefalter Münster betritt, bekommt einen Eindruck vom Himmel auf Erden. Es ist Barock von Weltrang, was die Mönche vor Jahrhunderten hier erschaffen ließen. Verschwenderisch und

üppig spielten die Architekturkünstler hier mit ihren Möglichkeiten. Fresken, Stuckaturen und Skulpturen fließen hier auf einzigartige Weise ineinander.

Zwiefalten ist nicht weniger als der Inbegriff oberschwäbischen Barocks.

Für uns etwas sonderbar, in der Entstehungszeit aber auf die Menschen sicher großartig wirkend, ist der Beichtstuhl mit seinen seltsamen Verzierungen.

In den Windfängen der beiden Seiteneingänge begegnet man zwei übergroßen stehenden Gestalten: dem heiligen Aurelius mit einem blinden Knaben und dem heiligen Stephanus mit einem kleinen Engel.

Das Lautertal

Auch am nächsten Tag zeigt sich der Wettergott nicht von seiner besten Seite, dennoch haben wir uns vorgenommen, im Lautertal mit seinen vielen Burgen und vor allem Ruinen ein Stück zu laufen. Die Fahrzeuge wurden in Anhausen abgestellt und so wandern wir an der großen Lauter in südöstlicher Richtung. Schon auf dem kurzen Stück von Anhausen bis Reichenstein gibt es 4 Ruinen: die Ruinen Schülzburg, Wartstein, Monsberg und Ruprecht. Eine davon, die Ruine Wartstein bestieg ich mit Werner, von dort oben hatten wir einen wunderschönen Blick auf das Lautertal.

Die Große Lauter, die im ehemaligen Klostergarten von Offenhausen, 8 km westlich von Münsingen, entspringt und 45 Kilometer weiter in die Donau mündet, hat eines der romantischsten Täler der Schwäbischen Alb gebildet. In seinem Oberlauf formt das Flüsschen auf fast ebenem Talboden zahlreiche Mäander und Umlaufberge.

Romantisch ist das Tal nicht nur wegen der bizarren Felsformationen, der kleinen Dörfer, Weiler und Mühlen, sondern vor allem wegen der vielen Burgruinen, die oft in Sichtweite voneinander das Tal begleiten. Nicht weniger als 16 Burgen standen hier einst, von vielen sind noch recht ansehnliche oder sogar eindrucksvolle Reste erhalten.

Hohengundelfingen

Um 1180 erbauten sich die Herren von Gundelfingen auf einem Bergsporn, 130 Meter über dem Lautertal, eine neue Burg: Hohengundelfingen. Ihre ursprüngliche Stammburg Niedergundelfingen lag gegenüber auf dem etwa 40 Meter hohen Umlaufberg der Lauter. Die neue Burg wurde zum Hauptsitz des Geschlechts, dessen Einfluss allmählich so sehr wuchs, dass Mitte des 13. Jahrhunderts sogar eine Stadt gegründet werden konnte: Hayingen.

Dennoch überließ man ab dem 16. Jhd. die Burg dem Verfall. Nach langjährigen Freilegungs- und Renovierungsarbeiten eines Fabrikanten, der 1939 Hohengundelfingen und Umgebung erwarb, treten die Ausmaße und die erhaltenen Bauteile der einstigen Burg eindrucksvoll zutage.

Unten im Tal liegen Niedergundelfingen mit seinem Schloss und das schlingen- und windungsreiche Lautertal. Hier könnte man stundenlang sitzen und schauen.

Am Abend erfreute uns Juliane wieder mit einem Gedicht, das sie in Zeiten ersann, in denen wir uns dem Bier widmeten.

Reinhard hatte in einem Prospekt ein Auto- und Motorradmuseum entdeckt und so wurde beschlossen, diese Ausstellung in Engstingen, 14 km südlich Reutlingen, zu besuchen.

Das Wirtschaftswunderland Deutschland, Erinnerungen an die 50er Jahre präsentiert diese Sammlung. Es ist ein Museum der eigenen Erinnerungen und Jugenderlebnisse.

Sehr bescheiden fing es 1945 wieder an, Fahrräder mit Hilfsmotor, heute eher kurios, der Antrieb erfolgte über eine Walze auf den Mantel, der demgemäß nicht lange hielt.

Motorräder erlebten ihre Blütezeit, gefolgt vom Motorroller, kraftvolle Maschinen, fantasiereiche Formen, alles deutsche Wertarbeit.

Der *Vater-Mutter-Kind-Roller* wurde 1954 zum Verkauf angeboten. Dank der langgestreckten Sitzbank fanden zwei Erwachsenen und ein Kind Platz, dazu noch drei Koffer. Die Urlaubsreise nach Italien konnte beginnen. Die Karibik

kannte man noch nicht.

Doch der Zweiradfrühling währte nicht lange, das Auto nahm seinen Einzug und kuriose Vehikel wurden entwickelt wie der Champion 250, der Rasende Pantoffel, der erste in Serie gebaute Kleinwagen zu einem Preis von 2750 Mark oder der Brütsch Mopetta. ein dreirädriges Fahrzeug, genannt die Rollende Einkaufstasche.

Holzgasanlage

Die Isetta von BMW, mit der ich ein Jahr lang zum Studium fuhr, hatte einen 300 cm^3 Motor mit Magnetzündung und blieb oft stehen. Ihre Beinamen: Knutschkugel, Rennsemmel.

1946 mangelte es an Benzin, daher rüstete man die Fahrzeuge mit einer Holzgasanlage aus.

Seltsame Gefährte, aber wohl erschwinglich, waren auch die Kabinenroller. Einer davon war der Messerschmitt KR 175 mit 174 cm^3 und 9,5 PS, er kostete 2100 Mark und hieß Schneewittchensarg. Beim Lloyd 300, dem Leukoplastbomber, konnte man kleinere Karosserieschäden einfach mit Pflaster zukleben. Deshalb Leukoplastbomber. Es gibt kaum noch gut erhaltene Fahrzeuge, denn statt zu verrosten, verfaulen sie.

Schloss Lichtenstein liegt nur wenige km von Engstingen entfernt. Das 817 m hoch auf hellem Fels gelegene Schloss ist 1388 erbaut worden.

Das starke, finster wirkende Gebäude aus mächtigen Quadern war nur über eine lange Zugbrücke erreichbar. Als eine der stabilsten Burgen des Mittelalters trotzte es vier Jahrhunderte den Stürmen der Zeit.

Schloss Lichtenstein

Vom 16. Jahrhundert an wurde diese Burg nur noch von Förstern bewohnt und verfiel allmählich.

1826 schrieb der noch nicht 25-jährige Wilhelm Hauff den dreibändigen Roman »Lichtenstein«, mit dem er den geschichtlichen Roman in Deutschland mitbegründete.

Im Mittelpunkt der Handlung steht Herzog Ulrich, der vom Schwäbischen Bund vertrieben wird und sich in der Nebelhöhle versteckt. Nachts schleicht er sich auf den nahen Lichtenstein, wo er von Ritter Georg von Sturmfeder trotz dessen politischer Gegnerschaft versorgt wird.

Der Roman wurde schon damals zu einem Welterfolg, der bis in unser Jahrhundert anhielt. 1837 erwarb Herzog Wilhelm von Urach das Areal des Lichtensteins von seinem Vetter König Wilhelm. Durch Hauffs Roman angeregt, baute er nach Plänen des Nürnberger Architekten Heideloff ein roman-tisches Schlösschen, das bis heute zum Abbild dessen wurde, was sich kleine Jungen unter einer Ritterburg vorstellen.

Kanonenkammer

Die Räume im Inneren sind sehenswert, leider war das Filmen nicht gestattet.
In diesem Gebäude wohnt heute noch ab und zu ein Burgbesitzer mit seinen Gästen. Zu einer Ritterburg gehört natürlich auch eine Kanonenkammer.
Mit einem letzten Blick auf die unten liegende Stadt Honau verabschieden wir uns von der schwäbischen Alb.

Stadt Honau

Sauerland (23.-26.5.2007)

Es ist der 23. Mai und der obligate Skatausflug kann beginnen. Von Juliane kam der Vorschlag das Sauerland zu besuchen. Sie hat in der Nähe von Bad Berleburg in der Wittgensteiner Schweiz Zimmer in einem Landgasthof gemietet. Bis dorthin sind es nur etwa 220 km. Wir können uns also Zeit lassen, pausieren und auf dem Sportgelände von Bad Berleburg unser 2. Frühstück geruhsam einnehmen.

Landgasthof

Der Landgasthof Feige liegt in einsamer Natur nur 9 km von Bad Berleburg entfernt. Ein Reklameschild weist auf den »Urlaub auf dem Bauernhof« hin, ein anderes auf eine Empfehlung im Schlemmer-Lexikon, allerdings von 1994. Dies ist lange her und vielleicht war damals das Essen wirklich empfehlenswert. Nachdem die Zimmer bezogen waren, besuchten wir Bad Berleburg.

Schloss zu Sayn-Wittgenstein-Berleburg

Zentrum der historischen Altstadt ist das Schloss der Fürsten zu Sayn-Wittgenstein-Berleburg. Dessen Neubau wurde in der zweiten Hälfte des 16. Jahrhunderts begonnen und erfuhr während der Regierungszeit des Grafen Casimir in den Jahren nach 1732 eine großzügige Erweiterung.
Das barocke Schloss wurde als Baudenkmal von internationalem Rang eingestuft. Heute bietet es den festlichen Rahmen für Schlosskonzerte und die Internationalen Musikfestwochen.

Schlosspark

Der angrenzende **Schlosspark** mit seinen jahrhundertealten Bäumen dient dem jungen Heilbad als Kurpark.

Bad Berleburg wurde nach dem 2. Weltkrieg durch die Initiative einiger Privatpersonen und unter Einsatz der Stadt zum **zweitgrößten Kneipp-Kurort** der Bundesrepublik. Das schonende bis reizmilde Klima der am Südhang des **Rothaargebirges** gelegenen Stadt ist therapeutisch bedeutsam und war bereits 1935 eine der Voraussetzungen für die Anerkennung als **Luftkurort.**

Im Jahre 1949 wurde die *Klinik Wittgenstein* als psychosomatisches Krankenhaus errichtet. Zwei Jahre später gründeten engagierte Bürger den ersten Kneipp-Verein. Hieraus ging 1952 die private Kneipp-Kur-Gesellschaft, die Wittgensteiner Kuranstalt, hervor. Im Mai 1953 wurde der Kneipp-Kur-Betrieb eröffnet. Im ersten Jahr zählte man über 11000 Übernachtungen, heute sind es fast eine halbe Million. In den folgenden Jahren wurden weitere Sanatorien und Kliniken errichtet. Es wurde investiert und mit Beharrlichkeit die Anerkennung als Kneipp-Kurort betrieben.
1971 bekam die Stadt die Bezeichnung *Bad* als Zusatz zum Ortsnamen verliehen. Drei Jahre später erfolgte die staatliche Anerkennung als *Heilbad.*

Interessant anzusehen sind in Bad Berleburg die Fassaden der Häuser, deren Schieferabdeckungen in ganz verschiedenen Mustern verlegt sind.

Wenn unser Gasthof *Urlaub auf dem Bauernhof* anbietet, müssen natürlich auch Tiere da sein. Juliane fand auch bald welche und spielte mit ihnen.

Häuserfassaden

Auf einer kleinen abendlichen Wanderung konnten wir die Zerstörungen sehen, die der Orkan Kyrill im Januar verursacht hatte.

Spielsucht

Bei der Wanderung am nächsten Tag deponierten wir ein Auto in Bad Berleburg, das andere stellten wir auf den Wanderparkplatz in Kühhude, dort war die Strasse auch zu Ende.

Von hier aus wanderten wir zurück nach Berleburg, aber es war nicht nur der Weg das Ziel, sondern auf diesem Wanderpfad schufen und erschaffen immer noch Künstler monumentale Skulpturen, die den Wanderer beeindrucken. Da ist das Monument *Kein leichtes Spiel*, die Arbeit *Stein-Zeit-Mensch*, der Schattenriss *Das Monument des verschollenen Falken*, Gloria Friedmanns *Grünstation*.

Wir hatten ein Fahrzeug in Berleburg abgestellt und fahren auf den Parkplatz in Kühhude.
Unsere vier Mitwanderer haben es sich derweil gemütlich gemacht und bereits das erste Monument *Kein leichtes Spiel* sich angeschaut.

3 Tore und 2 Platten

Drei Tore und zwei Platten, alles aus einem massiven Stahlblock herausgearbeitet, hat Ansgar Nierhoff auf die Grenze der beiden Kulturregionen Sauerland und Wittgestein gestellt. Der auf diese Weise *geöffnete Stahlblock* soll die Überwindung der Hindernisse zwischen beiden Regionen symbolisieren und ist daher auch zum Logo des Wald-Skulpturen-Weges ausgewählt worden.

Stein-Zeit-Mensch

Seit dem Jahre 2000 entsteht der Wald-Skulpturen-Weg zwischen Bad Berleburg in Siegerland-Wittgenstein und Schmallenberg im Hochsauerland. Er ist knapp 23 Kilometern lang. International bekannte Künstler haben mit ihren Kunstwerken am Wegesrand des Wald-Skulpturen-Weges einen zumindest in Deutschland einmaligen Kunstwanderweg geschaffen. In dem über Jahre angelegten Projekt sind bisher 9 von 11 Kunstwerken fertig gestellt. Es wird also den Künstlern Zeit gelassen, damit am Ende Erstklassiges entstehen kann. Die Landschaft, welche die Kunstwerke umgibt, wird vor allem geprägt von Fichten in den Kammbereichen und von Mischwäldern in den Tälern.

Gigantisch steht die Skulptur *Stein-Zeit-Mensch* von Nils-Udo plötzlich vor einem. Die mächtigen Baumstämme, die tempelartig angeordnet sind, lassen die umstehenden Buchen wie Schachtelhalme aussehen. Der Felsbrocken in der Mitte, ein 150 Tonnen schwerer Quarzit, wirkt durch sei-ne Umbauung dementsprechend wie ein Naturheiligtum.

Proportionen zu Stein-Zeit-Mensch

Hängebrücke

Nur 200 m von dieser Skulptur entfernt hat man über einen klei-nen Bach im Ökosystem Wald ei-ne Hängebrücke erbaut. Reinhard durfte als erster die Stabilität prü-fen, wir wollten ja sicher sein, dass die Brücke uns aushält.

Das Monument des verschollenen Falken von Alan Sonfist müsste man eigentlich aus der Luft betrachten, wie es hier zu sehen ist. Dann erkennt man deutlich die aus Rindenmulch gestalteten Umrisse eines Falken. Für den Wanderer des Wald-Skulpturen-Weges hat man daher ein kleines Podest gebaut, damit er von einem leicht erhöhten Standpunkt aus das Kunstwerk betrachten kann.

Durch eine der wichtigsten Erfindungen des Menschen, das Dach, brechen bei der Skulptur *Die Grünstation* von Gloria Friedmann drei Fichten durch. Das Verhältnis von Innen und Außen wird auf den Kopf gestellt und regt den rastenden Wanderer vielleicht zu einem Nachdenken über sein Verhältnis zur ihn umgebenden Natur an.

Das gänzlich in das Biotop des Waldes eingewachsene Haus wirkt durch das wirre Grün der Büsche aus der Ferne als monochromes Zeichen, als Plastik, wenn man sich nähert, als Herberge zur Rast und zum Schutz, wenn man davor steht. Die rustikale und einfache Einrichtung vertieft diesen Eindruck.

Auch der nächste Tag bescherte uns bis auf einen Regenguss, der uns aber nicht störte – weil wir in einem Restaurant saßen – schönes Wetter. Daher nahmen wir den Vorschlag von Juliane an, im Edertal zu wandern, von einem Ort zum andern. Ausgangspunkt war Raumland, südlich von Bad Berleburg. Dort parkten

wir die Fahrzeuge. Zurück fuhren wir mit dem Bus: auch hier hatte Juliane bereits die Abfahrtszeiten vorher erkundet.

Der *Kahle Asten*, mit seinen 840 m über

Normalnull, der höchste Berg im Rothaargebirge, macht seinem Namen alle Ehre: ein flacher ausgedehnter Buckel, kahl und astreich.

Wie bei den Ausflügen in den vergangenen Jahren immer, hatte Juliane auch diesmal wieder ein Gedicht über unsere Tätigkeiten verfasst und da wir im Gastraum allein waren, konnte sie dies auch hier verlesen.

Auf der Rückreise machten wir einen Abstecher in Marburg, einer Universitätsstadt. Vorbei an Verbindungshäusern besuchten wir die Burganlage.

Marburger Schloss

Das Schloss wird als Landgrafenschloss bezeichnet. Heinrich I. begann 1288 mit dem Bau der Kapelle und des Rittersaales. 1529 fand das Marburger Religionsgespräch zwischen Luther und Zwingli statt. "Wir sind noch alle frisch und gesund und leben wie die Fürsten", schrieb Martin Luther am 04. Oktober 1529 aus Marburg, wohin ihn und Huldreich Zwingli zusammen mit zahlreichen anderen Reformatoren *Landgraf Philipp der Großmütige* eingeladen hatte. Er wollte aus politischen Gründen die reformatorischen Bekenntnisse vereinigen.

Elisabethkirche

Drei Tage dauerte dieses Religionsgespräch im Schloss. In 14 Punkten einigte man sich, nur beim letzten – in der Auffassung vom Abendmahl – nicht. Da trieb eine in der Stadt ausgebrochene Seuche die Disputanten auseinander. Von 1815 bis 1869 wurde das Schloss als Gefängnis benutzt. Heute ist es zentrale Gedenk- und Informationsstätte für hessische Geschichte.

Die heilige Elisabeth von Thüringen wirkte in der Stadt und gründete 1228 das Franziskus-Hospital. Ihr zum Andenken wurde von 1235 bis 1283 die Elisabethkirche erbaut.

Schwarzwald (28.-31.5.2008)

Es war wieder so weit, unsere obligate Skattour war fällig. Werner hatte in Fischerbach im Nordschwarzwald Zimmer gebucht und so fuhren wir am 28. Mai frohgelaunt nach Süden.

Gengenbach

Wie bereits seit Jahren suchten wir uns für das 2. Frühstück einen Platz zum vespern. Und da es an dem Tag sehr warm war, fanden wir sogar auf einem Sportplatz ein schattiges, ruhiges Plätzchen.

Fachwerkhäuser

Ein nettes kleines Städtchen mit einem mittelalterlichen Stadtbild, mit Teilen einer Stadtmauer, mit Türmen und Toren und schönen Fachwerkhäusern ist *Gengenbach*.

Gengenbach wird 1231 das erst Mal erwähnt. Aus einer bäuerlichen Ansiedlung um das Benediktinerklosters entstand im Verlauf des Mittelalters die Stadt. Der Dreißigjährige Krieg brachte schwere Verwüstungen, der Pfälzische Erbfolgekrieg von 1688-1697 die fast völlige Zerstörung Gengenbachs.

Das Rathaus wurde 1780-84 erbaut. 1945 wurde es durch Fliegerbomben vollständig zerstört, von 1946-1950 aber im alten Stil wieder aufgebaut. Der Marktbrunnen enthält eine Brunnensäule mit einer Figur von 1582. In der Hand hält der Ritter eine Privilegienrolle als Zeichen der reichsstädtischen Hoheit.

Rathaus

Ritter mit Privilegienrolle

Unsere Unterkunft war das *Gasthaus Krone* in Fischerbach. Mit einem schönen Blick aus unserem Hotelzimmer auf die Landschaft des Schwarzwaldes und einer flüssigen Stärkung machten wir unsere erste abendliche kleine Rundwanderung.

Der folgenden Tag war unser Wandertag. Da der Schwarzwald ein Mittelgebirge ist, waren auch Steigungen angesagt, die Edda aber auch Reinhard nicht liebten.
Eine kleine Gebetsnische am Wegesrand fordert Wanderer zur Andacht auf.
Auf einer **Gebetstafel** auf der linken Seite findet man folgendes Gebet:

"Herr, du hast uns zur Freude berufen, die Arbeit allein kann uns nicht erfüllen. Darum gib uns den Sinn für die Freude, für Fest und Feier, für Spiel und Er-holung, für Bildung und Kunst, für das Zusammensein mit den Menschen, die uns lieben, die uns erwarten, die unsre Nähe brauchen. Herr du hast uns zur Freude berufen, vollende unsre Freude in dir".

Am Abend durften wir für eine Stunde die Kegelbahn benutzen, auf ihr sprang allerdings die Kugel mehr als sie rollte.

Am 2. Tag fuhren wir nach *Hausach*, parkten dort ein Fahrzeug, das andere am Stadtrand von *Wolfach*. Nach einer nicht sehr langen Wanderung entlang der Kinzig in Richtung Wolfach besuchten wir die Stadt, die einen gepflegten Eindruck machte.

Das genaue Alter von Wolfach ist nicht bekannt, denn die Geschichte der Stadt lässt sich lediglich bis ins Jahr 1148 zurückverfolgen. Die ältesten Wolfacher Bürgerhäuser stammen aber aus dem 16. und 17. Jahrhundert. Verantwortlich dafür waren besonders Großfeuer in den Jahren 1694, 1799 und 1836. Bestes Beispiel hierfür ist das 1892/93 im Neorenaissancestil erbaute mit Fresken reich bemalte Rathaus.
Aufgrund ihrer günstigen Lage am Zusammenfluss von **Wolf** und **Kinzig** war die Stadt Wolfach bis ins 19. Jahrhundert ein Zentrum der Kinzig-Flößerei. Ihre Blütezeit erlebte die Wolfacher Flößerei im 15. und 16. Jahrhundert und dann nochmals im 18. Jahrhundert, als der Holzbedarf rapide anstieg, weil die Niederlande und England begannen, ihre mächtigen Kriegs- und Handelsflotten aufzubauen.

Nur wenige km südlich von Hausach liegt das Freilichtmuseum Vogtsbauernhof. Es ist ein lohnendes Ausflugsziel für alle, die sich für Kulturgeschichte interessieren und wissen möchten, wie die Menschen im Schwarzwald früher lebten. Dorthin fuhren wir am Nachmittag.

Schwarzwaldhaus

Das Freilichtmuseum gehört zu den meistbesuchten Attraktionen Südbadens. Als der in Gutach beheimatete Vogtsbauernhof 1962 abgebrochen werden sollte, setzte sich der durch zahlreiche Veröffentlichungen zum Thema **Schwarzwaldhaus** bekannt gewordene Professor Hermann Schilli für dessen Erhalt und für die Einrichtung eines Freilichtmuseum ein.

Sägewerk

Die Idee fand in der Bevölkerung großen Zuspruch und so machte man sich alsbald an die Umsetzung dieses außergewöhnlichen Projektes. Danach wurden aus anderen Regionen des südlichen und mittleren Schwarzwalds wietere charakteristische Höfe, meist samt ihren Nebenbauten wie Mühle, Säge, Speicher, Backhäuschen, Kapelle und Leibgeding, ein veraltetes Wort für Altenteil, hierher nach Gutach gebracht und originalgetreu rekonstruiert. Das Freilichtmuseum hat seinen Namen vom *Vogtsbauernhof,* der seit 1612 an dieser Stelle steht und dessen Eigentümer um 1650 Talvogt in Gutach war.

Bauernstube

Im Innern der Häuser sind typisch eingerichtete Bauernstuben und Schlafkammern, Ställe, bäuerliche Geräte und viele Werkzeuge aus damaliger Zeit zu besichtigen.

Burg Landeck

Als wir abends ins Hotel kamen, übte die Feuerwehr. Wir schauten gerne zu. Auch an diesem letzten Abend vor unserer Heimfahrt erfreute uns Juliane wieder mit einem eigenen Gedicht über

die Erlebnisse der vergangenen gemeinsamen Tage.
Die 3 Tage im Schwarzwald sind schnell vergangen. Wir verabschieden uns von Fischerbach. Auf der Rückfahrt führt uns Reinhard, der die Pfalz sehr gut kennt, noch nach Dörrenbach, einem hübschen Städtchen und auf die Burg Landeck.

Volkach (3.-6.6.2009)

Dieses Jahr war ich an der Reihe, ich durfte unsere 21. Skattour vorbereiten. Wir hatten uns geeinigt, an den Main zu fahren.
Volkach an der Mainschleife sollte für drei Tage unser Domizil sein. Edda und ich machten eine Vortour und prüften ein Hotel, in dem wir ein schönes Zimmer mit Balkon bewohnten.

Auf der Fahrt dorthin wollten wir gemütlich am Schloss Mespelbrunn unser 2. Frühstück einnehmen, doch kein Tisch war dort zu finden, so dass wir uns mit einer Bank begnügen mussten und das Essen im Stehen einnahmen. Enttäuscht waren wir, weil man mittlerweile Eintritt zahlen muss, um in den Schlossgarten zu kommen, der ja wirklich keine großen Ausmaße hat. So begnügten wir uns mit einem Blick von der Strasse aus zum Schloss.

Links der Autobahn Richtung Nürnberg gibt es bei Wertheim ein groß angelegtes Outlet-Center. Juliane wünschte sich, dieses Center zu besichtigen, das taten wir auch.
Das Hotel, das Edda und ich gebucht hatten, hieß *Zum Storchen*. Es lag sehr ruhig am Rande Volkachs. Von den drei Zimmern, die wir brauchten, hatte aber nur eines einen Balkon. Das überließen wir selbstverständlich dem Räuchermännchen Reinhard.

Mittelpunkt der Stadt Volkach ist der **Marktplatz** mit dem **Rathaus**.

Es ist Sitz der Verwaltung und des Verkehrsamtes. Als Nachfolger eines 1484 erwähnten *Burgerhauses* wurde 1544 das neue Rathaus errichtet.
Volkach hat heute 9500 Einwohner aber nur durch eine Gebietsreform, durch die 1972 zehn Ortschaften eingemeindet wurden.

Der Turm der kath. Stadtkirche St. Bartholomäus ist mit seinen 54 m Höhe weithin außerhalb der Stadt sichtbar. Die Kirche wurde im 15. Jhd. erbaut.

Der nächste Tag war unser Wandertag. Von unserem Quartier aus besuchten wir

die Wallfahrtskirche Maria im Weingarten, und wanderten oberhalb des Mains bis zum Ort Fahr.
Dort setzen wir nach einer Mittagspause in einem Restaurant mit der Fähre über und wanderten innerhalb der Mainschleife zurück zum Hotel. Die Gesamtstrecke betrug etwa 14 km.

Ein alter, etwa 1 km langer **Pilgerweg** mit Stationsbildern von 1520/21 führt auf den **Kirchberg** nordwestlich der Stadt zur *Wallfahrtskirche Maria im Weingarten*, der Urpfarrkirche der Mainschleife. Ihre Geschichte reicht weit zurück in das Mittelalter, ihre Frühzeit liegt im Dunkel. Wohl im 10. und 11. Jahrhundert war sie Urpfarrkirche für die Siedlungen an der Mainschleife. Im 14. und 15. Jhd. entstand der Neubau der jetzigen, spätgotischen Kirche,

Hier schwebt im Chor des Kirchleins Riemenschneiders herrliche *Maria im Rosenkran*), die 1962 geraubt, vergraben und erst gegen ein Lösegeld von

100000 DM 1963 zurückgegeben wurde. Seitdem behält man sie sehr wachsam im Auge.
Dieses Schnitzwerk *Maria im Rosenkranz* ist eines der bedeutendsten Holzbildwerke, das durch Tilman Riemenschneider 1521-1524 entstand.

Maria steht in Lebensgröße auf Mondsichel und Wolkensockel, umgeben vom Strahlenkranz der Sonne. Das Kind wird auf dem linken Arm über der Hüfte gehalten. Sechs Engel und Putten umschweben Maria. Die beiden oberen hielten einst eine Krone, die anderen musizieren. Eingerahmt wird diese Gruppe von einem ovalen Kranz 50 stilisierter Rosen.

Nach 1500 entstand im Gefolge Riemenschneiders die spätgotische Gruppe der *Anna Selbdritt*. Die Zusammengehörigkeit dreier Generationen soll gezeigt werden: St. Anna, die Mutter Mariens, hält auf dem einen Knie ihre mädchenhafte Tochter, auf dem anderen den Jesusknaben.

Anna Selbdritt

Schmerzhafte Gottesmutter

Vor dieser Zeit entstand das Bild der schmerzhaften Gottesmutter. Eine jugendlich blickende Maria steht in hartem Kontrast zum todesstarren Sohn auf ihren Knien.

Auf der Wanderung nach dem Besuch der Wallfahrtskirche nach Fahr hat man immer wieder schöne Blicke auf das Maintal.

Der Ortsname *Fahr* bezeichnet auch gleichzeitig dessen Herkunft. Fahr bedeutet die einfache Form der Fortbewegung. Das Fahren, hier: das *Überfahren mit der Fähre*. Der kleine Ort Fahr zählt deshalb zu den ältesten Siedlungsplätzen am Main. Der Ort war Furt, Rastplatz und Fährort, ausgestattet mit dem Recht, die Fähre zu betreiben und daher ein von allen Fürsten, Lehens- und Landesherren begehrter Besitz. Der Main war vor seinem Ausbau breiter und seichter; die Aue dicht bewachsen und sumpfig. Nicht die Furt, sondern die Begehbarkeit beider Ufer war wichtig für den Übergang.

Fähre beim Ort Fahr

Aussichtsturm Zabelstein

Am 2. Tag wanderten wir vom Parkplatz des Waldspielplatzes aus zum Zabelstein.

Der Aussichtsturm auf dem Zabelstein liegt 489 m über dem Meeresspiegel. Er ist fast 19 m hoch. Errichtet wurde er 1999 vom Landkreis Schweinfurt mit Unterstützung der EU Strukturförderung und der Obhut des Steigerwaldklubs Gerolzhofen übergeben.

In **Gerolzhofen** starben unter der Regierung des Würzburger Bischofs Philipp Adolf von Ehrenberg über 900 Menschen, die der Hexerei angeklagt waren auf dem Scheiterhaufen. Hier war ein Hauptgerichtsplatz.

Die Katholische Stadtpfarrkirche Heilige Maria vom Rosenkranz und Heilige Regiswindis, auch Steigerwalddom genannt, wurde von 1436 bis 1479 erbaut. Der Hochaltar entstand um 1764.

Bemerkenswert ist die barocke *Maria im Strahlenkranz*, umgeben von einem doppelten Rosenkranz, deren Krone von zwei spätgotischen Engeln gehalten wird. Der Hochaltar entstand um 1764.

Die achteckige Kanzel von 1705 ist mit spätgotischen Holzfiguren der vier Evangelisten geschmückt.

Prichsenstadt liegt im fränkischen Weinland zwischen Main und Steigerwald. Es hat ein gut erhaltenes mittelalterliches Stadtbild mit Kopfsteinpflaster, Fachwerkhäusern und Stadttoren. Auch gibt es dort ein privates Fossilien- und Mineralien-Museum sowie einen Nachtwächter, der allabendlich seine Runden durch die zahlreichen gastronomischen Betriebe dreht und den Besuchern ein Ständchen widmet.

An unserem letzten Abend gab es in Volkach ein Wein- und Musikfestival. In jedem Hof gab es Musik und so schunkelten wir frohgemut zum Hotel.
Auf der Rückfahrt über Miltenberg regnete es in Strömen. Dennoch blieben wir über Mittag dort und fanden ein Restaurant, in dem 1 m Bratwurst angeboten wurde.

Großbritannien 1996

Südengland
Verlässt man den Hafen von Calais in Richtung Dover, dem heute wichtigsten Fährhafen Südenglands, so zeichnen sich bald im Dunst des Kanals die Kreidefelsen als weiße Festung ab. Zwischen England und den Staaten der Europäischen Union gibt es keine Kontrollen mehr und so fährt man vom Schiff ohne Belästigung durch den Zoll auf die linke Straßenseite und verlässt diese erst wieder bei der Rückkehr auf den Kontinent.

Eastborne

Unsere erste Station auf der Fahrt nach Cornwall war der kleine fast mittelalterlich erscheinende Ort Rey, der als einer der malerischsten Orte Südenglands gilt.

Nach einer ersten Übernachtung in dem 30 km östlich von Brighton gelegenen Städtchen Eastborne konnten wir das ausgiebige englische Frühstück, the full english breakfast, genießen, das aus 1. Orangensaft, 2. einer Auswahl von cereals, also Cornflakes, Müsli oder ähnlichem, 3. aus gebratenem Schinken mit Ei, ham and eggs, Würstchen, Pilzen und gekochter Tomate besteht. Dazu Kaffee oder Tee, Toast und Marmelade.
Eastborne ist einer der größten und beliebtesten Badeorte, allerdings wie Brighton ohne Sandstrand.
Als bekanntes Ausflugsziel gilt **Beachy Head,** eine Steilklippenformation mit 170 m hohen

Beachy Head

Klippen. Von hier aus hat man einen herrlichen Rundblick über die englische Südküste und das Meer.

Brighton

Brighton ist Englands größtes Seebad mit einem 10 km langen grobkörnigem Strand. Es wurde im 18. Jhd. als Badeort für die vornehme Gesellschaft entdeckt.
1785, als der spätere König Georg IV sich hier mit seiner heimlich angetrauten Geliebten niederließ, begann eine enorme Bautätigkeit. Den Höhepunkt bildete der

Royal Pavillon, er wurde von 1802 bis 1821 gebaut und stellt heute eine der wichtigsten Sehenswürdigkeiten dar. Es ist ein bizarrer im indischen Mogul-Stil erbauter Palast. Er diente lange Zeit als Sommerresidenz für König William IV, Königin Adelaide und Königin Viktoria. Heute ist der Palast das Kulturzentrum von Brighton: er wird als Museum benutzt, in ihm finden Konzerte und Bälle statt.

Corfe Castle liegt inmitten der Halbinsel Isle of Purheck. Den Ort krönt eine normannische Burgruine, eine der dramatischsten Schlossruinen Englands. Die Gründung des Schlosses wird in die Ära Williams the Conquerer – also etwa ins Jahr 1070 – gelegt. Drei spätere Könige bauten das Schloss weiter aus: Henry I, King John und Henry III..
Die heutigen Ruinenreste täuschen den Eindruck vor – besonders durch schräg liegende große Mauerreste – als hätte die Zeit das Zerstörungswerk vollbracht. In Wirklichkeit aber wurde das Schloss vor 350 Jahren während des englischen Bürgerkrieges – die Puritaner unter Cromwell kämpften gegen die Royalisten – zerstört. Man bemüht sich heute, und zuständig ist momentan die National Trust Corporation, die Ruinen zu erhalten und der natürlichen Zerstörung Einhalt zu gebieten.

Corfe Castle

Durdle Door

15 km westlich von Corfe Castle liegt ein von der Natur gestalteter Felsbogen, genannt **Durdle Door**, den man auf einen kleinen Fußmarsch von einem Campingplatz aus erreichen kann.
In **Teignmouth**, einem Seebad an der Mündung des Teign, hatten wir ein Zimmer mit herrlichem Blick über die Stadt und den Hafen. Der Abend war so sonnig und warm, dass sich das Leben im Freien abspielte.

Cornwall

Looe ist ein uraltes Fischerdorf, das sich für touristische Zwecke auf Segelpartien und Haifischfang-Fahrten spezialisiert hat. Die beiden Ortsteile East- und West-Looe sind durch eine alte Brücke verbunden, die über die Mündung des

East Looe

gleichnamigen Flüsschen führt Im Ortsteil East-Looe steht die Guildhall (das Zunfthaus) aus dem 16. Jahrhundert. Sie dient heute als Cornish Museum, als Cornwall-Museum.

Wunderschön anzusehen sind die vielen, blumengeschmückten Häuser, in die die Einwohner viel Arbeit und Liebe stecken.

Eine **Wanderung** vom Standort Looe aus, wir übernachteten dort zweimal direkt am Hafen, brachte uns auf dem Küstenpfad, dem **Coast Path,** zum 6 km entfernten Fischerstädtchen Polperro.

An einer Smuggler-Rast konnten wir natürlich nicht vorbeigehen.

Polperro wird in den Sommermonaten von Touristen gestürmt. Dennoch hat der kleine Ort, der sich malerisch um eine enge Bucht gruppiert, nichts von seinem schlichten Charme verloren.

Polperro

Ein uraltes **Fährschiff,** das seitlich von einem angedockten Motorboot getrieben wurde, brachte uns bei Fowy über den Fluss Fowey.

In **Truro,** der Hauptstadt Cornwalls, befindet sich die einzige Kathedrale, die Cornwall aufzuweisen hat. Sie stellt den mehr oder weniger gelungenen Versuch dar, Ende des 19. Jhds von 1880 bis 1910 eine mittelalterliche Basilika mit normannisch gotischen Türmen zu bauen. Glück hatten wir, als dort ein sehr geschulter Mädchenchor Generalprobe für ein Konzert hatte.

6,5 km südlich von Truro liegt der sehenswerte **Trelissick-Garten.** Auf einer Fläche von 10 ha bewundert man eine große Ansammlung von riesigen Pinien, Zypressen, haushohen Rhododendren und Hortensien, Azaleen und große Farne, die alle nur im Cornischen Klima derartige Ausmaße annehmen können.

Wenn man in England viele Gärten, Schlösser, Museen, Manor Houses besuchen möchte, ist es ratsam, dem **National Trust** beizutreten und eine Jahresbeitragskarte zu kaufen. Schon nach 5 bis 6 Besichtigungen hat man den Beitrag heraus, denn die Eintrittspreise sind überall sehr hoch.

Das Mauseloch, **Mousehole,** hier aber »musel« gesprochen, ist eines der hübschesten und echtesten Fischernester in Cornwall.

Von den steilen Gassen zwischen den schiefergedeckten Katen hat man schöne Ausblicke auf die Mount's Bay mit der Insel **St Michaels's Mount.** Hier blieben wir 2 Nächte, um zu Fuß zum ca. 11 km entfernten St. Michaels Mount zu wandern.

Diese märchenhaft anmutende Insel liegt nahe dem Ufer in der weit geschwungenen Mount's Bay, ein steil aus dem Meer aufragender Granitfels. Er ist 80 m hoch und wird von einem burgartigen Gebäude gekrönt. Bei Ebbe kann man von Marazion auf einem schmalen Damm hinübergehen. Bei Flut muss man die Fähre nehmen, die fährt allerdings nur im Sommer.

Seit dem 11. Jahrhundert lebten **Benediktinermönche** auf der Insel. Sie bauten ein Kloster, das als Tochterhaus des berühmten Mont St. Michel in der Normandie galt. Auf der Spitze des Felsens erhebt sich ein mittelalterliches Schloss, das seit dem 19. Jahrhundert in Privatbesitz ist und als Wohnhaus genutzt wird. Sehr viele Räume sind zur Besichtigung freigegeben.

Fünf Kilometer südwestlich von Mousehole stößt man auf einen Kreis von 19 Steinen. Der Sage nach handelt es sich um verzauberte Mädchen. Die **Merry Maidens** hatten es gewagt, am heiligen Sonntag einen Reigen zu tanzen und zwei Musikanten spielten dazu auf.

Zur Strafe wurden sie alle versteinert.

Lands End

Früher war das südwestlichste Ende von England mit seinen Steilklippen und riesigen Felsen ein einsamer Flecken Erde, mit einem Hauch von Dramatik. Dramaturgie beherrscht auch heute **Land's End:** Der Millionär Peter de Savary hat es gekauft und vermarktet es nach allen Regeln der touristischen Kunst. Er hat dort einen riesigen Touristen-Rummelplatz mit mythologischem Spektakel geschaffen und verlangt Eintritt. Wenn man allerdings, wie wir, den Küstenpfad von Sennen Cove bis Land's-End entlang wandert, umgeht man den Eintritt und den Rummel und genießt dabei noch die rauhe bizarre Landschaft.

Minack Theater

Bei dem kleinen Badeort Porthcornu liegt in den Klippen ein altgriechisch angelegtes Freilichttheater, das **Minack Cliff Theatre.** Es hat 800 Rasenplätze und während der Sommermonate werden hier von Mai bis September klassische und moderne Stücke aufgeführt. Die Schauspieler rekrutieren sich aus Privattheatern, Studentenbühnen, Amateurgruppen oder Provinztheatern. Gespielt wird immer und selbst Sturm, Regen, Hagel und Gewitter halten die Zuschauer nicht davon ab, die Aufführungen zu besuchen; sie sind mit essen, trinken und entsprechender Kleidung darauf eingestellt.

Eine Frau mit Namen **Rowena Cade,** der das Klippengrundstück gehörte, hat 50 Jahre ihres Lebens selbst Stein auf Stein gesetzt und alles, was sie besaß, in den Bau des Theaters gesteckt.

Im nordwestlichen Küstenbereich zwischen **St. Just** und dem kleinen Ort Zennor wandert man durch Landstriche, in denen man Ruinen der

Pumphäuser bei Botallack

Zinnära findet. Hier wurde, wahrscheinlich bereits in der Bronzezeit, Zinn abgebaut.

Phönizische Händler und Seefahrer belieferten die Bronzeschmieden des östlichen Mittelmeeres seit etwa 1000 v. Chr. mit Zinn, und wahrscheinlich handelten bereits minoische und mykenische Schiffer mit dem kornischem Erz. Die Bergleute Cornwalls genossen zu damaliger Zeit ein hohes Ansehen, denn sie dienten den Römern, Angeln, Sachsen, den Dänen und Normannen und schließlich den Industriebaronen der Neuzeit.

Im 19. Jahrhundert setzte im Zuge der Industriellen Revolution ein Zinnboom ein. Längst mussten die Bergleute das Metall unter Tag aus dem Fels lösen. Am Ende der Viktorianischen Ära, gegen 1900, führten jedoch Zinnimporte aus dem Malayischen Archipel in Ostasien und Ostafrika zur Stilllegung der Minen in Cornwall - mit den neuen Weltmarktpreisen konnten die britischen Zinner nicht mithalten. So wirken heute die Landstriche um St. Just, Botallack, Pendeen bis nach Zennor wie Ruinenstätte. Wie Mahnmale der Vergangenheit ragen die schmalbrüstigen Pumphäuser in den Himmel, mit deren Hilfe man das Metallerz losschwemmte.

Men-en-tol

An der kleinen **Kirche in St. Just** mit ihrem weithin sichtbaren Turm gefiel uns die Deckenkonstruktion, die an einen umgedrehten Schiffsrumpf erinnert.

Bevor **St. Ives** zur Künstlerkolonie wurde, war der Ort Haupthafen für die Sardinenfischerei. Gegen Ende des 19. Jhds. entdeckten die ersten Künstler die malerische Qualität des verwinkelten Städtchens und seiner Bucht und ließen sich hier nieder. Eine der vielen Künstler ist die Bildhauerin Barbara Hepworth – sie lebte von 1903 bis 1975 – deren Atelier man besichtigen kann.

Zufällig entdeckten wir auf unserer Fahrt ein keltisches Erbgut Cornwalls, die Steinformation **Men-an-Tol:** hier sollen noch in diesem Jahrhundert Einheimische ihre kranken Kinder durch das Loch geschoben haben, damit sie geheilt werden.

Wilde Felsklippen wechseln hier mit ungewöhnlich schönen Sandstränden ab. So wurde **Newquay** zum bedeutendsten Badeort an der Nordküste. In der ein-

eindrucksvollen Brandung kann man wellenreiten.

10 km nördlich von Newquay findet man die **Bedruthan Steps,** eine eindrucksvolle Klippenlandschaft. Als hätte ein Riese Steine an den Strand geworfen, so ragen die dunklen Felsen wie Pyramiden aus dem nur bei Ebbe erscheinendem hellen Sand empor. In den dann sich bildenden Prielen scheint das Baden erträglicher als im kalten Atlantik.

Im Dorf **Tintagel,** unserer letzten Station am Meer, ist ein mittelalterliches Herrenhaus mit eingesunkenem Dach aus dem Jahr 1320 zu bewundern – das **Old Post Office** – das aber nur wenige Jahrzehnte von 1844 bis 1892 als Postbüro benutzt wurde. Heute ist es ein Museum für Telegrapheneinrichtungen aus Urgroßvaters Zeiten.

Aber nicht das Post Office machte Tintagel zum berühmtesten Ort Cornwalls, sondern die Legende, dass hier das **Schloss von König Arthur** stand.
Denn auf einem 100 m hohen, in das Meer hinausragenden Felsvorsprung stehen die Ruinen einer aus dem 12. Jahrhundert stammenden Normannenburg, die der Legende nach als King Arthurs Castle bezeichnet werden. Hartnäckig hält sich das Gerücht, dass in dieser Burg König Arthur geboren wurde. Das ist jedoch unwahrscheinlich, weil König Arthur, sofern er tatsächlich lebte, dies einige hundert Jahre früher tat, nämlich um das Jahr 500 herum. Die Einwohner von Tintagel hindert das aber nicht daran, ihren unzähligen Besuchern ein

wahres König-Arthur-Spektakel zu bieten. Man hat sogar eine Höhle parat, in der angeblich Zauberer Merlin aus Arthurs Gefolge hauste.

Ein Klippenpfad führt von Tintagel Head die großartig wilde Küste entlang nach **Boscastle.** Das war einst ein **Schmugglernest** an der Mündung des Valency-Tales. Die schmale Einfahrt zum winzigen Hafen wirkt noch heute ungewöhnlich malerisch.
In einem der grauen Schieferdach-Häuschen findet man ein Hexenmuseum. Dort zeigt man einige Belege für die nicht allzu ernst zu nehmende, angeblich heute noch in Cornwall praktizierte Hexenkunst.

In **Tavistock,** einer Stadt am westlichen Rand des Dartmoores, blieben wir 2 Nächte, um im Dartmoor eine Tageswanderung unternehmen zu können.
Zinn und Kupferminen und der Handel mit Kleidern und Wolle brachten in der Mitte des 18. und im 19. Jahrhunderts der Stadt Wohlstand, besonders aber den Herzögen von Bedford, denen das Land gehörte. So gestaltete der 7. Herzog von Bedford den nach ihm benannten Bedford Square und das imposante Stadthaus. Seine Bergarbeiter, denen er Siedlungen baute, gossen ihm zu Ehren eine Statue in Metall, die am Bedford Square steht.

Dartmoor ist heute ein fast 1000 Quadratkilometer großer Nationalpark: ein riesiger, waldloser, mit Moor, Sümpfen und Heideland überzogener Granitbuckel.
Dieses einsame Heide- und Moorgebiet mit seinen **Tors**, das sind Hügel mit bizarren Granitgipfeln, wird nur von zwei Straßen durchquert, die sich bei Two Bridges in der Nähe von Princetown mit seinem legendären Gefängnis kreuzen. Die Gegend ist einsam, oft nebelig, verregnet, windig aber auf ihre Art voller Anziehungskraft. Granitfelsen, die im Nebel wie buckelige Trolle aussehen, türmen sich bis über 650 Meter auf und bieten bei klarem Wetter eine prächtige Aussicht.
Aufregende Momente bescheren dem Autofahrer oft die frei herumlaufenden Dartmoorponys und die Schafe, die ohne sich um den Verkehr zu kümmern, mit dem Hinterteil in die Straße stehen und die Grasreste abweiden.
Kenner englischer Kriminalromane wissen es: In **Princetown,** inmitten des Dartnoores, steht ein berühmt-berüchtigtes Gefängnis. Man baute es 1806 für französische Kriegsgefangene, die das Dartmoor – einst königliches Jagdgebiet und wenig fruchtbar – urbar machen sollten. 1850 wurde das Gebäude für Kriminelle mit lebenslangen Haftstrafen eingerichtet.
Dartmoor ist etwas für zünftige Wanderer. Ein guter Ausgangspunkt dafür ist **Postbridge** mit der berühmten **Clapperbridge,** einer Brücke, die die frühen Siedlungsspuren im Dartmoor zeigt

Man bekommt an der Information in Postbridge einen Wanderführer, der recht präzise die Wanderwege mit Gartenzaun, Tordurchgängen, Entfernungen, Flussläufen usw. beschreibt. Trotzdem hätten wir uns bei Nebel sicher schlecht zurechtgefunden, aber wer sich in dieser Wildnis aus Fels, verkrüppelten Kiefern, Birken, Farn, Heidekraut und Moos verläuft, und das kommt bei Nebel sicher oft vor, der sollte einfach einem der zahllosen Bäche bergab folgen, so wird es empfohlen.

Immer wieder findet man in der Grafschaft Dorset alte aufgeputzte strohbedeckte Häuser. Unter anderem auch auf dem Weg nach Osten in Shaftesbury; dort sollte man nicht an der malerischen Bergstraße »Gold Hill« vorbeifahren.

Salisbury, die Hauptstadt der Grafschaft Wiltshire, zählt zu den schönsten englischen Kathedralstädten. Sie liegt am Zusammenfluss der Flüsse Avon, Nadder, Bourne und Wylye am Rande des Salisbury Plain und wurde nach dem Verfall der nördlich gelegenen Stadt Sarum im 13. Jhd. gegründet.

Das wichtigstes Bauwerk der Stadt ist die **Kathedrale,** die wundervoll auf einem Rasen steht, der wie ein Teppich bis zu ihren Mauern reicht. Sie wurde innerhalb von 38 Jahren, von 1220 bis 1258 erbaut. Sie ist die einzige englische Kathedrale in einheitlichem Stil. Ihr um 1320 hinzuge-fügter 130 Meter hoher Turm ist der höchste Kirchturm Englands.

Das Innere enthält viele alte Grabdenkmäler aus dem 12. bis 16. Jhd., wobei die von William Longespe aus dem 13. Jhd. und von Sir John Cheney aus dem 16. Jhd. zu den schönsten zählen.

Canterbury zählt zu den von Touristen am meisten besuchten Städten Englands, da sie am Wege vom englischen Kanalhafen nach London liegt, aber auch von London aus auf einem Tagesausflug gut besichtigt werden kann.

Kathedrale in Canterbury

Die Stadt, in der noch große Teile ihren mittelalterlichen Charakter bewahrt haben, liegt malerisch am Fluss Stour. Sie geht zurück auf eine **römische Gründung** des l. Jhds. n. Chr.. Sie beherbergt mit dem Erzbischof von Canterbury den Primas der anglikanischen Kirche. Ihre Rolle als geistiges Zentrum geht auf das Jahr 597 zurück, als der römische Mönch Augustinus den König von Kent, Ethelbert, taufte. Damals begann die Christianisierung Englands. Durch das **Christ Church Gateway,** ein kunstvoll geschmücktes Tudorgebäude aus den Jahren 1507 bis 1517, das sorgfältig in den dreißiger Jahren restauriert wurde, betritt man den Kathedralplatz.

Die Kathedrale wurde im Laufe der Jahrhunderte dreimal niedergebrannt und wiederhergestellt. In ihrer heutigen Form stammt sie aus dem 15. Jhd.. Die Krypta wurde Anfang, der Chor Ende des 12. Jhds. errichtet. Das Längsschiff entstand im 15. Jhd.. Es ist ein besonders schönes Beispiel für den Perpendicular-Stil. Die Kathedrale ist 175 m lang, 27 m breit und 27 m hoch.

In dreifacher Hinsicht ist sie einzigartig unter den englischen Kirchen. Zunächst die Rundung am östlichen Ende der Kathedrale, die vom französischen Baumeister Guillaume de Sens stammt, dann die zwei Treppen, die vom Längsschiff zum Chor und vom Chor zur Dreifaltigkeitskapelle führen, schließlich auch durch die Tatsache, dass bis zum heutigen Tage die Hugenotten hier ihren sonntäglichen Gottesdienst immer noch in französischer Sprache abhalten.

Zu den Sehenswürdigkeiten der Kathedrale gehören vor allem das Grabmal des **Schwarzen Prinzen,** des ältesten Sohnes von Edward III, das eines der größten Meisterwerke mittelalterlicher Kunst ist. In einem Schrank brachte man das Wappenschild des Schwarzen Prinzen unter, das 600 Jahre lang über seinem Grabmal hing.

Im südwestlichen Kreuzschiff wird jeden Tag um 11 Uhr die **Glocke** des alten **Kriegsschiffes** Canterbury geläutet. Zur selben Zeit kommt ein Soldat, um eine Seite des Ehrenbuches des Königlichen Ost-Kent-Regiments umzuschlagen, damit jeden Tag andere Namen von Gefallenen der beiden Weltkriege zu sehen sind.

Großbritannienreise im September 2003

Südküste und Cornwall

Wir, das sind Edda und ich, hatten uns ein Campmobil, ein Motorhome, geborgt, und waren dabei, es einzurichten. Schon vor längerer Zeit hatten wir beschlossen, mit Irmtraut und Dieter 4 Wochen lang durch Großbritannien zu fahren und dabei Südengland, speziell Cornwall, Wales und Schottland zu bereisen.
Unseren letzten Abend auf dem Festland nach 500 km Fahrstrecke verbrachten wir auf einem Campingplatz in der Nähe des Fährhafens in Calais. Der Campingplatz war in keinem guten Zustand, dafür entgingen wir aber der Platzgebühr, weil morgens um 6 Uhr niemand da war, der Geld haben wollte.

Fährfahrt

Eigentlich wollte ich aufs Filmen an der Südküste Englands und in Cornwall verzichten, weil ich bereits 8 Jahre vorher mit Edda hier fast 14 Tage verbrachte; doch ich meine, dass man nie das Gleiche sieht und sich immer neue Perspektiven und Veränderungen ergeben.
So werde ich in diesem Teil des Filmes in Bildern und kleinen Szenen unsere Reise dokumentieren.

Die Überfahrt mit einer Fähre der P&O-Ferries dauert 1,5 Stunden. Wir hatten uns für die Fähre und nicht für den Tunnel entschieden, weil wir Zeit mitbrachten und es im Tunnel nichts zu sehen gibt. Die 7 Uhr 30 Fähre war wenig besetzt, die Überfahrt verlief ruhig und so waren wir um 9 Uhr in Dover.

Strandwanderung

Die Uhren wurden 1 Stunde zurückgestellt und auf der Küstenstraße fahren wir nach Westen. Ein hübsches Städtchen ist Rey. Es liegt 60 km westlich von Dover, hat einladende Gässchen und eine Kirche aus dem 12. Jhd..

Unser 1. Campingplatz in England hieß Normanns Bay. Er lag in der Pevensay Bucht kurz vor Eastborne. Da wir im September unsere Reise planten, also außerhalb der Schulferien, waren dieser, aber auch alle anderen Campingplätze wenig besetzt.

Hier machten wir unsere erste Strandwanderung auf einem sehr steinigen, zum Baden sicher unangenehmen Strand.

Beachy Head ist ein Hügel an der Südküste Englands. Er ist berühmt durch die weißen Kalkklippen, die hier 165 m hoch sind. Vor 65 Millionen Jahren wurden die Kalkfelsen geformt, als die Dinosaurier die Erde bewohnten. Ursprünglich war das Land unter Wasser. Im Laufe der Jahrmillionen lagerten sich durch absterbende Meerestiere Kalkschichten ab, die dann durch die zusammenstoßenden Kontinente gehoben wurden.

Im Meer steht der 43 m hohe Leuchtturm, der 1902 erbaut wurde.

Immer wieder sehenswert ist der kleine Ort Corfe Castle südwestlich von Bournemouth mit seiner normannischen Burgruine. Spektakulär ist auch das Felsentor **Durdle Door**, 20 km westlich von **Corfe Castle**. Hier hatten wir einen sehr teuren Campingplatz, dessen Stellplätze außerdem auf einer schrägen Wiese lagen, dessen wunderbare Aussicht aber entschädigte.

Nicht schlecht staunten wir, als wir plötzlich in einer Warteschlange standen und erst dann bemerkten, dass wir mit einer Fähre den Fluss Dart zu unserem nächsten Campingplatz überqueren mussten. Ehe wir auf der uralten Schaufelradfähre mitgenommen wurden, fuhr sie noch dreimal hin und her. Aber wenn man Zeit mitbringt, ist auch dies ein Erlebnis.

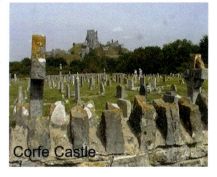

Wir sind in Cornwall. Zwischen den am Meer gelegenen Städtchen Looe und

Polperro fanden wir einen wunderschönen Campingplatz mit herrlicher Aussicht aufs Meer.

Von hier aus konnten wir die beiden Orte auf dem Küstenpfad, dem **Coastpath**, erwandern. Looe ist ein viel besuchter Touristenort. Hier lebt man vom Fischfang, aber vor allem von den Touristen, denen man die Möglichkeit des Haifischfischens anbietet.

In dem typischen Fischerdörfchen **Polperro**, mit seinen weißgetünchten Häuschen, ist heute noch ein Hauch der Schmugglerzeit zu spüren.
Im Hafen findet man noch alte Kutter. Auch ein Schmugglermuseum, das *Polperro Heritage Museum* kann man besuchen.
Sehr angenehm ist es, dass in den engen Gassen Autos verboten sind. Auf jeden Fall ist das kleine Fischerdörfchen einen Besuch wert.

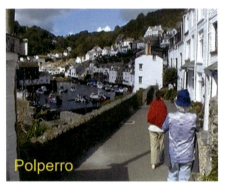

Wir waren bereits eine Woche unterwegs. Der Campingplatz, den wir ausgesucht hatten, hieß Camping and Caravaning Club Sennen Cove. Vom Ort Sennen Cove aus wanderten wir auf dem Küstenpfad bis nach Land's End, der westlichsten Spitze Englands. Auf dem Weg dorthin liegt in den Klippen wohl schon seit Jahren ein gestrandetes Schiff, das die Landschaft nicht unbedingt bereichert. Früher war das Ende von England mit seinen Steilklippen und riesigen Felsen ein einsamer Flecken Erde, sogar mit einem Hauch von Dramatik. Heute ist diese Stückchen Erde im Besitz eines Millionärs, der es touristenmäßig vermarktet mit Spielhallen, Museen, mythologischem Spektakel und Vergnügungen aller Art.

Immer wieder reizten uns und vor allem mich die oft wie Höhlen ausgebauten Pubs, in denen man genüsslich sein Pint trinken und auch preiswert essen kann. 4, 5, 6 und mehr Zapfhähne schmücken manchmal die Theken, aus denen ebenso viele Arten Bier strömen: dunkle Biere wie Ale, Guiness, helle Biere, die als Lagerbiere gelten und auch von nicht englischen Brauereien stammen.

Der Bergbau war bis ins späte zwanzigste Jahrhundert der wichtigste Wirtschaftszweig Cornwalls. An der Küste stehen überall noch Ruinen, wie die Überreste des Bergwerkes von **Botallack**. Heute sind von den Kupfer- und Zinnminen meist nur noch die Schornsteine der Maschinenhäuser übrig.

Die Stollen der Minen führten sogar etwa drei Kilometer unter dem Meeresboden entlang und Sickerwasser musste ständig aus den Gruben gepumpt werden. Die Arbeiter waren dem Wasser so nahe, dass sie die Wellen über sich rauschen hörten. Bei schlechtem Wetter war das ein ungeheurer Lärm. Die Arbeitsbedingungen in den Minen unter dem Meer waren erbärmlich. Aber der Bergbau florierte. Vor allem im 19. Jahrhundert. Da arbeiteten in Cornwall mehr als 50000 Menschen unter Tage, wie Milton Thomas erzählt: „Wenn die Kumpel ihre Schicht antraten, nahmen sie sich eine Handvoll Lehm, der hier lag. Diesen Lehm taten sie sich auf den Helm und steckten eine Kerze hinein. Das war damals die einzige Beleuchtung unter Tage. Dann ging es runter an ihren Arbeitsplatz." Und das war manchmal tödlich.

Mit einem abenteuerlichen Aufzug wurden z.B. die Kumpel in der Levant Mine nach unten befördert. Eine Art Pater Noster, der allerdings in den Dreißiger Jahren zusammenbrach und 31 Männern den Tod brachte. Erst 1997 wurde die letzte Zinnmine Cornwalls geschlossen.

St. Ives

St. Ives liegt im äußersten Westen Cornwalls direkt am Atlantik. Von Landsend aus erreicht man es nach etwa 25 Kilometern, wenn man in nordöstliche Richtung fährt. Das Dorf selber könnte in Süd-Frankreich stehen, die Häuser sind weiß getüncht und bei gutem Wetter denkt man, man wäre am Mittelmeer.

St. Ives besteht aus vielen kleinen Sträßchen, die sich bis zum Hafen erstrecken und an denen sich lauter kleine, helle Häuschen aneinander reihen.

Es ist das bekannte Künstler-Dorf, in dem zum Beispiel die Bildhauerin Barbara Hepworth mit ihrem Mann lebte und arbeitete. Auch heute merkt man noch, dass viele Künstler in dieser Stadt zuhause sind. Die Anzahl an Galerien und Kunstgeschäften ist einfach unglaublich hoch.

Die Stadt ist an drei Seiten vom Meer umgeben, dadurch ist das Licht hier besonders hell, und die Sonne scheint auf fröhliches Treiben rund um die Hafenmauer, die trocken liegenden Fischerboote, die ständig nach Nahrung

Trocken liegende Fischerboote

suchenden und spielenden Möwen und die Kinder, die sich im Sommer zum Plantschen und Wellenreiten in das kalte Wasser trauen.

Wir fahren von St. Ives aus nach **Tintagel**, dem legendären Ort, wo König Arthur gelebt haben soll. Direkt am Ort fanden wir einen Campingplatz, von dem aus alle Sehenswürdigkeiten

Tintagel

zu Fuß erreichbar waren.

Das *wilde Tintagel von Cornwall* gehört zu den legendären und berühmtesten Orten Cornwalls an der Atlantikküste. Der Ort Tintagel liegt auf einem öden und rauhen, windgepeitschtem Plateau.

Etwas unterhalb, auf einem 100 m hohen, in das Meer hinausragenden Felsvorsprung stehen die Ruinen einer Normannenburg, die der Legende nach als Burg des Königs Artus, als *King-Arther's Castle,* bezeichnet wird.

Artus war ein sagenumwobener König. Er war der Geschichte nach ein britannischer Heerführer, der um 500 lebte und sein Volk gegen die eindringenden Sachsen schützte und diese auch besiegte. Seine Geburt umgibt ein Geheimnis, das mit dem Zauberer Merlin zusammenhängt. Er gilt als Sieger über Sachsen, Pikten und Skoten, als Eroberer Irlands, Islands und Galliens, als Kaiser und als Kämpfer gegen Rom. Auch die ritterliche Tafelrunde wird ihm angedichtet.

Älteste Kirche Cornwalls

Die Sage von König Artus wird hier lebendig. Nach der Überlieferung wurde Artus in Tintagel geboren und erbaute hier für Genoveva und die Ritter der Tafelrunde eine feste Burg, unter der in einer Höhle der Zauberer Merlin lebte. Doch es fehlt ein archäologischer Beweis; alles was in Tintagel noch vorhanden ist, sind die Ruinen eines keltischen Klosters aus dem 6. und einer Bastion aus dem 12. Jahrhundert.

Auf einer Anhöhe, unweit der Burgruine, steht die älteste Kirche Cornwalls, die noch immer ausschließlich zum Gottesdienst benutzt wird, die Pfarrkirche **St. Materianus**.

Nordportal

Sie ist eine weitestgehend romanische Kirche. Die Mauern, Eingänge und einige der Fenster sind noch fast vollständig im Original erhalten, so wie sie zwischen 1080 und 1150 in Kreuzform auf keltischem Grund erbaut wurden.

Das Nordportal ist der älteste erhaltene Teil, möglicherweise sächsischen Ursprungs.

Das romanische Taufbecken mit geschnitzten Köpfen und Schlangen ist datiert von etwa 1125.

Der Lettner, die Trennwand zum Chor, und weitere antike Schnitzereien sind um 1500 entstanden.
Steinsitze mittelalterlichen Datums erstrecken sich entlang der Wände im Südquerschiff.

Wir fahren nach Norden und verlassen in Weston super Mare Cornwall. Der Campingplatzbesitzer, auf den wir über eine Stunde warten mussten, ehe wir

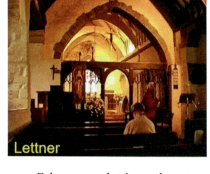
Lettner

unsere Fahrzeuge platzieren konnten, hatte uns von einem nicht sehr weit entfernten Pub berichtet, und so verbinden wir den Weg dorthin mit einer schönen Strandwanderung und genießen nebenbei den Sonnenuntergang.

Wales

Von **Western super Mare** aus fahren wir auf der Autobahn an Bristol vorbei

Abendwanderung

und überqueren den Bristol-Kanal über eine mehr als 3 km lange Hängebrücke. Vorbei an Neuport, Cardiff, Swansea ist unser nächstes Ziel Tenby.

Das zum Teil noch ummauerte Städtchen **Tenby** mit seinen mittelalterlichen Gassen liegt auf einer felsigen Halbinsel

Tenby

zwischen zwei Buchten. Es ist ein beliebter Badeort, hat ausgedehnte Sandstrände, einen Fischerhafen und einige schmucke Bauten aus dem 15. und 16. Jhd.. Auf dem Burghügel am Ende der Halbinsel liegen die Reste eines alten Kastells.
Sehr romantisch ist der Fischerhafen. Von da aus fahren Boote nach Caldey

Fischerhafen

Island, das direkt vor der Stadt liegt.
Die Stadt selbst ist ein typischer Badeort. In den alten Stadtmauern tobt im Sommer das Leben. Das Angebot an Pubs, Eisdielen, Teehäusern und Restaurants ist üppig.

Doch das Städtchen hatte auch schwere Zeiten zu durchleben. Vor 7 Jahren, 1996, gab es eine schreckliche Ölkatastrophe. Etwa 30 km entfernt, vor der Küste von Pembroke, lief ein gigantischer Öltanker auf Grund. Der Wind und die Gezeiten trieben Unmengen von Öl an der Küste entlang bis an die Sandstrände von Tenby. Das Gebiet war eines der am meisten betroffenen. Der Strand war dick mit klebrigem Rohöl bedeckt. Immer noch besteht ein Verbot, bestimmte Krustentiere, Krabben und kleine Fische zu fangen.

Pembroke Castle

Wir fahren mit einem Linienbus ins 20 km entfernte **Pembroke.** Da der Bus nicht nur Hauptstraßen fährt, sondern auch kleine Dörfer anfahren muss. diese aber nur über enge, schmale Strassen, oft einspurig, zu erreichen sind, war es für uns ein Vergnügen, zu sehen, mit welcher Geschwindigkeit und Sorglosigkeit der Fahrer diese engen Wege befuhr. Wir mit unseren erheblich kleineren Campingfahrzeugen hatten immer gewisse Angst und Scheu, solche Straßen zu fahren.

Pembroke ist eine kleine, hauptsächlich aus einer langen Hauptstraße bestehende alte Stadt, die von einer Burg, dem **Pembroke Castle** beherrscht wird. Im Jahr 1092 begann der Normanne Roger de Montgomrey mit ihrem Bau. In ihrer jetzigen Gestalt wurde sie im 13. Jhd. fertig gestellt.
Ein Modell zeigt die gesamte Anlage. Die Burg wird oft als schönste und

Bergfried

eindrucksvollste Burgruine des ganzen Landes bezeichnet. Sie ist eine der größten in Wales.
An drei Seiten ist sie von Wasser umgeben und hatte dadurch eine ausgezeichnete strategische Position.

Sehr eindruckvoll ist der aus dem Jahre 1210 stammende runde

Keep oder Bergfried. Er hat eine Höhe von 22 m und ein gewölbtes Dach, von dem aus man einen herrlichen Blick auf die Umgebung hat. Sieht man von unten in den Turm hinein, ist das Runddach zu erkennen.

Das war nicht immer so, denn dieser Turm diente als Wohnturm. In früheren Zeiten gab es hier vier Ebenen mit Wohnräumen, die durch eine gewundene Treppe erreicht werden konnten. Der ursprüngliche Eingang war beim ersten Stockwerk.

Ehemalige Turmebenen

Für die englische Geschichte interessant ist die Tatsache, dass hier das Geschlecht der Tudors seinen Anfang nahm. In dieser Burg wurde im Jahre 1457 **Henry Tudor** geboren und erzogen. Als Henry VII. war er später der erste englische König aus der Tudor-Dynastie.

Darstellung der Geburt Henry Tudors

Man findet daher in dem Raum, in dem Henry geboren wurde, eine Darstellung der Geburt. In einem anderen Raum wird in einer Nachbildung das Gelage des Earl William de Valence mit seiner Familie und den Beamten gezeigt.

Interessant war auch die Demonstration einer einfachen Drehbank aus dem Mittelalter.

Die Straße, die wir jetzt befahren, führt fast ständig am Meer entlang, denn unser nächstes Ziel ist **Aberystwyth.** Man muss diesen Namen geschrieben sehen. Aberystwyth. Es ist die walisische Sprache, die hier neben dem Englischen gesprochen wird.

Die Waliser nennen sich selbst »Cymry« und ihre Sprache »Cymraeg«. Dieses Cymraeg oder »Welsh«, zu deutsch Walisisch hat auf dem Gebiet der Internationalen Linguistik einen schweren Stand. Denn fast die ganze Welt versteht Englisch. Aber Welsh spricht man nur in Wales. Dabei ist das Cymraeg eine uralte Sprache viel älter als Englisch.

Längster Ortsname Europas

Aber selbst die Straßenschilder, und dazu halten wir für einen kleinen

Moment unsere Fahrzeug an, sind zweisprachig, zuerst kommt der walisische, dann der englische Name der Ortschaft. Für einen Ausländer ganz schön verwirrend. So heißt die Stadt Tenby: Dinbych y pysgod. Auch haben die Waliser den wohl längsten Ortsnamen in ganz Europa. Ihn dachte sich im 19. Jhd. ein findiger Waliser aus. Ich werde mich hüten, ihn auszusprechen.

Aberystwyth wurde 1277 gegründet, als Edmund von Lancaster hier eine Burg errichten lies. Die Burg, mindestens siebenmal von den Walisern angegriffen, ist heute Ruine.

Aberystwyth hat jetzt etwa 12000 Einwohner und ist damit für walisische Verhältnisse schon eine etwas größere Stadt, sie wäre sogar beinahe Hauptstadt geworden. Ein besonderes Flair erhält sie durch ihre Universität, an der auch Prinz Charles studierte.

Strandpromenade

Auf walisisch heißt *Aberystwyth* die *Mündung des Ystwyth-Flusses*. Die Stadt selbst wird von den Einwohnern sowie auch von den Touristen – als wäre sie ein alter Freund – einfach *Aber* genannt. Sie entwickelte sich vor allem im 18. Jhd., als sie durch die Entdeckung von Sulfatquellen zur Bäderstadt wurde.

Heute steht in dieser Stadt die **National Bibliothek von Wales.** Beeindruckend ist die Tatsache, dass diese Bibliothek von jedem in Großbritannien erscheinenden Buch eine Kopie erhält, und dass hier mehr als 2 Millionen Bücher stehen.

Sehenswert sind vor allem die Strandpromenade und der **Constitution Hill.**
Die Hauptattraktion der Stadt aber, und das war für uns der Grund hier eine Nacht zu verbringen, ist die altertümliche Dampfeisenbahn, mit der man durch das Rheidol-Tal zur 18 km entfernten **Devil's Bridge** und den *Falls of Mynach* fahren kann.

Constitution Hill

Unser Zug wird von einer schmucken, auf Hochglanz polierten Lokomotive gezogen, die von der Great Western Eisenbahngesellschaft zwischen 1923 und

1938 gebaut wurde.

Zuglokomotive

Die Fahrt zwischen Aberystwyth und Devils Bridge dauert etwa eine Stunde in jeder Richtung. Der Zug überwindet bei der Hinfahrt eine Höhendifferenz von 180 Metern. Da die Strecke am Hang eines Flusstales angelegt ist, die Karte zeigt es, hat man wunderbare Blicke nach unten, sofern nicht Sträucher und Bäume die Sicht versperren.

1902 wurde die **Rheidol-Bahnstrecke** gebaut, um die Bleiminen zu versorgen, und den Holz- sowie den Passagiertransport zu bewältigen.

Um Geld zu sparen und wegen des schwierigen Terrains, durch welches die Linie erbaut werden sollte, wurde die Bahn mit einer geringeren Spurweite, als der Norm entspricht, gebaut. Dementsprechend enthält sie viele scharfe Kurven und starke Steigungen. Doch trotz der Tatsache, dass die Spurweite nur 60 cm beträgt, wiegt jede der 3 Lokomotiven, die auf der Strecke eingesetzt werden, über 25 Tonnen und jede ist über 2 m 40 breit.

Wir haben die Endstation des Zuges, die Devil's Bridge, die Teufelsbrücke, erreicht. Die Lokomotive wird umgesetzt

Endstation Devil Bridge

und wir haben eine Stunde Zeit, uns mit der Gegend vertraut zu machen.

Die Devel's Bridge genannte Brücke, die uns leider wegen der geringen Zeit in ihrer ganzen Konstruktion verborgen blieb, besteht eigentlich aus drei Brücken. Die erste wurde bereits im 11. Jahrhundert erbaut, die zweite um 1753 und die

Devil Bridge

dritte stammt aus dem Jahre 1901. Sie ist über einer Schlucht an einem Wasserfall erbaut und um die älteste der Brücken rankt sich eine Sage: Die einzige Kuh einer Bäuerin hatte sich irgendwie auf die andere Seite der Schlucht verlaufen. Der Bäuerin war es nicht möglich diese Seite zu erreichen. Der Teufel erschien und bot an, eine Brücke zu bauen, natürlich mit einer Gegenleistung: die Seele des ersten lebenden Wesens, das die Brücke freiwillig überquert, gehöre ihm. Nach

Fertigstellung freute sich der Teufel auf die Kuh, doch die listige Frau lockte einen alten Straßenköter über die Brücke, indem sie einen Knochen auf die andere Seite der Brücke warf. Damit war das Versprechen erfüllt. Der Name der Brücke ist jetzt einleuchtend.

Unsere vorletztes Ziel in Wales ist die Stadt **Caernarfon**, die von einem mächtigen mittelalterlichen Schloss überragt wird. Von hier aus fahren wir an der Nordküste entlang nach Chester, einer hübschen Stadt, die durch ihren Chester-Käse bekannt ist.

Der Campingplatz gegenüber dem Schloss, auf dem wir übernachten wollten, war leider voll besetzt, so dass wir einen anderen suchen mussten. Da aber der nächste Campingplatz weit vom Schloss entfernt lag, stellten wir unsere Fahrzeuge zunächst in der Nähe der Burg ab und wanderten am Meer entlang zur Besichtigung.

Caernarfon Castle ist in seinen Ausmaßen absolut beeindruckend. Direkt am Meer gelegen, bieten die vor seinen imposanten Mauern liegenden Yachten dazu eine wunderschöne Kulisse.
Über eine Schwenkbrücke betritt man das Gelände der Burg.

Der Eingang (1) zur Burg ist das **Tor des Königs,** das die Dimensionen der mittelalterlichen Befestigungsanlagen in Großbritannien ganz großartig veranschaulicht. Wo heute die neue Brücke in das Tor führt, spannte sich im Mittelalter eine Zugbrücke über den Burggraben. Hoch über dem Eingangsbogen steht ein Standbild von König Eduard II, dem ersten Prinzen von Wales.

Einen Gesamteindruck der Anlage bekommt man durch einen Blick von oben:
Es fällt auf, dass der Grundriss der Burg fast die Form einer Acht hat und somit einen oberen (2) und einen unteren Burghof (3) besitzt. Die Türme und die sie ver-

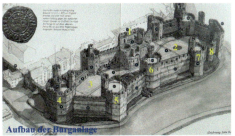

bindende Burgmauer sind überwiegend erhalten geblieben, aber von den Gebäuden, die früher einmal in den Höfen standen, gibt es nur noch einige Grundmauern.

Jeder Turm hat nach seiner Verwendung einen eigenen Namen. So gab es im Brunnenturm früher ein stark befestigtes Tor, durch das Vorräte und Lebensmittel auf Kähnen über den nördlichen Burggraben in die Burg gebracht werden konnten.

Adlerturm

Der nächste Turm, der **Adlerturm (4)**, ist der eindruckvollste. Wie alle anderen an der Nordseite der Burg, besteht auch dieser Turm aus einem Kellergeschoß und drei Stockwerken. Die drei hochragende Türmchen geben ihm ein besonders markantes Aussehen. Der **Turm der Königin (5)** ist heute das Museum des königlich walisischen Füsilierregiments.

Der nächste Turm ist der **Turm des Großkämmerers (6).** Hier fand im Jahre 1969 im Erdgeschoß die Einsetzungszeremonie vom Thronfolger Charles zum Prinzen von Wales statt. Über den **schwarzen Turm (7)** und den **Zisternenturm (8)** erreicht man das **Tor der Königin,** das als zweites Haupttor geplant war, aber nie fertig gestellt wurde.

Einige km vom Schloss entfernt, im Norden von Caernarfon fanden wir nach unserer Burgbesichtigung einen hübschen Campingplatz, auf dem wir fast allein waren. Die Sonne schien, es war wann und so konnten wir wieder einmal den Grill herausholen und uns vor unserer Fahrt am nächsten Tag nach Chester bei gutem Essen und Trinken stärken.

Wir hatten einen Campingplatz südöstlich von Chester gefunden und waren überrascht, als plötzlich 20 m von uns entfernt ein Schiff vorbeifuhr. Wir entdeckten einen Kanal, der durch Chester bis zum Meer führt: der **Shropshire Union Canal.** Da wir gerne wandern, war es für uns Ehrensache, die etwa 6 km bis zur Stadt zu laufen. Für die
Shropshire Union Canal

Boote, die hier fahren, ist nur Schrittgeschwindigkeit erlaubt: somit war es ein besonderes Erlebnis, am Wasser entlang zu gehen und die Ruhe und Bedächtigkeit zu erfahren.

Von besonderem Reiz waren die Schleusen, die wohl vor langer Zeit gebaut und nie renoviert wurden, denn sie waren handbetrieben und wiesen erhebliche Undichtigkeiten auf. Der Schleusenwärter und seine Frau sind hier noch viel beschäftigte Personen.

Die meisten der 80 000 Einwohner von **Chester** wohnen außerhalb der Stadtmauern, die seit der Gründung des römischen Castrum Deva im Jahre 70 n. Chr. den historischen Kern der Stadt umgeben. Man kann auf diesen Mauern einen 3 km langen Spaziergang um den Stadtkern herum machen vorbei an den Überresten von Säulen und Amphitheater der Römerzeit.

Im Zentrum der Stadtmauer steht die mächtige **Kathedrale von Chester.** Sie erhebt sich über dem Boden einer einstigen angelsächsischen Kirche aus dem 10. Jahrhundert. Im Jahre 1092 wurde daraus eine Benediktinerabtei. Eine neue Kirche im normannischen Stil wurde errichtet, von der heute noch Teile erhalten sind. Diese Kirche wurde von 1250 bis 1500 zu der Kathedrale in ihrer heutigen Form umgebaut. Die wunderbaren Wandmosaiken im Mittelschiff gehen auf das Jahr 1883 zurück. Das farbenprächtige Westfenster wurde 1961 geschaffen. Die prächtigen Holzarbeiten des Chorgestühls stammen aus dem Jahre 1380 und zählen zu den besten noch erhaltenen mittelalterlichen Holzschnitzereien in ganz Großbritannien. Kein Baldachin gleicht dem anderen.

Die Hauptstadt der Grafschaft Cheshire, an der Grenze zu Wales gelegen, ist nicht nur wegen dem vollfetten Hartkäse – dem Chester Käse – bekannt, sondern zählt auch zu den schönsten historischen Städten Großbritanniens.

Dort, wo sich heute diese englische Stadt befindet, bauten die Römer als Basis ihrer Eroberungsversuche in den Waliser Bergen das Castrum Deva, dazu einen Hafen am River Dee und ein Amphitheater. Auch das rechtwinklige Straßennetz, dank dessen man sich heute trotz des üblichen Einkaufsgewimmels kaum verlaufen kann, geht auf diese Zeit zurück.

Ladenpassagen

Auf die nach dem Abzug der Römer im 5. Jhd. verfallenden römischen Mauern bauten im Mittelalter die Angelsachsen ihr Bollwerk. Das Reich des Walisers *Llywelyn des Großen* reichte 1271 bis vor die Tore der Stadt. Aber die blieben für Waliser in Waffen fest verschlossen.

Wer allerdings in Chester Geld ausgeben wollte, war dagegen willkommen, damals wie heute.

So findet man hier noch die einmaligen doppelstöckigen Ladenpassagen in mittelalterlichen Häusern, die **Rows**. Hier kann man auf einer Art Balkon, der häuserübergreifend ist, entlang der Läden im ersten Stock bummeln. Vor allem bei Regen ist das sehr angenehm. Diese Ladengalerien tragen so hübsche Namen wie z.B. »Broken Shin Row«, Gebrochene Schienbein Reihe.

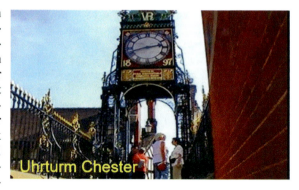
Uhrturm Chester

Der schmucke Uhrturm am Eastgate, der das ehemalige Stadttor markiert, stammt aus dem Jahr 1897.

Wir verabschieden uns von Chester und Wales mit einem letzten Blick auf den Kanal und den so schön gelegenen Campingplatz. Am nächsten Morgen verlassen wir ihn in Richtung Schottland.

3. Teil Schottland

Seit 2½ Wochen waren wir bereits unterwegs, hatten die Südküste Großbritanniens bis zur äußersten westlichen Spitze, bis Landsend durchreist, hatten uns Cornwall angeschaut und fuhren über Bristol und den Bristol-Kanal zu unserem nächsten Ziel Wales. Wir konnten großartige Burganlagen in Pembroke und Caernarfon bewundern und besuchten die Stadt Chester. Bis hierhin hatten wir bereits eine Gesamtstrecke von 2350 km zurückgelegt.

Unser nächstes Ziel war Schottland, das wir nach einer längeren Autobahnfahrt in Gretna Green erreichten. Durch die Industriestadt Glasgow ging es zum kleinen Ort Inveraray, der ein altes Gerichtsgebäude mit einem Gefängnis besitzt und einen alten Dreimastschoner am Kai vergammeln lässt.
Dem Caledonien-Canal folgend erreichten wir unseren nördlichsten Punkt Inverness. Nach einer wunderschönen Wanderung am Kanals ging es am nächsten Tag entlang des Whiskytrails, wobei der Besuch einer Destillerie obligat erschien, über Aberdeen durch die Highlands. Über Edinburgh, York und Cambridge nahmen wir am 28. Tag unserer Reise die Fähre von Dover aus zum Festland.

Gretna Green

Manche nennen es eine Touristenfalle, doch mehrere hunderttausend Besucher jährlich können nicht irren. Gretna Green ist einfach ein weltberühmter Ort, obgleich es nicht viel zu sehen gibt: so die historische Hochzeitsschmiede »Old Blacksmith's Shop«, ein paar Skulpturen sowie viele bunte Läden mit Cafes und Restaurants. Der Ruhm des Ortes nährt sich aus den romantischen Tiefen der menschlichen Gefühlswelt. Bis 1940 war Gretna Green nahe der englisch-schottischen Grenze letzte und einzige

Hoffnung für junge, nicht volljährige Liebespaare, doch noch gegen den Willen ihrer Familien heiraten zu können. Da der Ort sehr klein war und heute noch ist, hatte der Schmied des Ortes die Befugnis, standesamtliche Aufgaben wahrzunehmen. Ihr Jawort vor zwei Zeugen und ein Mindestalter von 16 Jahren genügte, und schon besiegelten Hammer und Amboss die Eheschließung.
1939/40 wurde allerdings diese Art der Vermählung für ungültig erklärt. Doch obwohl die alten Gesetze natürlich längst aufgehoben sind, blieb doch der Glorienschein vom freiheitlichen Heiratsparadies erhalten.

Trauungszeremonie

Man versucht daher heute, aus dieser romantischen Vergangenheit Touristen anzulocken. Und tatsächlich kommen jährlich an die 2000 Paare aus aller Welt, um hier zu heiraten. Es gehört halt einfach dazu, sich noch einmal – als Gag sozusagen – vom Schmied des Ortes trauen zu lassen. Man bekommt dann eine *Urkunde* und lässt sich fotografieren. Die Fotos werden dann per Post nachgeschickt.

In einer Ausstellung im Inneren der ehemaligen Schmiede hat man eine **Trauungszeremonie** nachgestellt und eine Sammlung alter Droschken vervollständigt den Rundgang.

Inveraray

Einen liebevoll angelegten Campingplatz fanden wir in der Nähe von Inveraray, am Loch Fyne. Bereits am Eingang und im gesamten Campingbereich fand man Schnitzereien, vorwiegend Tiere, die sehr nett anzuschauen waren. Wir standen direkt am Wasser und hatten somit wunderbare Ausblicke. Natürlich hätte man sich sonniges Wetter gewünscht, aber die Wahrscheinlichkeit, 4 Wochen lang in Großbritannien nur Sonne zu haben, ist sehr gering.

Schnitzereien

Inveraray Jail

Am nächsten Tag, es regnete, besuchten wir den Ort **Inveraray**. Obwohl das Städtchen sehr klein ist, lohnt sich dennoch ein Besuch, denn hier gibt es ein altes Gefängnis mit einem Gerichtsgebäude aus dem 19. Jahrhundert. Man erfährt die Geschichte des Lebens hinter Gittern vor mehr als 100 Jahren.

So besteht der Komplex aus einem Gerichtsgebäude, einem alten und einem neuen Gefängnis und zwei Freikäfigen, in denen wohl renitente Gefangene eingesperrt wurden.

Das imposante **Grafschaftsgerichtshaus** wurde in den Jahren 1816 bis 1820 erbaut und diente als *Circuit Court*, als niederes schottisches Gericht mit Zuständigkeit in Zivil- und Strafsachen und als *Burgh Court*, als Stadtgericht.

In einer Szene im Gerichtsaal wird eine Sitzung des Bezirksgerichtes dargestellt: Auf der einen Seite befindet sich eine aus fünfzehn Personen bestehende Jury, heute die Geschworenen, die Rechtsanwälte sitzen unterhalb des Richters, ein Zeuge steht und sagt aus. Der Angeklagte wird von zwei Polizisten bewacht. Die Zeugen sitzen in einer Bank rechts des Richters.

Sitzung des Bezirksgerichtes

Wenn man sehr gut die englische Sprache beherrscht, kann man Auszüge einiger der Gerichtsverfahren hören, die in diesem Raum stattfanden.

Das Bezirksgericht kam zweimal im Jahr nach Inveraray, um die schwerwiegendsten Fälle anzuhören. Die letzten Bezirksgerichtsverfahren wurden hier in den dreißiger Jahren abgehalten. Im Jahr 1953 wurde der Gerichtshof in die Stadt Oban verlegt.

Dieter im Knast

Während unseres Besuchs sperrte man Dieter wegen dubioser englischer Formulierungen in einen der Außenkäfige. Nach unserem Gefängnisrundgang konnten wir die Wärter davon überzeugen, dass Dieter nicht wusste, was er englisch von sich gab. Er wurde daraufhin wieder freigelassen.

In den Gefängnisgebäuden gibt es Ausstellungen über einige ehemalige Gefangene.

Das alte Gefängnis, erbaut 1820, war zu gewissen Zeiten mit mehr als 20 Männern, Frauen und Kindern, die zusammen auf acht kleine Zellen verteilt waren, stark überfüllt. Beheizung und Ventilation waren schlecht. Für Gefangene gab es keinen Platz für freie Bewegung. Es wurde nicht gearbeitet.

Das Neue Gefängnis, erbaut 1848 war ein Musterbeispiel seiner Zeit. Es verfügte über einige der neuesten Entwicklungen im Entwurf von Gefängnissen: verbesserte Sicherheit, Einzelzellen für Gefangene, gute Heiz- und Ventilationssysteme, Unterkünfte für Wärter im Haus, genügend Wassertoiletten und einen Waschraum.

So enthielt z.B. das obere Stockwerk eine Galerie, die zur sportlichen Betätigung der Gefangenen bei Schlechtwetter benutzt wurde.

Am Kai in Gefängnisnähe liegt der alte Dreimastschoner *Aretic Pinguin*. In ihm wird über die schottische Seefahrt informiert.

Wanderung am Kanal

Wir verlassen Inveraray und fahren zunächst in Richtung Norden auf einer kleinen Straße, die uns aber nach 40 km zum »West Highland Way« bringt. Nach weiteren 50 km erreichen wir die von Südwest nach Nordost sich erstreckende Seenkette, die durch Kanäle verbunden als Caledonien Canal bekannt ist. Durch Fort Williams, vorbei an Loch Lochy und dem berühmten Loch Ness – leider schaute die große Schlange Nessy nicht aus dem Wasser – war unser Ziel Inverness.

Inverness

So schnell wie hier hatten wir bisher keinen Campingplatz gefunden. Direkt an der Straße gelegen, vor einer Brücke über dem Kanal, um die Ecke ein Pub, was will man mehr?

Höhenangabe des Kabels

Als wir in Inveraray wegfuhren, regnete es, hier – in Inverness – war herrlicher Sonnenschein und so beschlossen wir, wieder einmal zu einer größeren Wanderung am Kanal zu starten.

Man stutzt, wenn man einem Schild begegnet, das die Höhe des Überlandkabels angibt; aber wenn man dann den Mast eines Segelschiffes sieht, dann erkennt man den Sinn.

In Dochgarroch, einem Schleusenort, der aus nur wenigen einzelnen Häusern besteht, gab es eine Teestube. Überrascht waren wir, als wir hörten, dass alles, was hier zu sehen und anzufassen war, gekauft werden konnte.

Mast eines Segelschiffes

Glenfiddich

Etwa 90 km von Inverness. in östlicher Richtung, liegt das Städtchen Dufftown. Es liegt im Bereich des Malt Whisky Trail, der hier rot umrandet ist.
In dieser Gegend findet man eine große Anzahl von Whisky Destillerien. Eine davon haben wir uns für einen Besuch ausgesucht, die bekannte Glenfiddich-Destillerie.

Wo immer auf der Welt eine Flasche Glenfiddich Single Malt Scotch Whisky genossen wird, sie begann ihr Leben in dem kleinen Dorf inmitten der schottischen Highlands und wurde mit Methoden erzeugt, die sich über mehr als ein Jahrhundert kaum verändert haben.
Bevor wir aber in den Betrieb gehen, gibt es auf dem Weg dorthin ein sogenanntes Rythmobil, ein aus Spulen, Magneten und Steuergeräten aufgebautes Orchestrion, das den Besucher begrüßt.

Rythmobil

Wir betreten einen sehr sauberen, außen wie innen äußerst gepflegten Betrieb, der von einem Privatmann gegründet wurde.

Whisky – das Wort bedeutet Lebenswasser – wird aus Gerste hergestellt. Die Gerste enthält Stärke, die sich allerdings nicht vergären lässt.

Es ist daher ein vorbereitender Schritt notwendig, der die Stärke in abbaubaren Zucker umwandelt. Dies geschieht durch den Prozess des Mälzens, wobei die Gerste angekeimt und dann zur Beendigung des Keimens sowie zur Bildung von Geschmacksstoffen geröstet wird. Eine Eigenheit des schottischen Whiskys besteht nun darin, dass die Gerste am Ende des Vermälzens noch über dem Rauch eines Torffeuers in einem Ofen, der einer Pagode ähnelt, gedarrt wird, wodurch dieser Whisky seinen unverwechselbaren, rauchigen Geschmack erhält.

Darrofen

Im Herbst 1886 kaufte *William Grant* ein Stück Land im Tal des River Fiddich, also mitten im tiefsten Herzen des schottischen Highlands. Hier erbaute er mit seiner Familie die Glenfiddich Destillerie buchstäblich mit eigenen Händen.

Dass beim Gärungsprozess genau so viele Kohlendioxyd- wie Alkoholmoleküle entstehen, erkennt man deutlich am Dieter, der zu tief im Gärbottich einatmete und erschreckt zurückweicht, weil die Schleimhäute rebellieren.

Rebellion der Schleimhäute

Über mehr als 100 Jahre hat sich der Herstellungsprozess kaum verändert: die Glenfiddich Destillerie folgt den ursprünglichen Methoden der Whiskyherstellung und stellt so sicher, dass der einzigartige Charakter des Glenfiddich nicht durch den kleinsten Kompromiss beeinträchtigt wird. So sind zum Beispiel die kupfernen Brennblasen, die **pot stills**, die einen erheblichen Einfluss auf die Qualität und das Aroma des Whisky haben, exakte Kopien von denen, die William Grant vor über 110 Jahren gekauft hat.

Brennblasen

Glenfiddich heißt übrigens *Tal der Hirsche* und der Hirsch, der »Monarch der Highlands«, ist auch das Wappentier der Grants, das sich überall auf dem Etikett befindet.

Der durch größtes handwerkliches Können, harte Arbeit und liebevolle Hingabe von der Familie erschaffene Single Malt stellte sich als wirklich außergewöhnlich heraus.

Das kristallklare Wasser aus der Quelle *Robbie Dhu*, die Gerste, die reine Luft der Highlands und die ungewöhnlich kleinen Brennblasen brachten einen unübertrefflichen Single Scotch Malt Whisky hervor, wie es sich William Grant erhofft hatte.

Was sich Scotch nennen darf und was nicht, ist im Übrigen genau geregelt. So darf ein Whisky nur dann als Scotch bezeichnet werden, wenn er in einer Brennerei in Schottland aus Wasser und gemälzter Gerste, welche in dieser Brennerei zu Maische verarbeitet wurde, gebrannt wurde und wenn er nach der Destillation mindestens drei Jahre in einem Fass in Schottland gelegen hat. Dies ist gesetzlich vorgeschrieben, ebenso wie der Mindest-Alkoholgehalt von 40 Volumenprozent, mit dem Scotch in den Handel kommen muss. Whiskys aus Amerika, Irland oder Japan dürfen zwar Single Malt Whisky heißen, nicht jedoch Scotch.

The Scotch Whisky Order 1990 legt im Vereinigten Königreich seit 1990 fest, was ein Scotch ist und was nicht. Die Regeln sind eindeutig, *ein bisschen Scotch* gibt es nach diesem Gesetz nicht.

Nach einer Übernachtung in der Nähe von Aberdeen fuhren wir am nächsten Tag über recht kleine enge Straßen Richtung Braemar. Da kann es einem natürlich passieren, dass ein Bauer seine Schafe die Straße entlang treibt.

Auf dem Weg nach Braemar am River Dee liegt das Schloss Balmoral, die Sommerresidenz der englischen Königin. Natürlich wollten wir es besichtigen, doch ein Großaufgebot an Polizei, Hubschrauber und Zivilschutz ließ uns sehr schnell erkennen, dass die Queen noch immer dort wohnte. Also war es nichts mit der Besichtigung. Das Tor war verschlossen. Aber wie wir erfuhren, es war Sonntag, sollte die Königin um 11 Uhr 30 in einer kleinen Kirche außerhalb des Schlosses zur Messe kommen. Sie fuhr auch wirklich 2 m entfernt winkend an uns vorbei, anschließend in einem anderen Fahrzeug der Thronfolger Charles im Kilt. Doch Filmen war strengstens untersagt, da dies ein privater Besuch sei, und so bleibt uns nur die Erinnerung, die Queen persönlich gesehen zu haben.

Wir trösteten uns mit dem Besuch eines Familienschlosses in Braemar, in dem sehr viele Zimmer im ursprünglichen Stil eingerichtet sind. Braemar Castle ist der Wintersitz der Familie *Farquharson*. Im Sommer geben sie das Schloss den Touristen zum Besichtigung frei. Die Familie selbst wohnt dann einige km entfernt in einem anderen Ort.

Braemar Castle

Braemar hat eine Attraktion, und das war auch der Grund, warum wir diesen kleinen Ort ansteuerten: in Braemar, das 1000 m hoch in einem weiten, von heidebedeckten Bergen umschlossenen Hochtal liegt, findet jährlich Anfang September das Royal Highland Gathering, die sogenannten **Highland Games**, statt. Dies ist ein berühmtes schottisches Sport- und Folklore-Festival, das seit 1848 von den britischen Monarchen besucht wird. Wir kamen leider 14 Tage zu spät.

Baumstammwerfen

Sehr interessant war deshalb im untersten Geschoß des Schlosses eine Bilderkollage, in der die vergangenen Jahre festgehalten wurden. So gehören zum Festival sportliche Betätigungen wie Hammerwerfen, Steinheben, Kugelstoßen, Tauziehen und Baumstammwerfen, aber auch Musik und Tanz. Die Sieger werden dann von den anwesenden Royals geehrt.

In einem Pub in Braemar fiel mir die Weinzapfanlage auf: 4 Weine können hier wie Bier gezapft werden, wobei Liebfrauenmilch natürlich nicht fehlen darf.

Edinburgh

Wir sind auf dem Weg nach Süden und überqueren den Firth of Forth in Richtung Edinburgh. Links ist die Eisen-

Eisenbahnbrücke

bahnbrücke über den hier mindestens 2 km breiten Fjord zu sehen, die bei ihrer Einweihung 1890 als technisches Wunderwerk galt. Der Campingplatz lag nördlich von Edinburgh am Firth und trotz des rauen und kalten Windes schreckten wir nicht davor zurück, auch hier eine kleine Abendwanderung mit Aussicht auf die alte Eisenbahnbrücke zu machen.

Schlossartiges Gebäude

Direkt vor dem Campingplatz war eine Bushaltestelle. Das Warten fiel uns leicht, denn wir konnten ihr gegenüber ein schlossartiges Gebäude bestaunen.

Im Stockbus zum Zentrum hat man oben natürlich eine wunderbare Sicht.

Die nach Glasgow zweitgrößte Stadt Schottlands mit 450000 Einwohnern, seit dem 15. Jhd. Hauptstadt, gliedert sich im Zentrum in zwei Teile: die burggekrönte Altstadt mit der Hauptachse *Royal Mile*, die vom Burgvorplatz über die Straßen Castlehill, Lawnmarket, High Street und Canongate zum Holyrood Palace führt, sowie die im 18. Jhd. entstandene Neustadt mit der Princes Street, die zugleich die Haupteinkaufsstraße von Edinburgh ist.

Der Name der schottischen Hauptstadt Edinburgh leitet sich vom keltischen Wort Dunedin her: Die Festung auf dem abfallenden Grat. Damit ist schon viel gesagt, denn Edinburgh besitzt buchstäblich eine Krone durch die majestätische Burganlage, die auf einem zerklüfteten, 115m hohen, steil emporragenden Rest eines längst erloschenen Vulkans thront.

Festung Edinburgh

Gatehouse

Durch die Jahrhunderte wurden das Bild und die Geschichte der Stadt von der wuchtigen Burg beherrscht. Sie wurde im 12. Jahrhundert zu einer der bedeutendsten schottischen Burgen.

Ins Innere der Burganlage geht es an den Statuen der beiden größten schottischen Nationalhelden – *William*

Wallace und *Robert the Bruce* – vorbei durch den wuchtigen Torbogen des **Gatehouse**. Direkt oberhalb des Eingangsbereichs ragt die Mauer und Brüstung der Half Moon Battery aus dem 16. Jahrhundert steil in die Höhe. Kurz hinter einer Batterie alter Schiffskanonen steht auf Mill's Mount Battery eine moderne Kanone. Sie ist eine Remineszens an die Zeiten, als es keine genauen Uhren gab. So lieferte sie seit 1861 ein genaues Zeitsignal für die im Hafen von Leith liegenden Schiffe. Es ist die bekannte und berühmte **one o'clock gun**. Sie wird täglich um 13 Uhr einmal abgefeuert.

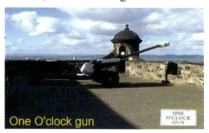

One O'clock gun

In der Burg steht auf der Spitze des Felsens das älteste Bauwerk der Stadt, die normannische Kapelle der Königin Margaret aus dem Jahre 1076.

Der **Crown Square**, der Platz im Herzen der gesamten Anlage, ist von vier Gebäuden umgeben.

Der jüngste Bau ist das beeindruckende Scottish War Memorial mit Erinnerungstafeln und -büchern zum Gedenken an die schottischen Gefallenen der beiden Weltkriege und anderer kriegerischer Konflikte. Das Filmen im Inneren war verboten. In einem dieser Gebäude sind einige Räume zu besichtigen, unter anderem die Great Hall, die *James IV.* anlässlich seiner Eheschließung mit der englischen Prinzessin *Margaret Tudor* als Bankettalle und Repräsentationshalle bauen ließ.

In der Nähe dieses Raumes, hinter allerdings dicken Panzerglasscheiben, kann man die schottischen **Kronjuwelen** besichtigen. Neben anderen Kleinodien sind das: die schottische *Krone* - die Zweitälteste Krone in Europa - das Staatsschwert und das Zepter, das König *James IV.* 1494 von Papst Alexander VI. bekam. Auch hier durfte nicht gefilmt werden.

Kronjuwelen

Die Größe der Burganlage mit ihren vielen Gebäuden gestattet es, etliche Ausstellungen zu arrangieren, unter anderem eine, die die kriegerischen Auseinandersetzungen Großbritanniens darstellt.

Es sei noch bemerkt, dass auf der Burg die schottische Königin Mary Stuart ihren Sohn James gebar, der 1603 beim Zusammenschluss des englischen und des schottischen Königreiches der erste Herrscher auf dem britischen Thron wurde.

Blick auf Edinburgh

Wunderbare Sicht hat man über den alten Burgmauern auf das weite Panorama der Stadt mit dem Denkmal für Sir Walter Scott: Der Dichter, der den Stolz der Schotten aufrichtete, wird hoch verehrt.

Scott wurde 1771 in Edinburgh geboren, war Rechtsanwalt, Sheriff einer Grafschaft und Richter in Edinburgh. Er schrieb mehr als 40 historische Romane, die meistens im Schottland des 16. und 17. Jhds. spielen. Er nahm es allerdings mit den geschichtlichen Tatsachen nicht sonderlich genau, entwarf aber dafür ein ungemein farbiges Zeitbild. Seine Romane wurden die Grundlage des europäischen Geschichtsromans im 19. Jhd. Er starb 1832 mit 61 Jahren.

Denkmal für Walter Scott

St. Giles

Das größte Gebäude an der Royal Mile, der königlichen Meile, und eines der wichtigsten in der schottischen Geschichte ist die High Kirk of **St. Giles**. Ihre imposante Turmspitze gehört zur charakteristischen Skyline der Stadt.

Die Geschichte St. Giles ist untrennbar mit dem Reformator **John Knox** verbunden, der das Gebäude im 16. Jhd. zur Ausgangsbasis der schottischen Reformation gemacht hatte. Er predigte bis zu seinem Tod 1572 in dieser Kirche. Allgemein ist sie bekannt als St. Giles Cathedral. Sie stammt ursprünglich aus dem 12. Jhd.. Heute ist das fast 900 Jahre alte Gebäude die Hauptkirche von Edinburgh.

Als wir die Kathedrale besuchten, übte eine Sopranistin und wir konnten uns an dem unvermuteten Konzert erfreuen.

Am östlichen Ende der Royal Mile steht der Palace of **Holyroodhouse**, die Residenz der Königin Elizabeth II., wenn sie in Edingburgh weilt. Ursprünglich befand sich an der Stelle ein dichter Wald.

Nach einer Landschenkung *König Davids I.* wurde 1128 hier zunächst die Abtei zum heiligen Kreuz, deswegen Holy Rood, gegründet. 1501 wurde dann das Gästehaus der Abtei zur königlichen Residenz umgebaut und erweitert. Im August 1561 und im Alter von 18 Jahren kehrte Maria Stuart nach dem Tod ihres ersten Ehemanns des französischen Königs *Franz II.* dorthin zurück. Die Königin der Schotten residierte für die nächsten sechs Jahre in Holyrood. In diesem Palast geschah auch der Mord an David Riccio.

Da Edinburgh eine recht große Stadt ist und wenn man nur kurze Zeit hier verbringen kann, ist es sinnvoll, mit einem Sightseeing-Bus die Sehenswürdigkeiten der Stadt anzufahren. An den vorgegebenen Haltestellen kann man den Bus verlassen und nach beliebiger Zeit wieder zusteigen. Das Ticket gilt 24 Stunden. In 7 verschiedenen Sprachen werden über Kopfhörer Erklärungen abgegeben und kleine Anekdoten erzählt.

Wir verabschieden uns von Edinburgh mit einem Blick auf die Königlich Schottische Akademie und die Nationalgalerie, die direkt im Zentrum der Stadt am Bahnhof liegen, und verlassen nach Süden fahrend Schottland.

Teil 4: York, Cambridge

Wir haben fast am Ende unserer Reise in der Nähe der Stadt York einen Campingplatz gefunden. Der Campingwart empfahl uns, einen Fußmarsch von 1.7 km nicht zu scheuen, denn dort gäbe es ein Pub, in dem zu vorgegebenen

Zeiten zwei Personen essen könnten und nur ein Gedeck zu zahlen sei (Happy Hour). Und so warten wir in dieser netten Gaststube auf unser Menü.

Es gab eine Zeit, da führten alle Straßen nach York. Die Römer kamen 71 nach Chr. hierher und erwählten den jetzigen Standort des Münsters als Hauptquartier ihrer neunten Legion. Sie nannten ihre Stadt Eboracum und blieben hier für 300 Jahre. Die römischen Kaiser Lucius Septimius Severus und Constantius I. der Vater Konstantins des Großen, starben hier in den Jahren 211 und 306. Constantius I. war der Vater **Konstantins des Großen**, dessen Standbild hier im Jahr 1998 errichtet wurde.

Danach kamen im 7. Jahrhundert die Angelsachsen. Sie nannten die Stadt Eoforwic. Es war die Hauptstadt ihres Königreiches Northumhria. Die nächsten Eindringlinge waren im Jahr 866 die Wikinger, auch Normannen genannt. Sie fanden diesen Namen unaussprechlich und es wurde Jorvik.

Nach der Eroberung bauten die Normannen eine Burg und eine große Kathedrale.

Das gegenwärtige prächtige **Yorker Münster**, das das Bild der Stadt prägt, denn es überragt alle Gebäude, wurde jedoch erst im 13. Jhd. begonnen. Es zieht einen förmlich an.

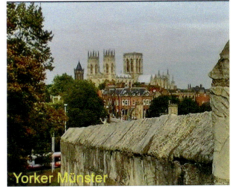

Es ist die größte gotische Kathedrale im Norden von Europa und das größte mittelalterliche Gebäude von Großbritannien. Mit dem Bau wurde um 1220 begonnen und es dauerte 260 Jahre, bis der Bau ganz fertig war. Und wahrscheinlich nicht deswegen, weil langsam gearbeitet wurde, sondern weil die Kirche enorme Ausmaße hat.

Das Münster ist insgesamt etwa 175 Meter lang und 75 Meter breit. Wo sich Lang- und Querschiff treffen, befindet sich der mächtige Vierungsturm, der etwa 65 Meter hoch ist. Er hat keine Spitze, da den damaligen Bauherren bereits klar war, dass der Turm dafür zu instabil ist.

Längsschiff

Das Längsschiff das 1291 begonnen und nach 1350 im Stil der englischen Hochgotik vollendet wurde, ist eines der breitesten gotischen Längsschiffe Europas.

Das 1338 von Meister Robert Ketelbarn gemalte große Westfenster wurde von Erzbischof Melton gestiftet. Wegen seines prächtigen Maßwerks mit Herzmotiv ist es als das **Herz von Yorkshire** bekannt.

Der Choreingang im Vierungsturm ist mit zahlreichen Skulpturen bestückt. Im Chor, der im späten 14. Jahrhundert im Stil der englischen Spätgotik gebaut wurde, werden täglich Gottesdienste abgehalten. Jeder der Honoratioren, der die Messe besucht, hat hier wohl seinen Namen und sein Wappen angebracht.

Choreingang

Honoratiorenplätze

Das große Ostfenster, erstellt von 1405-1408 enthält die weltgrößte Fläche von mittelalterlichem bemaltem Glas in einem einzigen Fenster. Es zeigt »Anfang und Ende der Welt« mit Szenen aus der Genesis und der Offenbarung.

In den Nischen der Wände und an den Wänden selbst gibt es zahlreiche Grabdenkmäler, wobei die Darstellung der Verstorbenen und ihre Lage manchmal seltsam anmuten.

Hoch an der Wand im nördlichen Querschiff sind zwei 400 Jahre alte Eichenfiguren, die die vollen Stunden und

Grabdenkmäler

Eichenfiguren

Viertelstunden schlagen. Das Gehwerk der Uhr stammt aus dem Jahr 1749.

Der aus der Gallerie im Längsschiff vorspringende Drachenkopf ist ein Drehkran, der wahrscheinlich zum Heben eines Deckels für das Taufbecken benutzt wurde.

Sonderbaren Tierdarstellungen und seltsamen Köpfen begegnet man im Kapitelhaus. Der oktogonal gestaltete Raum wurde im 13. Jhd. gebaut, enthält feine Schnitzereien und mittelalterliche Glasfenster. Er wird heute als Konferenz- und Konzertraum sowie für Ausstellungen benutzt.

Modell der Dachspitze

Interessant ist die spitze Dachhaube, die im Zentrum des Raumes als Modell die architektonische Struktur zeigt. Im Vergleich mit der hinzugefügten menschlichen Gestalt erkennt man die Größe des Dachkegels.

Östlich des Münsters liegt das im 15. Jhd. als Priesterherberge gegründete St. Williams College. Das Gebäude besitzt einen wunderschönen Torweg im Perpendicular-Stil und einen sehr schön gestalteten Innenhof.

Größe des Dachkegels

York, die Hauptstadt der Grafschaft Yorkshire konnte bis heute ihren mittelalterlichen Charakter bewahren. Die Stadt gehört zu den schönsten Städten Europas und zu den berühmtesten historischen Städten Großbritanniens, die von einer Stadtmauer aus dem Mittelalter umgehen sind. Seit Jahrhunderten ist sie ein glänzender Mittelpunkt abendländischer Kultur.

Um das Jahr 625 wurde York Bischofssitz, und seit dem 8. Jahrhundert erlangte die Stadt als geistliches Zentrum Berühmtheit. Im Mittelalte war sie eine wohlhabende Marktstadt. Der wirtschaftliche Niedergang, verursacht durch die rückläufige Entwicklung des Wollhandels, konnte im 19. Jahrhundert aufgehalten werden, als sich York zu einem Eisenbahnzentrum entwickelte. Die Stadt hat heute etwa 105000 Einwohner.

York ist eine Touristenmetropole. Sie wird auch die *ewige Stadt* genannt und ist berühmt für die historischen Gebäude.

Clifford's Tower

Da ist im Zentrum der Altstadt der **Clifford's Tower**. Ursprünglich stand hier das von *William the Conquerer* im 11. Jahrhundert erbaute Castle, doch ist von dieser Burg nur noch der Bergfried *Clifford's Tower* erhalten. Er steht an erhöhter Stelle, wo sich früher der hölzerne Wachtturm befand, der 1069 errichtet und 1190 durch Feuer zerstört wurde.

Der jetzige Turm stammt aus der Zeit um 1250, als die Holzanlage durch eine steinerne Burg ersetzt wird. Der Name Clifford's Tower stammt übrigens von Roger de Clifford, der 1322 nach der Schlacht von Boroughbridge am Turm aufgehängt wurde und diesem dadurch seinen Namen gab.

Heute noch können viele Überbleibsel der Geschichte gesehen werden. Viele Straßennamen enden mit **gate,** dem wikingischen Wort für *Straße*: Coppergate, Petergate, Castlegate.

Shamble-Gasse

Shambles nennt man die engen und gekrümmten mittelalterlichen Gassen der Stadt. *The Shambles* heißt auch die *Straße der Fleischer*. Sie ist die engste Straße von York, und die Giebel der Häuser und ihre oberen Stockwerke hängen so weit über, dass kaum ein Sonnenstrahl in die Gasse hineinfallen kann. Sie sind ein Vermächtnis aus einer Zeit, wo Metzger das Fleisch nur so lange verkaufen konnten, solange es in der Straße schattig blieb, denn das Fleisch wurde auf den herausklappbaren Bänken ausgestellt.

Schon vor tausend Jahren hatten die Fleischer hier ihre Geschäfte, und auch heute noch wird in den Läden dieser Gasse vorwiegend Wurst und Fleisch verkauft.

In einem engen Haus zwischen all den Läden findet man eine kleine Kapelle, die zu Ehren der heiligen Margareth Clitherow in ihrem Wohnhaus eingerichtet wurde. Sie starb im Jahr 1586 als Märtyrerin.

An den Haupteinfahrtsstraßen stehen noch immer die mächtigen Stadttore, die Bars, Monk Bar, Micklegate Bar, Boothem Bar usw.. Der wikingische Einfluss führte dazu, das in York die Straßen als *Gates* bezeichnet werden – vom dänischen »Gata« – und die Tore, die eigentlich engl. *Gates* heißen, *Bars* genannt werden.

Stadtmauer

Die Stadtmauern sind die längsten in England. Ein 4,4 km langer Weg zieht sich an den Zinnen entlang. Sie enthalten teilweise noch Elemente aus der Römerzeit und angelsächsische Anlagen, stammen jedoch größtenteils aus der Normannenzeit sowie dem 14. Jahrhundert.

Von den Stadtmauern hat man oft prachtvolle Ausblicke auf die Stadt und die Kathedrale.

Von hier aus ist die kegelförmige Dachkonstruktion des Kapitelhauses besonders deutlich zu sehen.

Mit einem Stockbus fahren wir nach einem schönen Tag in York zurück zu unserem Campingplatz, vorbei am Clifford's Tower, hinter dem der Bus plötz-

Kegeldach

lich anhalten musste. weil eine Prozession Gänse langsamen Schrittes über die Strasse watschelten und sich dabei nicht stören ließen. Mit einem letzten Blick auf unser Esslokal verabschieden wir uns von York und fahren weiter nach Süden.

Cambridge

Wir sind in Cambridge und beobachten das Staken der Studenten in ihren Booten, den Punten.
Das recht malerisch am Fluss Cam – Cam Bridge bedeutet Brücke über den Cam – gelegene Cambridge ist neben Oxford eine der größten britischen Universitätsstädte und durch seine Universität weltberühmt geworden. Die Universität besteht aus etwa 31 Colleges, aus denen sieben Jahrhunderte lang bedeutende Männer hervorgingen, u. a. Cromwell, Darwin, Newton, Milton, Bacon, Russell usw..

Gänseprozession

Fluss Cam

Betrachtet man sich den Stadtplan, so erkennt man. dass sich fast alle Colleges am Fluss Cam etabliert haben, z. B. das Queens College, das King's College, das Trinity College, das St. Johns College. Jedes College besitzt eine Brücke über den Fluss, und neben den architektonischen Schätzen sind auch diese »backs« – die grünen Uferstreifen westlich des Cam – der Stolz der Stadt. Dort können die Studenten relaxen.

Die Stadt war ursprünglich eine römische Siedlung, aus der sich später ein angelsächsischer, dann ein normannischer Marktplatz entwickelte. Berühmt wurde Cambridge aber erst durch die Gründung der Universität im 13. Jahrhundert.

1209 gab es hier bereits eine *universitas scholarium*, eine Lehrinstitution, die jedoch auf kein bestimmtes Gebäude beschränkt war. 1264 verfasste Walter de Merton erstmals allgemein gültige Statuten für das Zusammenleben von Lehrern und Schülern.

Das älteste College der Stadt wurde 1284 von einem Bischof gegründet. Sechzehn weitere folgten im Laufe der nächsten dreihundert Jahre. Die ersten Universitäten wurden von Franziskanermönchen geleitet: hauptsächlich wurde Theologie gelehrt. Mitte des 15. Jahrhunderts entstand das **Queens College**, in dessen Innenhof, dem Old Court, wir uns jetzt befinden.

Queens College

Das Queens College wird als malerischstes College von Cambridge bezeichnet. Die Gebäude rings um den Hof sind ein bemerkenswert feines und fast unberührtes Beispiel spätmittelalterlichen Backsteinwerkes und eine perfekte Veranschaulichung eines Collegeplanes, der alle wichtigen Grundzüge um einem einzigen Hof enthält, nämlich Kapelle, Bücherei, Speisesaal, Küchen und Wohnbereiche. Der gewaltige, wohlproportionierte Torturm ist der Eingang von der Straße zum Hof.

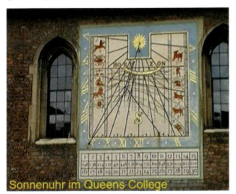
Sonnenuhr im Queens College

Im nördlichen Teil des Hofes, oberhalb eines Durchganges zu einem weiteren Hof befindet sich eine Sonnenuhr, welche in ihrer jetzigen Form von 1733 stammt und in der Hinsicht ungewöhnlich ist, da sie sowohl den Sonnenstand als auch die Mondphasen zeigt.

In der neuen Kapelle, die 1891 eingeweiht wurde, konnten wir einem Orgelspiel zuhören. Die Kapelle setzt die traditionelle Form einer Collegekapelle fort, die man ohne Seitenschiffe baut.

Da wir erst nachmittags in der Stadt Cambridge eintrafen, wurden – nachdem wir das Queen s College besucht hatten – die Eingänge zu den anderen Colleges für Besucher geschlossen. Universitäten und ihre Wohneinrichtungen müssen aber irgendwo für Studenten geöffnet sein, also suchten wir die Hintereingänge und konnten so doch noch bis zum Einbruch der Dunkelheit, allerdings bei einsetzendem Regen, einige schöne Höfe und Gebäude besuchen, wie den Innenhof des Kings College.

Herrliche Ausblicke hat man von den Backs, den Erholungsbereichen aus, die man über die College Brücken erreicht, auf Grünanlagen und Gebäude.

Das **Trinity College**, das größte College von Cambridge, wurde 1546 von Henry VIII. durch Zusammenlegung vieler früherer Institute gegründet.
Im Großen Hof, dem *Great Court* steht ein im 16. Jahrhundert erbauter Brunnen.

Trinity College

Wunderschön anzusehen sind die Innenhöfe im Frühling und im Sommer, wenn sie bepflanzt sind und die Gewächse ihre Blütenpracht entfalten.

Brunnen im Hof des Trinity College

In der Kapelle aus dem Jahr 1564, jedes College besitzt sein eigenes Gotteshaus, stehen die Statuen berühmter Mitglieder des Colleges. Hier sind unter anderen der bedeutende Astronom, Mathematiker und Physiker Newton, – er entwickelte die Gesetze der Planetenbewegung – der Schriftsteller Philosoph und Politiker Bacon, Isaac Barrow, die Schriftstellerin Macaulay und der Dichter Tennyson verewigt.

Ein Erlebnis besonderer Art war in der Kapelle die Probe eines Studentenchores, dessen Stimmenumfang faszinierte. An einer Voranzeige konnten wir feststellen, dass genau an diesem Abend ein Konzert stattfinden sollte. Da wir ja eigentlich nicht dort sein durften, sind die Filmaufnahmen auch teilweise aus versteckten Positionen heraus gemacht.

Nördlich des Trinity College schließt sich das St. John's College an. Es ist das zweitgrößte College der Stadt und besitzt einen sehenswerten Torweg aus dem Jahre 1520 mit großartiger Wappenskulptur über dem Portal.

Wappenskulpturen des Trinity College

Es wurde 1511 von Lady Margaret Beaufort, der Mutter von Henry VII., an der Stelle des Hospital of St. John aus dem frühen 13. Jahrhundert gegründet. Auch das St. Johns College besitzt, wie die meisten anderen Colleges, mehrere Höfe und wenn man zwei Höfe passiert hat. erreicht man über einen dritten Hof eine Brücke, die als *Seufzerbrücke*, – Bridge of Sighs – bezeichnet wird.

Seufzerbrücke

Sie sieht der gleichnamigen Brücke in Venedig ähnlich. Sie führt über den Cam zum neugotischen Hof New Court, der 1827 bis 1831 angelegt wurde. Die Parkanlage des Colleges gehört zu den schönsten von Cambridge.

Der letzte Morgen unseres Aufenthaltes in Großbritannien ist angebrochen. Nach Dover zur Fähre sind es noch 180 km und vor der Abfahrt ist ein gutes Frühstück notwendig.

Wir hatten in den vier Wochen, die wir auf der Insel verbrachten, viel gesehen, hatten überwiegend schönes, warmes Wetter, hatten Begegnungen mit freundlichen Engländern, sind viel gewandert und hatten in einer großen Anzahl wunderschöner Pubs gegessen und getrunken.

Kreidefelsen

Jetzt verabschieden wir uns von Großbritannien mit einem letzten Blick auf die Kreidefelsen von Dover.

Sevilla (4.-7.3.2003)

Diese Mal hatten wir uns vorgenommen, etwas weiter zu fahren, zumal es Anfang März war, der Verkehr voraussichtlich gering sein würde und die gesamte Strecke über die Autobahn zu bewältigen war. So buchten wir im Reisebüro in Pilar de la Horadada drei Nächte in einem Hotel in der 600 km entfernten andalusischen Stadt Sevilla.

Unser Hotel hieß *Silken Al-Andalus Palace*, ein sehr großes 4-Sterne-Hotel, das aber in seiner Konzeption und seiner Atmosphäre einen bleibenden Eindruck hinterließ. Es liegt am Ende der prächtigen Avenida de la Palmera, etwa 4 km südlich vom Zentrum.

Schön anzusehen waren die im Vestibül mit Hussen versehenen Sitze, die nur darauf warteten besetzt zu werden.

Vestibül

Karte Sevilla

Wenn man mit dem Bus, dessen Haltestelle nur wenige Meter vom Hotel entfernt ist, ins Zentrum der Stadt fährt, sind alle Sehenswürdigkeiten Sevillas zu Fuß zu erreichen: der Plaza de America mit den Museen, der Plaza de España, die Universität, der Goldturm, die Kathedrale mit der Giralda, der Alcázar mit den wunderbaren Gartenanlagen.

Über dem Stadttor von Sevilla steht zu lesen: »Herkules gründete mich, Caesar umgab mich mit Mauern und Türmen und der heilige König eroberte mich«. Die Iberer nannten die Stadt Hispalis, unter der römischen Herrschaft wurde sie die Hauptstadt, danach die Hauptstadt des Westgotenreiches und um 712 herum ließen sich schließlich die Mauren in Sevilla nieder.

Sevilla, die Hauptstadt Andalusiens und der gleichnamigen Provinz, ist nach Madrid, Barcelona und Valencia die 4-größte Stadt Spaniens, Sitz einer Universität und eines Erzbischofs. Sie liegt in einer fruchtbaren Ebene am linken Ufer des Rio Guadalquivir.

Der Fluss erreicht hier das andalusische Tiefland und gestattet bei Flut, die sich über 100 km flussaufwärts bemerkbar macht, selbst größeren Seeschiffen die

Zufahrt zum 87 km vom Meer entfernten Hafen.

Sevilla ist auch die Stadt, die Christoph Columbus bei seiner Rückkehr nach der Entdeckung Amerikas am 31. März 1493 einen festlichen Empfang bereitete. Hier wurde auch die Reise von Amerigo Vespucci vorbereitet und Magellan brach 1519 von hier aus zur Weltumseglung auf.

Gartenanlage

Wir befinden uns südlich der Universität im **Park de Maria Luisa**, einer ausge-dehnten Gartenanlage. 1893 stiftete die Infantin von Spanien Maria Luisa Fernanda de Bourbon der Stadt diesen Park zur öffentlichen Nutzung.

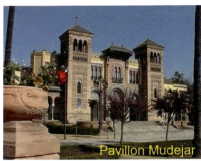
Pavillon Mudejar

Hier fand in den Jahren 1929 und 1930 eine Ibero-Amerikanische Ausstellung statt. Die damals errichteten Gebäude sind noch an zwei sehenswerten Plätzen erhalten. Da ist zum einen der Plaza de America. Dieser lang gezogene Platz wird von 3 Gebäuden eingerahmt, von denen der **Pavillon Mudejar** das wohl schönste Gebäude ist. Es ist im maurischen Stil erbaut und beinhaltet das *Museo de Artes y costumbres populares*, das Kunst und Volksmuseum, das auf 2 Stockwerken Trachten aus dem 19. Jhd., Kunsthandwerk, Möbel, Gerätschaften unter anderem zeigt.

Da ist der 2. Platz, der **Plaza de España**. Er liegt am Rande des Maria-Luisa-Parks. Bereits 1912 begann der spanische Architekt Hannibal Gonzales mit den Bauarbeiten. Dieser halbrunde

Plaza de España

Platz wird von einem künstlichen See, auf dem auch Ruderboote fahren dürfen, umspült.

An den beiden Seiten des Platzes stehen 2 beeindruckende Türme. Hannibal

Einer der 2 Türme

Gonzales wählte bei seinem Bau Ziegel in Kombination mit Fliesen und Marmorsäulen als primäre Baumaterialien. Der Stil des Gebäudes wird heute *Regionalismo Rebiliano* genannt.

Der Plaza ist ein in azulejos, das sind Kacheln in spanisch-maurischem Stil, wahr gewordener Traum wie aus tausendundeiner Nacht. Unter den Bögen des Gebäudes sind die einzelnen Regionen Spaniens symbolisiert. Hier kann man sich hinsetzen, sich entweder von der Sonne wärmen lassen oder an heißen Tagen im Schatten den Blick schweifen lassen.

Regionen Spaniens

Nicht weit vom Plaza de España entfernt kann man die alte Fabrica de Tabacos bewundern. Sie wurde zwischen 1728 und 1771 gebaut. Hier hat die weltberühmte Carmen gearbeitet, nach der die bekannte Oper benannt wurde. Im Jahr 1953 wurde die Fabrik in das Hauptgebäude der Universität Sevillas konvertiert. Alle Raucher Europas haben dieser **Tabakfabrik** viel zu verdanken, beziehungsweise die meisten Raucher sollten sie eigentlich verdammen, dann von hier aus breitete sich der Tabak über ganz Europa aus.

Fabrica de Tabacos

Der Guadalquivir entspringt im Südosten Spaniens in der Sierra de Cazorla. Bis zu seiner Mündung in den Golf von Cadiz durchquert der Fluss unter anderem Cordoba und Sevilla. Er ist über 600 Kilometer bis zum Golf von Cádiz unterwegs. Der Name Guadalquivir stammt aus dem

Guadalquivir

arabischen *Wadi al Cabir*, was so viel wie Großer Fluss heißt. Der Guadalquivir ist quasi das Herz von Sevilla, nicht nur weil er direkt durch Sevilla fließt, sondern weil im Sommer, vor allem im August, wenn es hier unerträglich heiß wird, sich die halbe Bevölkerung, wenn möglich, am Ufer tummelt.

Torre de Oro

Hier erhebt sich nur wenige Meter vom Fluss entfernt eines der bedeutendsten und berühmtesten Bauwerke Sevillas, der Torre del Oro, der Goldturm. Der **Torre del Oro** stammt aus dem Jahr 1220 und erhielt seinen Namen durch die Goldazulejos. die vergoldeten Kacheln, die einst die Fassade schmückten.

Ursprünglich diente der Turm den Almohaden als Festung zum Schutze der Bevölkerung. Er war durch eine schwere eiserne Kette mit einem Turm auf der anderen Uferseite verbunden, der heutzutage nicht mehr erhalten ist, um die Einfahrt in den Hafen Sevillas zu kontrollieren. Im Mittelalter diente der Verteidigungsturm unter Pedro dem Grausamen als Kerker und später teilweise als Aufbewahrungsort für die von der indischen Flotte ergatterten Schätze. Heutzutage befindet sich hier das Schifffahrtsmuseum. Und wenn seine Schutz- und Verteidigungsfunktion lange vergangen ist, erhebt er sich noch heute wie ein Wächter durch seine Schönheit und Erhabenheit über den Ufern des Guadalquivir.

Kathedrale

Glockenstube

An der Stelle einer maurischen Hauptmoschee wurde in den Jahren 1402 bis 1506 die Kathedrale von Sevilla erbaut, einer der größten und reichsten gotischen Dome der Christenheit, unübertroffen in der Raumwirkung und in der Fülle der Kunstschätze. An der Nordseite der Kathedrale erhebt sich die Giralda, die Wetterfahne. Das

93 Meter hohe und weithin sichtbare berühmte Wahrzeichen Sevillas.
Der Turm wurde als Minarett der maurischen Hauptmoschee von 1184 Bis 1196 errichtet. 1568 setzte man eine Glockenstube auf, deren Spitze die 4 Meter hohe Windfahne – den **Giraldillo** – trägt, eine den Glauben darstellende weibliche Figur mit dem Banner Konstantins.

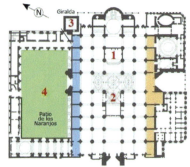

Der Grundriss der Kathedrale zeigt die gewaltigen Ausmaße: 117 Meter lang 76 Meter breit und 40 Meter hoch. Im Osten liegt der Hauptaltar (1), in der Mitte der Chor (2) mit der zweiseitigen Orgel, an den Seiten eine Vielzahl von Kapellen und Grabmälern. Im Nordosten liegt die Giralda (3), im Norden der Patio de los Naranjos (4), der Orangen Hof, der ehemalige Hof der Moschee.

Grundriss der Kathedrale

Das Innere der fünf Schiffe der Kirche gehört zu den eindrucksvollsten gotische Kirchenräumen Spaniens und zeichnet sich besonders durch die Klarheit seinem Proportionen und die Schönheit der Linienführung sowie durch die Fülle der Kunstwerke aus.

Retablo

In der Capilla Major, der Hauptkapelle, die durch eine reiche große Reja, einem Schmiedegitter aus dem 16. Jhd. verschlossen werden kann, dominiert der mächtigere Retablo, das Altergemälde, ein Hauptwerk gotischer Holzskulptur in Spanien, an dem mehrere Meister von 1482 bis 1564 arbeiteten. Die Mitte nimmt das aus Silber getriebene Bild der *Virgin de la Sede* ein, umgeben von 45 holzgeschnitzten Darstellungen aus dem Leben Christi und Marie.
Das modische Chorgestühl entstand in den Jahren 1475 bis 1479.
In den Seitenkapellen besitzt die Kathedrale zahlreiche Grabmäler und Altargemälde.
Im südlichen Querschiff steht das von Arturo Melida geschaffene Grabdenkmal des Entdeckers und Seefahrers Christopher Columbus, das zunächst 1892 in der Kathedrale zu Habana errichtet und nach dem Verlust Cubas im Spanisch-Amerikanischen Krieg 1898 hierher überführt wurde.

Der Schatz der Kathedrale befindet sich in der Hauptsakristei und enthält wertvolle Kunstwerke.

Von der 1. Galerie der Giralda mit 24 Glocken hat man aus 70 m Höhe eine weite Aussicht über die Stadt und ihre Umgebung.

Schatz aus der Sakristei

Aussicht von der Giralda

Der Patio de los Naranjos – der Orangenhof – ist der ehemalige Hof der Moschee. Der achteckige westgotische Brunnen in der Mitte ist der Rest der islamischen Mitra, des Brunnens für die religiösen Waschungen.

Neben Kathedrale und Giralda an der Ostseite des **Plaza del Triunfo** liegt der Alcázar. Er war ursprünglich das Schloss der maurischen, später der christlichen Könige und wurde in seiner jetzigen Gestalt, die noch mittelalterlichen Burgencharakter hat, in der zweiten Hälfte des 14. Jhds. unter Pedro dem Grausamen auf den Ruinen einer Festung der Almohaden gebaut. Danach haben noch viele Kaiser und Könige Erweiterungen vorgenommen. Die Almohaden waren übrigens eine islamische Sekte, die sich als Bekenner der Einheit Gottes bezeichneten. Das Innere

Plaza del Triunfo

Mudejar-Holzdecken

des Alcázar betritt man durch die Puerta principal.

Immer wieder durchschreitet man lange Galerien und Säle, die mit Fliesen und Mudejar-Holzdecken verziert sind.

Man gelangt dann irgendwann in den Patio de las Doncellas, den Mädchenhof, welcher den Hauptinnenhof des **Alcázar**-Komplexes darstellt.

Von 1369 bis 1379 erbaut, zeigt der Hof prachtvolle Zackenbogen und durchbrochene Oberwände, getragen von 52 Marmorsäulen.

Entweder über die Nordseite des Mädchenhofes oder durch den Jardín del Cruzero kommt man in die Gemächer Carlos V.. Von hier aus betritt man den Salon der Embajadores, den Gesandten-

Mädchenhof

saal. Dieser älteste Saal des Alcázar, mit arabischen Schriftzeichen und Schmuckfriesen versehen, besitzt eine prachtvolle Stalaktiten-Kuppel von 1420 aus Zedernholz.

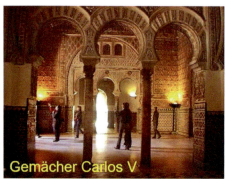
Gemächer Carlos V

stellung von Tunis.

In einem Raum, abseits der Gemächer Carlos V, sind die Wände mit flämischen Teppichen aus dem 16. und 18. Jhd. behängt. Am Interessantesten ist dabei die Dar-

Traumhaft schön ist die weitläufige Parklandschaft, die sich dem Alcázar anschließt. Hier lässt es sich unter Orangenbäumen, Zypressen und Palmen entspannt flanieren. Eine interessante

Flämische Teppiche

Mischung der Gartenarchitektur aus arabischem, französischen und Renaissancestil fließt hier harmonisch zusammen.

Der Pavillon von Carlos V. stammt aus dem Jahr 1540.

Parklandschaft

Welche Badekultur zu damaliger Zeit herrschte, zeigt die riesige Badeanlage der Maria de Padilla, die einer Schwimmhalle ähnelt.

Als wir den Alcázar verließen, hatten wir nochmals einen wunderschönen Blick auf die Giralda, sogar mit einer Hochzeitskutsche im Vordergrund und einer eleganten spanischen Señora.

Badekultur

Casa de Pilatos

Ungefähr 400 m nordöstlich der Kathedrale erhebt sich an der Plaza de Pilatos die im 16. Jhd. von christlich maurischen Baumeistern errichtete Casa de Pilatos, im Volksmund als eine Nachahmung des Hauses des Pilatus in Jerusalem bezeichnet. Der Mudejarstil des Gebäudes hat Abwandlungen durch Bauelemente der Gotik und der Renaissance erfahren. Das Haus ist um einen einzigartigen Patio angelegt, der aufs schönste mit Azulejos und antiken Skulpturen geschmückt ist. Auch die Innenräume sind im Mudejarstil gehalten.

Besonders schön ist der goldene Saal mit Fayenceschmuck und Kassettendecken. Als wir eine Stunde von Schließung das Gebäude besuchten, wurde hier im goldenen Saal für eine Festlichkeit eingedeckt.

An unserem letzten Tag in Sevilla machten wir eine Stadtrundfahrt mit einem Sightseeingbus. Man saß im Obergeschoss des Busses im Freien und bekam über Kopfhörer in der passend gewählten Sprache Informationen.

Goldener Saal

Vorbei am Luisenpark ging die Fahrt zum Plaza de España, von da aus befuhr der Bus die Prachtstrasse, die Avenida de las Palmeras, an der auch unser Hotel lag. Hier sieht man Prachtbauten, die zur Ibero-Amerikanischen Ausstellung 1929 erbaut wurden: dies sind z.B. der Kubanische Pavillon, der Pavillon de

Argentinischer Pavillon

Mudejar, der Argentinische, der Guatemaltesische Pavillon.

Es ist schon faszinierend zu sehen, wie viel Mühe man sich zu jener Zeit im Vergleich zu heute mit der Errichtung der Wohnhäuser gegeben hat.
Vorbei an der Statue der freiwilligen Matrosen, der *Glorieta de los Marineros Voluntarios* und dem chilenischen Pavillon erreichen wir wieder den Goldturm, den Torre del Oro, 200 Meter weiter auf der gleichen Straße *paseo de cristobal colon* glänzt der in sevillianischem Ockerweiß gestrichene Rundbau der Stierkampfarena, der Maestranza, wie sie

Chilenischer Pavillon

hier in Sevilla genannt wird.

Wir fahren über die Fuente del Cachoro, eine Brücke über den Guadalquivir, die zur Halbinsel *La Cartucha* führt. Hier fand im Jahr 1992 die Weltausstellung statt. Die Halbinsel wurde damals mit einem immensen Aufwand gebaut, auch die Autobahnen nach Sevilla entstanden zu damaliger

Stierkampfarena

Zeit. Sie würden wahrscheinlich heute nicht existieren.

Das runde Gebäude ist das Haus der Schifffahrt, rechts reckt sich das Raumschiff Ariadne gen Himmel. In drei großen Bereichen hatte man die Entwicklung seit 1492 bis heute dargestellt. Da war das Zeitalter der Entdeckungen, der Übergang in die Gegenwart und der Blick in die Zukunft.

Haus der Schifffahrt

Raumschiff Ariadne

In verschiedenen Pavillons wurden das 15. Jhd., die Weltkulturen dieser Zeit und das 16. Jhd., die naturwissenschaftlichen Entdeckungen dargestellt. In einem anderen Pavillon konnte man sich über die großen Seereisen und Entdeckungen informieren.

Heute fährt man durch die Straßen dieser Halbinsel, vorbei an verrosteten Gebäuden. Es fällt einem auch mit viel Phantasie sehr schwer, sich den Glanz der Weltausstellung im Jahre 1992 vorzustellen. Es ist nichts mehr von diesem Glanz zu verspüren. An den meisten Gebäuden nagt der Rost und die freien Flächen wurden längst wieder vom Unkraut in Besitz genommen.

Futuristische Brücke

Einzig die Brücken mit ihren futuristischen Bauweisen behalten ihr Aussehen und müssen zur Erhaltung gepflegt werden. Unsere 3 Tages-Tour geht zu Ende, wir verabschiedeten uns von einer der schönsten Städte Spaniens.

Beleuchtete Kathedrale

Eine Fülle eindrucksvoller Kunstdenkmäler aus allen Epochen der lebendigen Geschichte dieser Stadt, sowie das in Sevilla besonders stark ausgeprägte südländische Volksleben verbunden mit der Eigenart einer Hafenstadt rechtfertigen den alten Spruch: "**Quien no ha visto Sevilla, no ha visto maravilla**": Wer Sevilla nicht gesehen hat, hat noch kein Wunder gesehen.

Spanien (20.3. - 23.3.2006)

Ronda

Wir sind auf dem Weg zur Costa del Sol, also dem südlichsten Teil Spaniens. Von uns aus bis zum gebuchten Hotel in Benalmádena sind es etwa 450 km. die man aber sehr gut bewältigt. Erstens fährt man nur auf Autobahnen und zweitens ist der Verkehr in Spanien nicht ganz so stark wie in Deutschland, zumindest in der Zeit außerhalb der Ferien.
Wir haben 3 Übernachtungen gebucht und können daher vom Hotel aus 2 Tagesfahrten unternehmen. So besuchen wir am nächsten Tag die nordwestlich von Malaga gelegene andalusische Stadt Ronda, am Tag darauf die von vielen Superreichen bewohnte Stadt Marbella.

Blick aus 5. Stock

Im 4 Sterne Hotel Best Benalmádena bewohnten wir ein Zimmer im 5. Stock mit Balkon und schöner Aussicht auf Meer und Umgebung. Ich hatte für 3 Übernachtungen mit einem unwahrscheinlich reichhaltigen Frühstücksbuffet 200 € bezahlt.
Der Ort **Benalmádena** besteht aus genau genommen drei verschiedenen unabhängigen Orten: Benalmádena *Pueblo*, einem Bergdorf, *Arroyo de la Miel* – übersetzt etwa Honigbach – dem Hauptort und dem Badeort *Benalmádena-Costa*. Hier steht unser gebuchtes Hotel, von dem aus wir gerade in Richtung des Hafens laufen.

Benalmádena zählt circa 30000 Einwohner. Die 3 Orte gelten als touristisches Zentrum der Costa del Sol und haben jedes Jahr mehr als 50000 Besucher zu verzeichnen.

Richtung Hafen

Leider mussten wir vom Hotel aus ein ganzes Stück an der 4-spurigen Hauptverkehrsstraße entlanggehen, ehe wir die Promenade, die zum Sporthafen führt, erreichten.

Der neue Hafen **Puerto Marina** ist der Stolz der Costa del Sol. Mit mehr als 1000 Anlegeplätzen, 200 Geschäften, Bars und Restaurants wurde er in einem Stil aus andalusischen, indischen und arabischen Details gebaut. Aus dem Internet erfuhr ich. dass man hier bis in den frühen Morgen hinein feiern kann, dass aber die Preise entsprechend hoch sind. Sie seien höher als in Malaga, liegen aber auf demselben Niveau wie in anderen beliebten Touristenzentren.

Jeden Abend genossen wir vom Balkon aus den Ausblick auf das erleuchtete Hotelgelände und die Lichter der umliegenden Stadt.

Wir sind auf dem Gebirgsweg nach Ronda. Die Strasse führt kurvenreich in eine Höhe von über 1000 m, um dann bis nach Ronda abzufallen. Wie man sieht, war das Wetter nicht gerade einladend und nach etwa 2 Stunden Aufenthalt in Ronda begann es mächtig zu regnen. Darüber braucht man sich nicht zu wundern, wenn man weiß, dass die jährliche Niederschlagsmenge dort mit 607 l/m^2 angegeben wird.

Ronda ist eine Kleinstadt in der andalusischen Provinz Malaga, auf einer Höhe von 739 m über NN in einer als *Serrania de Ronda* bekannten Berglandschaft gelegen, zu der auch der Naturpark Sierra de las Nieves gehört. Die Stadt liegt rund 113 km westlich der Provinzhauptstadt Malaga und 50 km nördlich der Costa del Sol. Sie hat rund 35500 Einwohner, die *Rondeños* genannt werden.

Ronda wird durch den Rio **Guadalevin** in 2 Teile geteilt, einen Nord- und einen Südteil. Der Fluss hat sich tief in die Gebirgslandschaft, die Serrania de Ronda, eingeschnitten und so liegt die Stadt am Rande einer Schlucht. Die beiden Stadtteile werden durch 3 Brücken miteinander verbunden, der *Puente Árabe*, der *Puente Vieja* – also der alten Brücke – und der *Puente Nuevo*, der neuen Brücke. Von dieser Brücke aus schaut man in einen 120 Meter tiefen Abgrund.

Blick zum Guadalevin

Bevor wir zur Puente Nuevo kommen,

Torero vor der Arena

der Sehenswürdigkeit Rondas überhaupt, blicken wir von diesem Park aus in das Tal des Guadalevin. Vorbei an der Stierkampfarena erreicht man nach etwa 150 m die Neue Brücke mit den am Abgrund gebauten Häusern.

Vor der Arena stehen zwei Standbilder berühmter spanischer Toreros, deren Namen uns natürlich nichts sagen.

Kloster und Kirche **Iglesia de Santa Maria la Mayor** wurde an der Stelle

Iglesia de Santa Maria Mayor

Neue Brücke

einer alten Moschee im 16./17. Jahrhundert errichtet. Im Inneren vereinen sie wie viele Kirchen in Andalusien den gotischen Baustil und den muslimischen Einfluss aus der Zeit der Besetzung Spaniens.

In dieser Kirche fiel uns auf, dass nicht nur die Muttergottes als Figur am Altar dargestellt wird, sondern auch Christus,

der sonst immer als Gekreuzigter zu sehen ist.
In der Schatz- und Figurenkammer ist Moses mit Hörnern dargestellt. Dies erinnert an die Marmorstatue des Moses in der Kirche San Pedro in Vincoli in Rom: auch dort hat Michelangelo Moses wegen eines Übersetzungsfehlers des Bibeltextes mit Hörnern ausgestattet.

Schmunzeln kann man über einen Wasserhahn aus dem Munde einer Wandfigur.

Als wir die Kirche verließen regnete es in Strömen. Ein Wandelgang gab uns etwas Schutz.
Als wir zum Auto gingen, erfreute uns nochmals die Sonne und so konnte ich noch die ehemalige Verteidigungsmauer der Südstadt filmen.

Marbella

Marbella ist eine wunderschöne andalusische Mittelmeer-Stadt im Süden Spaniens an der Costa del Sol gelegen. Die historischen Aufzeichnungen reichen bis ins 16. Jhd. v. Chr. zurück, als Marbella von den Römern unter dem Namen Salduba gegründet wurde.

Marbellas Eintritt in die touristische Welt geschah Mitte der fünfziger Jahre, als Prinz Alfonso von Hohenlohe den *Marbella-Club* gründete, noch heute Mittelpunkt der Jet-Set-Gesellschaft. Ihm folgten fortan Mitglieder des europäischen Adels. Industrielle, Playboys und alle, die dazugehören wollten, machten das kleine Marbella zu einem Ort der ständigen Parties und des Luxus. Doch erst zu Beginn der siebziger Jahre kamen die wirklich Reichen: Arabische Potentaten, darunter der König von Saudi-Arabien und die Emire von Abu Dhabi und Qatar. Sie erkoren Marbella zu ihrem Sommerrefugium und ließen sich wahre Paläste errichten. Aber auch Kriminelle höchsten Kalibers fühlen sich in Spaniens Luxusmetropole wohl, insbesondere internationale Waffen-schmuggler und seit etwa Mitte der Neunziger Jahre auch zahlreiche *Paten* aus Russland. In einem Rundfunkbericht sprach man von 200 internationalen Gangs, die die spanische Polizei gezählt hat.

Plaza de los Naranjos

Die Plaza de los Naranjos, der Orangenplatz, ist nicht nur der geographische Mittelpunkt Marbellas, sondern auch das Zentrum des alltäglichen- und nächtlichen Lebens. Es ist ein Platz in typischem andalusischem Stil mit maurischem Einfluss, der seinen Namen den zahlreichen Orangenbäumen verdankt.

Von hier aus führen romantische enge Straßen durch die Stadt, flankiert von strahlend weißen Häusern mit blumengeschmückten Balkonen.

Ganz in der Nähe, neben einem schönen Platz mit Mosaiken im Boden, steht die Kirche **Iglesia de la Encarnación** aus dem 16. Jahrhundert.

Auch in dieser Kirche wird nicht nur die Mutter Gottes als Figur strahlenum-

Gartenanlage in Marbella

kränzt dargestellt, sondern ebenfalls Christus. Diese Art der Verehrungsform hatten wir bisher nur an der Costa del Sol gesehen.

Ein Stück meerwärts gönnte man sich noch in den Neunzigerjahren den kleinen Luxus, die Avenida del Mar mit

Platz mit Mosaiken

zehn großen Skulpturen von **Salvador Dali** zu schmücken. Zwei davon möchte ich hier wiedergeben.

Das beliebteste Ziel der Touristen in Marbella ist aber wohl die neue Paseo Maritimo. die Strandpromenade und man behauptet, sie sei eine der schönsten Seepromenaden der Costa del Sol.

Stolperndes Pferd mit Reiter

Wir hatten allerdings den Eindruck, dass die Strände an der Costa Blanca einen viel feineren und sehr viel weißeren Sand hervorbringen.

Im **Parque de la Constitución** schließlich finden wir typische mediterrane Flora, sowie zahlreiche Bauwerke maurischen Stils. Im Sommer finden hier Konzerte und Ballett-Veranstaltungen statt.

Wir sind wieder in Bedalmádena und besuchen das weiße Bergdorf Pueblo. Dieser Bezirk wurde von den Arabern errichtet und in deren Sprache bedeutet der Name soviel wie *Söhne der Minen*: viele der arabischen Siedler arbeiteten in den Silberminen der Region. Der Ort liegt auf der Bergseite und gibt sich typisch andalusisch mit gekalkten Wänden und engen steilen Gassen.

Wir hatten drei Tage an der Costa del Sol verbracht und viel gesehen. Den Eindruck, den wir gewannen, kann man so zusammenfassen: Die gesamte Küste ist von Malaga bis Marbella – das sind 60 km – verbaut. Es gibt kaum noch Gelände, das nicht durch irgendein Bauvorhaben malträtiert wird. Der Verkehr auf der 4-spurigen Hauptstrasse, die sich durch alle Küstenorte zieht, ist höllisch. Wir waren im April hier, man mag gar nicht daran denken, wie es im Sommer in der Hochsaison zugehen muss. Für Leute, die Erholung suchen, scheint uns die Costa del Sol nicht geeignet. Wir waren fast froh, als wir uns wieder der Costa Blanca näherten.

Auf einem Autobahnrastplatz hatten wir noch einen schönen Blick auf die verschneite *Sierra Nevada*.

Toledo (25. - 28.5.2007)

Wir hatten schon lange vor, Toledo, die ehemalige Hauptstadt Spaniens zu besuchen. Diesmal sollte es werden. Ich buchte für 3 Übernachtungen ein Zimmer in einem 4 Sterne Hotel.

Toledo liegt 70 km südwestlich von Madrid, die Fahrstrecke beträgt von uns aus 460 km. Bis auf die letzten 37 km fährt man nur auf Autobahn und so waren wir bereits nach 5 Stunden an unserem Ziel.
Die Stadt liegt auf einer an drei Seiten

vom **Rio Tajo** in tiefer Schlucht umflossenen Granithöhe und bietet mit ihrem Kranz gotisch-maurischer Befestigungen, dem hochgelegenen Alcázar und der Kathedrale ein Bild von unvergleichlicher Wirkung.
Der Grundriss Toledos mit den regellosen engen Straßen und den zahlreichen Sackgassen weist auf die maurische Grundlage zurück. Auch die Häuser mit ihrer geringen Zahl von Fenstern, den vergitterten Erkern und den offenen Innenhöfen lassen den orientalischen Einfluss erkennen, während in christlicher Zeit zahlreiche Kirchen, Klöster und Hospitäler entstanden. So bildet die Stadt im ganzen auf engstem Raum ein einzigartiges Freilichtmuseum altspanischer Geschichte, das die UNESCO in der Liste des Kulturerbes der Menschheit führt.

Von unserem Hotel aus, das im Norden der Stadt lag, hatte man einen schönen Blick auf den Hügel, den **Alcázar** und die Kathedrale. Bis zum Zentrum waren es nur etwa 2 km und so nutzten wir die wenigen Stunden Sonnenschein für einen Fußmarsch.
Wir passieren die Stierkampfarena, die zu jeder größeren spanischen Stadt dazugehört.

Stierkampfarena

Das Tavere-Hospital, das im Inneren viele Kunstschätze bewahrt – z.B. Bilder von El Greco und Tintoretto – konnten wir leider nicht besuchen, weil 3 Tage Aufenthalt viel zu kurz sind, um sich allen Kunststätten zu widmen. Durch den Paseo de Merchan, eine Parkanlage, erreicht man das eigentliche Zentrum der Stadt.

Die **Puerta Nueva de Bisagre** ist das Haupttor Toledos. Sie ist muslimischen Ursprungs und wurde im Jahre 1550, in der Regierungszeit Kaiser Karls V., ganz neu wiederaufgebaut. Der Außenseite verleihen zwei große halbkreisförmige Festungstürme und ein riesiges

Paseo de Merchan

Stadtwappen eine prächtige Erscheinung. Geht man unter dem Torbogen durch, gelangt man auf einen Exerzierplatz und dann zu einem 2. Teil des Tores. Diese Seite ist zur Stadt hin ausgerichtet und wird von zwei Türmen mit gefliesten Spitzen überragt.

Puerta Nueva de Bisagre

Etwas zur Geschichte: Toledo ist eine der ältesten Städte Spaniens, sie war einst die Hauptstadt der iberischen Carpetaner und wurde 192 v. Chr. von den Römern erobert, die es Toletum nannten. Unter den Westgoten war die Stadt von 534 bis 712 erneut Hauptstadt und Stätte zahlreicher Konzile. In maurischer Zeit war die Stadt bis 1035 Sitz eines Emirs unter der Oberherrschaft des Kalifen von Córdoba. Anschließend war sie selbständiges Königreich und gelangte durch Waffenfabrikation, Seiden- und Wollindustrie

Türme

zu hohem Wohlstand.

Im Jahre 1087 wurde die Stadt Residenz der Könige von Kastilien und zugleich religiöser Mittelpunkt von ganz Spanien.
Unter Ferdinand III. und Alfons X., dem Weisen, stieg Toledo zu einem Zentrum des Geistes und der Wissenschaften auf, geprägt durch die Toleranz zwischen den drei großen Religionen, den Christen, den Juden und dem Islam.

Die jüdische Gemeinde von Toledo war die größte auf der Iberischen Halbinsel. In der Mitte des 14. Jhds. kam es jedoch zu ersten Pogromen, die sich in den folgenden Jahrzehnten wiederholten.

Puerta del Sol

Mit dem Einzug der Inquisition 1485 und der Vertreibung der Juden war die glanzvolle Zeit des Judentums in Spanien endgültig zu Ende.

Ganz in der Nähe der Puerta Nueva de Bisagre wurde im 14. Jhd. im Mudejarstil das »Sonnentor«, **Puerta del Sol,** errichtet. Da das neue Tor an die Stadtmauer angebaut war, erfüllte es eine Doppelfunktion als Mauerturm und für militärische Zwecke. Geziert wird es von einem Medaillon, das im 16. Jhd. hinzugefügt wurde und darstellt, wie dem heiligen Ildefons unter dem Schein von Sonne und Mond die Kasel, also das liturgische Messgewand, angelegt wird. Daher auch der heutige Name des Tors: Sonnentor.

Wenige 100 m vom Sonnentor aufwärts erreicht man den Hauptplatz Toledos: den **Plaza de Zocodover**. Als wir am ersten Tag nachmittags den Platz besuchten, regnete es und der Eindruck war nicht überwältigend. Beim 2. Besuch hatte sich das Wetter gebessert.
Der Platz wurde im 7. Jhd. angelegt und später von maurischen Eroberern umgestaltet. Er war lange Zeit der Ort, auf dem die Opfer der Inquisition verbrannt und Stierkämpfe abgehalten wurden.

Alcázar

Nur einige Meter sind es vom Hauptplatz zum **Alcázar**. Der auf der höchsten Anhöhe der Stadt gelegene Alcázar, ein quadratischer Bau mit vier Türmen, war schon immer die Hauptstütze des Verteidigungssystems Toledos. Schon die Römer, die hier das Prätorium errichteten, wussten die strategische Lage des Ortes zu schätzen. Doch im Laufe seiner langen Geschichte wurde er mehrmals fast völlig zerstört, stieg aber immer wieder wie Phönix aus der Asche auf. Die letzte vollständige Zerstörung – er wurde gesprengt – geschah während des spanischen Bürgerkriegs 1936. Heute ist in ihm eine Militärakademie untergebracht.

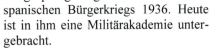

Die **Kathedrale** wurde an der gleichen Stelle errichtet, an der ursprünglich eine maurische Hauptmoschee stand. Man begann mit den Arbeiten am heutigen Bau im Jahre 1226, zur Zeit der Regierung Ferdinand III., des Heiligen, auf Anordnung des Erzbischofs Jimenez de Rada. Der Hauptteil des Gotteshauses wurde nach 167 Jahren im Jahr 1493 abgeschlossen. Die Kathedrale ist etwa 140 Meter lang und 130 Meter breit. Sie besitzt ein Hauptschiff und vier Seitenschiffe, deren Abschluss ein doppelter Chorumgang bildet. Das Innere der Kathedrale ist mit seinen 88 reich gegliederten Bündelpfeilern überaus wirkungsvoll.

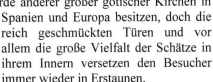

Von außen betrachtet mag die Kathedrale von Toledo in dem begrenzten Raum, den ihr das Wachstum der Stadt belassen hat, nicht die prachtvolle Würde anderer großer gotischer Kirchen in Spanien und Europa besitzen, doch die reich geschmückten Türen und vor allem die große Vielfalt der Schätze in ihrem Innern versetzen den Besucher immer wieder in Erstaunen.

Die Hauptfassade, mit deren Bau man 1418 begann, hat drei Portale. In der Mitte das Portal der Vergebung, über dem eine Skulpturengruppe zu sehen ist, die das letzte Abendmahl darstellt.

Rechts davon die Tür des Schreibers und links die des Turms. Diese beiden Türen werden in Anspielung auf ihre allegorischen Verzierungen auch Türen des Jüngsten Gerichts bzw. der Hölle genannt.

Allegorische Figuren

Das Gotteshaus hat nur einen Turm, der von einer schlanken, spätgotischen Spitze gekrönt wird.

Capilla Mayor

Im Inneren der Kathedrale fällt einem als erstes die prächtige **Capilla Mayor** auf. Sie ist die Hauptkapelle, die von einem verzierten platteresken Gitter von 1548 abgeschlossen wird. In ihr befindet sich der 1504 vollendete riesige Retablo, also das Altargemälde, aus vergoldetem und bemaltem Lärchenholz. Es stellt in vier Abteilungen übereinander in lebensgroßen Figuren Szenen aus dem Neuen Testament dar.

Zu beiden Seiten des Hauptaltars befinden sich Königsgräber.

An der Rückseite der Capilla Mayor, deren Wände mit zahlreichen Heiligenfiguren und Reliefs geschmückt sind, befindet sich ein mächtiger marmorner

Retablo (Altargemälde)

Muttergottesaltar in churrigueresken Stil – einer speziellen Epoche des spanischem Barock – der in eine bemalte und durchbrochene Kuppel – die **Transparente** – übergeht.

Von hier aus erreicht man mit wenigen Schritten den **Sala Capitular,** den Kapitelsaal. Man betritt den Vorraum zum eigentlichen Saal durch ein prächtiges Portal. Schon dieser Raum ist

Muttergottesaltar

durch seine prachtvoll geschnitzten Holzwände beeindruckend.

Der Kapitelsaal stammt aus dem Jahr 1512. Er ist das Meisterwerk Júan de Borgoñas, der die Wandfresken malte. Er wird von einer wundervollen Artesonado-Decke abgeschlossen. Die von 1504 bis 1508 gestaltete Decke, ein  großartiges Tafelwerk, schuf Diego López. Auf dem Fries um den Saal sind Porträts der Toledaner Erzbischöfe zu sehen.
Alles sind Porträts in halber Figur, unter denen der Name und das Datum geschrieben stehen.
Die weiteren Kapellen im Chorumgang enthalten allesamt wertvoll gearbeitete Grabmäler.

Der von einer plateresken Reja von 1548 umschlossene Chor birgt ein aus Walnussholz gefertigtes Gestühl, – in Spanisch: silleria – ein Meisterwerk der Schnitzkunst der Renaissance. Selbst die Armlehnen bestehen aus kunstvoll geschnitzten Elementen: Menschen, Tieren, alegorischen Figuren. Über den Stühlen, im unteren Teil, der *Silleria baja*, schuf 1495 Rodrigo Alemán 54 historische Reliefs mit Szenen von der Eroberung Granadas. Der obere Teil, die 1543 vollendete, reich geschnitzte *Silleria alta*, zeigt biblische Szenen einschließlich der alabasternen »Verklärung Christi«.

Links vom Chorumgang liegt der Zugang zur 1592-1616 erbauten **Sacristia,** die heute eine kleine Gemäldegalerie ist. Hier findet man viele Originale von El Greco, Francisco de Goya, von Morales, van Dyck, Raffael  und Tizian. An den Wänden hängt ferner ein Zyklus von 16 Apostelbildern von El Greco.

Die Gemäldeausstellung erstreckt sich bis in das anschließende **Vestuario,** den Ankleideraum, in dem kostbare handgefertigte Messgewänder zu sehen sind.

Prozessionsmonstranz

Zum Schatz der Kathedrale in der dem heiligen Johannes geweihten Capille de San Júan gehören eine prächtige Prozessionsmonstranz, die einen Höhepunkt der spanischen Goldschmiedearbeit darstellt, sowie die Bibel Ludwigs des

Bibel

Heiligen aus dem 13. Jhd..

Die Kamera kann die Mächtigkeit der Kathedrale, ihre Länge, ihre Höhe, ihre Atmosphäre nicht wiedergeben. Trotzdem sollen die letzten Bilder vom Inneren versuchen, einen Eindruck der Gesamtheit zu vermitteln. Die prächtigen Glasbilder stammen aus dem 16. Jhd..

Glasfenster

Eine historische Brücke ist die **Puente de Alcántara** über den Tajo, zu der wir vom Alcázar aus hinabsteigen. Die Brücke war der Hauptzugang zum *Al-Hizam,* dem Militärviertel, in dem sich die Festung und der Regierungspalast in der Moslemzeit befanden. Dieses Gelände nahm den hervorragendsten Platz am Ort ein, dort, wo heute der Alcázar steht. Der Name Al-Qantara stammt aus dem arabischen und bedeutet einfach Brücke. Die Puente de Alcántara wurde erstmalig in der Römerzeit gebaut, verfiel aber und wurde Ende des 10. Jahrhunderts erneut erstellt. Später, nachdem sie durch ein Hochwasser stark beschädigt worden war, ordnete König *Alfons X.* im Jahre 1258 an, sie wieder neu zu errichten. Aus dieser Zeit stammt auch der westliche Festungsturm, der

Puenta del Alcántara

dann während der Regierungszeit des Katholischen Königspaars abgeändert wurde. Die Wappen dieses Königspaars zieren auch die Mauern des östlichen Turms.

Das Begräbnis des Grafen Orgaz

Westlich der Kathedrale liegt an der *Plaza Santo Tome* am Rande des einstigen jüdischen Viertels – der Juderia – die Kirche *Iglesia de Santo Tome*. Sie war ursprünglich eine Moschee, wurde jedoch im 14. Jhd. auf Veranlassung des Grafen von Orgaz in gotischem Stil umgebaut und mit einem schönen Turm im Mudejarstil versehen.

Im Vorbau zur Kirche wird eines der Hauptwerke **El Grecos** ausgestellt, »Das Begräbnis des Grafen Orgaz«. Es ist ohne Zweifel eines seiner gefeiertsten Werke. Es ist 4 Meter 60 hoch und 3 Meter 60 breit.

Dieses zwischen 1586 und 1588 entstandene Gemälde stellt das 1312 bei der Beerdigung des besagten Edelmannes geschehene Wunder dar, nämlich dass die Heiligen Stephanus und Augustinus bei der Bestattung erschienen, um den Körper des Verstorbenen ins Grab zu legen. Einer der interessantesten Aspekte des Gemäldes sind die an der Beerdigung teilnehmenden Persönlichkeiten. Alles Zeitgenossen El Grecos, darunter der Maler selbst, identifiziert als der Edelmann, der den Betrachter direkt ansieht, und auch sein Sohn, dargestellt als Page,

El Greco

der eine Fackel trägt und auf dessen Taschentuch die Unterschrift des Künstlers auf Griechisch steht. Der obere Teil des Gemäldes stellt die Glorie dar, der die Seele des Verstorbenen zugeführt wird.

Sinagoge des Santa Maria la Blanca

Im ehemaligen Judenviertel von Toledo existieren noch 2 Synagogen. In die kleinere, die **Sinagoga de Santa Maria la Bianca** flüchteten wir vor einem Gewitterregen, nachdem wir noch einen schönen Blick auf den unten fließenden

Rio Tajo hatten.

Die Sinagoga de Santa Maria la Bianca diente wohl als Hauptsynagoge. Sie wurde Ende des 12. Jahrhunderts in einem von der Almohadenkunst beeinflussten Mudejarstil erbaut. Ihr Grundriss ist unregelmäßig, und sie hat fünf durch Hufeisenbogen auf achteckigen Kapitellen getrennte Schiffe. 1405, nach den Predigten des heiligen Vicente Ferrer in Toledo, eilte eine große Menschenmenge in das Judenviertel, um die Synagoge zu besetzen, die dann der Jungfrau Maria gewidmet und in eine Kirche verwandelt wurde. Später baute man am Kopfende noch drei Kapellen an, und im 18. Jahrhundert diente sie sogar als Kaserne und Lager. Heute wird sie von einer in Klausur lebenden Nonnengemeinschaft verwaltet.

Mitten im Judenviertel steht das Kloster **San Júan de los Reyes.** Von außen gleicht das Hauptschiff der Kirche einem Grabhügel, während die Zinnen wie Kerzen bei einer Totenwache aussehen. Die Arbeiten für das Kloster begannen 1477 und erst 1506 wurden sie mit der Vollendung des Kreuzgangs abgeschlossen

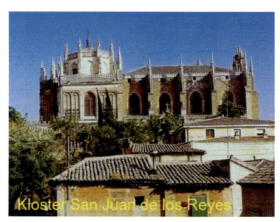
Kloster San Júan de los Reyes

Das Kloster wurde vom Katholischen Königspaar zur Erinnerung an den Sieg errichtet, den es in der Schlacht bei Toro 1476 gegen das Heer Alfons V. von Portugal errungen hatte. Der Bau war auch als königliche Gruft gedacht. Die Eroberung des Königreichs Granada 1492, stimmte das Königspaar aber um, und das Kloster wurde nun den Franziskanermönchen überlassen. Später, im Unabhängigkeitskrieg, litt das Kloster sehr. Die Franzosen verließen Toledo nicht, ohne es vorher in Brand gesetzt zu haben, genau wie den Alcázar und andere Gebäude in der Stadt.

Der Verfall verschlimmerte sich mit der Säkularisierung des Kirchenguts im Jahre 1836, die auch die Vertreibung der Mönche bedeutete. Später wurde dieses Denkmal restauriert, und seit 1954 wird es wieder vom Franziskanerorden bewohnt. San Júan de los Reyes ist ein Meisterwerk der Spätgotik, wenn auch, wie alles in Toledo, nicht frei vom Einfluss der Mudejaren.

Im Innern zeichnet sich die Kirche durch ihre prächtige Kuppel und eine prunkvolle Dekoration aus, vor allem im Bereich des Presbyteriums, wo anfangs die königlichen Grüfte vorgesehen waren.

Bewunderung ruft der zweistöckige, reich verzierte Kreuzgang hervor. Zum oberen Stockwerk des Kreuzgangs kommt man über eine wunderschöne Treppe.

Mit einem letzten Blick auf den Hauptplatz, den **Plaza de Zocodover**, verabschieden wir uns von Toledo.

Cuenca (27.4.-20.5. 08)

Auf unserer diesjährigen Reise nach Spanien sollen weniger unsere Wanderungen an den Stränden und Promenaden gezeigt werden als vielmehr die Ausflüge, die Edda und ich nach Cuenca und Umgebung und in die Sierre de Espuña gemacht haben. Cuenca liegt etwa 250 km östlich von Madrid, von uns aus zu erreichen über Albacete und dann nördlich über Motille.

In der l. Woche in Campoverde besuchten wir wieder die uns bekannten schönen Promenaden. Das Wetter ließ nichts zu wünschen übrig, es war angenehm warm, ich konnte mich mittags auf der Terrasse sonnen: es war das Wetter, wie Edda es sich wünschte.
Natürlich waren auch Arbeiten im Haus durchzuführen. So weißelte ich die Badezimmerdecke, versetzte den Spiegelschrank überm Waschbecken, besser-

Castilla la Mancha

te den Putz im Flur aus und auch im Garten waren Sträucher und Bäume zu beschneiden. Aber dies ist ja kein Zwang und soll auch Spaß machen.

Am Montag der folgenden Woche, es war der 5. Mai, fuhren wir nach Cuenca. Über Murcia und Hellin benutzten wir bis kurz hinter Albacete die Autobahn, die nur um größere Städte herum stärker befahren war.

Es muss in letzter Zeit viel geregnet haben, denn man sieht hier die saftig grünen Felder, die man in Spanien gar nicht erwartet.
Ab La Gineta fuhren wir auf der Landstrasse N 320 bis Cuenca.
Die Gegend, durch die wir fuhren, liegt im Herzen der Iberischen Halbinsel und besteht im wesentlichen aus einem riesigen Hochplateau: es ist die **Castilla-La Mancha**.
Weltweit bekannt ist Kastiliens La Mancha für seinen Helden **Don Qujote**, dessen Abenteuer in der Stadt Ciudad Real spielen. Er kämpft in dem berühmten Abenteuerbuch des Autors Miguel de Cervantes gegen die weißen Windmühlen, für die die Landschaft der Mancha noch heute berühmt sein soll, von denen wir aber auf unserer Fahrt keine sahen.

Als La Mancha wird das windige Hochplateau der Provinz bezeichnet. Sie liegt auf einer Höhe zwischen 600 bis 900 Metern und ist die ausgedehnteste Ebene auf der Iberischen Halbinsel.

Wir haben unser Ziel, das Hotel Torremangana erreicht. Es ist ein 4-Sterne Hotel mit geräumigen Zimmern, in denen man sich wohl fühlen konnte. Bezahlt haben wir für die 3 Übernachtungen mit sehr gutem Frühstück etwa 260.- €.

Hotel Torremangana

Von unserem Zimmerfenster aus hatten wir einen schönen Blick auf einen gegenüber liegenden Park.

Bereits am Tag unserer Anfahrt machten wir uns ein Bild von Cuenca, einer Stadt, die wir bereits zum 2. Mal besuchten. Sie liegt in einem Berggebiet 1000 m über dem Meeresspiegel.

Cuenca

Vom Hotel aus wanderten wir bis ins Zentrum der Altstadt, immer bergan, denn die Provinzhauptstadt **Cuenca**, zugleich Bischofssitz, liegt überaus schön auf den steilen Felsen der **Serrania de Cuenca** über den tiefen Tälern des Rio Júcar und des Rio Huécar.

Über die Calle Palafox und die Galle Cabrera kommt man zur Galle Alfonso VIII. mit ihren bunt bemalten Häusern und erreicht wenig später das Ayuntamiento, das Rathaus und den Hauptplatz, Plaza Mayor. mit der Kathedrale. Hier, hinter der Kathedrale, befindet sich auch der größte Anziehungspunkt der Stadt, die sogenannten **Casas colgadas**, die über dem Abgrund zum Huécar hängenden Häuser. Geht man an der Ostseite der Häuser weiter bergauf bis zum Schloss, hat man wunderbare Blicke in das Tal des Huécar.

Wir gehen die Calle Alfonso VIII. hinauf, die durch ihre bunt bemalten Häusern beeindruckt. Auf der Seite, die wir hier sehen, sind die Häuser 4-stöckig, auf der anderen Seite zur Schlucht hin sind sie teilweise bis zu 10 Stockwerken hoch, wie man auf dem Bild erkennt.

Das Rathaus wird von einem Säulengang gestützt, durch den man hindurch muss, wenn man den Hauptplatz, den Plaza Mayor, erreichen will. Die Fassade des Rathauses vom Hauptplatz her ist sehenswert.

An der Nordseite des Plaza Mayor steht die gotisch-normannische **Kathedrale** aus dem 12. und 13. Jhd.. Sie ist das wichtigste Bauwerk Cuencas. Ihre Fassade wurde nach einem Einsturz im Jahre 1902 neu aufgebaut. Das reich dekorierte Innere jedoch blieb unversehrt. In einer alten Chronik der Erobe-

rung von Cuenca kann man nachlesen, dass mit den Bauarbeiten am 21. September 1177 begonnen wurde.

Im Inneren der Kathedrale durfte nicht gefilmt werden; doch da sehr wenige Besucher in der Kirche waren, konnte ich nicht umhin, das Verbot zu umgehen.

Das Videoverbot aber ist auch der Grund, weswegen ich hier nur einige Eindrücke wiedergeben kann.

Wie in vielen Kirchen Spaniens z.B. in der Kathedrale Toledos, in der Mezquita in Cordoba, in der Kathedrale El Salvator in Orihuela liegt der Altarraum im Zentrum der Kirche. Er birgt einen Hochaltar aus dem 18. Jh. von Rodriguez, der durch ein herrliches Gitter aus dem Jahr 1557 vom Kirchenraum getrennt ist. Ansonsten ist die Kirche mit vielen Kapellen und Nebenräumen umgeben. Interessant ist auch hier – wie in Toledo – eine Transparente, ein Durchbruch, ein freier Blick in den Himmel.

Hochaltar

In einem Schrein am Fuße der Transparente wird die Urne mit der Asche des heiligen Julián aufbewahrt.

Wir befinden uns hinter der Kathedrale am Abgrund zum Huecar. Hier findet man die **Hängenden Häuser**. Sie sind

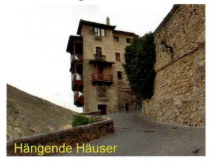
Hängende Häuser

vielleicht der überraschendste Reiz der Stadt. Es handelt sich um vier Häuser, die buchstäblich über den Rändern der *hoces* hängen. Ihre Berühmtheit ist mit dem Namen eines städtischen Architekten verbunden, der 1927 die mächtige Anziehungskraft auf Touristen der über dem Fluss hängenden Häuser zu entdecken wusste und ihren besonderen malerischen Reiz unterstrich. Die vier Häuser sind das, was von einer Reihe von Konstruktionen geblieben ist, die sich auf einer der Steinstufen der Bergenge *Hoz del Huecar* befand und die von dem Architekten restauriert wurden.

Aber nicht nur die *Casas Colgadas* sind die Attraktion der Stadt. Auch die 8 Brücken, die die tiefen Bergengen um Cuenca überspannen, prägen deren Bild. Sie erreichen beträchtliche Höhen und

Hängende Häuser über dem Abgrund

sind eine weitere große landschaftliche Attraktion. Die Brücke, auf der wir die Häuser bestaunen, heißt **Puente de San Pablo**. Schaut man von der Seite der Hängenden Häuser über die Brücke zur anderen Seite der Schlucht, so sieht man ein Gebäude, das ehemals ein Kloster war, heute aber ein Hotel der nationalen Hotelkette Parador enthält. Wir wollten eigentlich dort die 3 Nächte verbringen, doch es war alles ausgebucht. So kam uns die Idee, wenigstens in der Bar dieses vornehmen Hotels einen Drink zu nehmen und das Ambiente zu genießen. Nach unserem Besuch im Parador gehen wir weiter den Berg hinauf, dort, wo die eigentliche Altstadt liegt, immer am Rande des Abgrunds, mit reizvollen Ausblicken auf die Schlucht.

Brücken

Insgesamt ist das Bild der Altstadt durch die Jahrhunderte geprägt worden von der durch die zwei Schluchten bedingten Knappheit an Wohnraum. Dementsprechend finden sich hier vor allem enge, steile und kurvige Gässchen.

Parador in Cuenca

Alt- und Neustadt

Sie ist eine der malerischsten spanischen Städte mit mittelalterlichem Gepräge. Der Ort ist aufgeteilt in Altstadt und Neustadt. Die letztere besteht vor allem aus modernen Wohngebäuden. Sie liegt weiter unten im Tal des Júcar.

Der Jahrtausende währende Widerstreit zwischen Wasser und Gestein schuf diese großartige Feste auf iberischem Gebiet. Zwei Flüsse genügten der Natur, um ihre Umrisse zu zeichnen, sie zu umschließen, ihre Schluchten zu vertiefen und das nahe Umland mit grünem Leben zu erfüllen. Dann kam der Mensch. Von der Frühgeschichte bis in das Mittelalter plagte er sich, um diesen Ort in sein zu Hause und eine Bastion zu verwandeln. Schon unter den Römern als *Conca* bekannt, kam die Stadt später an die Westgoten. Schließlich gelangte sie unter maurische Herrschaft und wurde *Kunka* genannt. Alfons VIII. war sich wohl bewusst, dass durch die hervorragende Lage der Stadt jede Verteidigung begünstigt wird und schickte sich 1177 an, die Stadt zu nehmen, um sie dem Königreich Kastilien einzuverleiben und zum Christentum zu bekehren. Nach ihrer neunmonatigen Belagerung war es aber nicht etwa ihre ursprünglich von den Arabern gebaute Stadtmauer, von der heute nichts mehr übrig ist, sondern der Hunger ihrer Bewohner, der ihm schließlich Zutritt gewährte. An der Spitze seiner Heerschar zog er durch das Tor ein, welches später in *Puerto de San Júan* umbenannt wurde, womit Cuenca – nun endgültig kastilisch – sich mit neuen religiösen Zeichen füllen sollte.

Die Altstadt, mit Fassaden alter Stammhäuser, an denen die Wappen der Adelsfamilien prangen, hat sich viel Mittelalterliches bewahrt.

1996 wurde die Innenstadt von Cuenca von der UNESCO zum Weltkulturerbe erklärt.

Blick vom höchsten Punkt auf Cuenca

In der Nähe unseres Hotels gab es eine kleine spanische Bar, die wir abends besuchten, um etwas zu essen und die Einheimischen zu beobachten.
Ein letztes Bild auf Cuenca zeigt vom fast höchsten Punkt aus die Ausdehnung, die die Stadt heute hat.

Ventano del Diablo

Wir fahren von Cuenca aus nach Norden, immer entlang des Rio Júgar bis zum Fensterchen des Teufels – Ventano del Diablo –

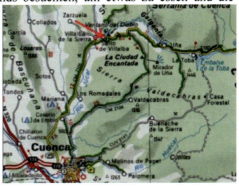

und anschließend zur Verzauberten Stadt, der Ciudad Encantada.

Fensterchen des Teufels

Blick zum Rio Júgar

Das Fensterchen des Teufels ist ein Durchbruch in einem Felsen, von dessen Rand man aus in die tiefe Rinne des Rio Júgar blicken kann.

Ciudad Encantada

Bei der *Verzauberten Stadt* handelt es sich nicht um eine Stadt, sondern um ein faszinierendes geologisches Phänomen: Wasser und Wind haben in Jahrtausenden auf den Kalkstein eingewirkt und dieses großartige Werk, diese phantastische Zauberstadt entstehen lassen, die scheint, als wäre sie von genialen Architekten erbaut. Sie ist ein wirkliches Naturwunder. Durch die Verwitterung der kreidigen Kalksteine wurde die eigenartige Naturstadt aus eindrucksvollen Monoliten gebildet, die wegen der ungleichen Härte verschiedener Felsschichten nach oben hin breiter werden.

Je nach Ähnlichkeit hat man den einzelnen Felsformationen Namen geben: Die Schiffe, Der Hund, Das Menschengesicht, Die Römische Brücke, Der Seehund, Das Steinmeer, Kampf zwischen Elefant und Krokodil, Der Dinosaurier, Das Kloster, Das Theater, Der Obstkorb, Der Elefant, Die Schildkröte, Die Bären, Das Liebespaar von Teruel. Es ist erstaunlich, dass die Natur diese Traumstadt hervorbringen konnte, die, einsam und still, von Geheimnis und Poesie bewohnt

Das Gesicht des Mannes

Torre alto - Der große Turm

wird. In ihr ist die witzigste Fantasie erlaubt.
Einige der Felsformationen sind in den folgenden Bildern wiedergegeben.

Der Seehund

El Perro - Der Hund

Der Kampf zwischen Krokodil und Elefant

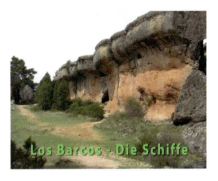
Los Barcos - Die Schiffe

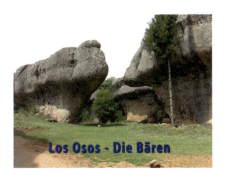
Los Osos - Die Bären

Los amantes de Teruel -
Die Liebenden aus Teruel

Von der Verzauberten Stadt sind es nochmals 47 km über Uña und Tragacete bis zum Ursprung des Flusses Cuervo, **Nacimiento del Cuervo.**

Die Mühe des Fahrens wird jedoch belohnt durch die wunderschöne Quelle, deren Wasser aus moosbewachsenen Höhlen und über Vorsprünge in einen Teich fließt. Wir kamen dort am späten Nachmittag an und waren deshalb auch fast die einzigen, die die Quelle besuchten.

Die gesamte Heimfahrt von Cuenca aus war verregnet. Trotzdem machten wir einen Abstecher zum kleinen Städtchen Alarcón, das malerisch eingebettet in die schroffen Schluchten des Flusses Júcar auf einer Berghöhe liegt. Aufgrund der Schönheit und der Harmonie seiner Monumente und seiner Umgebung wurde es zum kunsthistorischen Denkmalensemble erklärt.

Die Stadtmauer, die den größten Teil der Stadt umgibt, ist noch beinahe vollständig erhalten. Die Stadt besitzt auch eine Burg mit einem Hauptturm, welche

zu Zeiten der Reconquista, also der Wiedereroberung, Schauplatz bedeutender historischer Geschehnisse war.
Heute ist dort das örtliche Parador Hotel untergebracht. Am Plaza Mayor erhebt sich die San-Juan-Bautista-Kirche aus dem 16. Jhd., die über einem alten romanischen Gotteshaus errichtet wurde. Sie war leider geschlossen.

Burganlage

Stürmisches Meer

Das Wetter hat sich seit unserer Rückkehr nicht geändert. Trotzdem wandern wir und beobachten im Naturschutzpark von San Pedro die raue See und die im Bootshafen liegenden Yachten.

Sierra de Espuña

In den Bergen der Sierra de Espuña findet man das größte Waldgebiet der Region Murcia. Sie ist eine der bedeutendsten Naturlandschaften. Hierher machten wir in der letzten Woche noch einen Tagesausflug. Von Murcia aus fährt man etwa 50 km in südöstlicher Richtung.

Das 18000 Hektar große Gebiet ist Dank der Wiederaufforstung, die am Ende des letzten Jahrhunderts durchgeführt wurde, heute wieder grün und dicht bewachsen. Dies ist einem Forstingenieur aus Cartagena zu verdanken, der

Schulveranstaltung

Sentuario de Santa Eulalia

1891 ein großflächiges Aufforstungsprogramm startete.

Im südlichen Teil der Espuña, in der Nähe des Städtchens Aledo liegt das Kloster **Santuario de Santa Eulalia**. Inwieweit es noch von Nonnen oder Mönchen bewohnt wird, ist uns unbekannt; auf jeden Fall gibt es ein Hotel mit Übernachtungsmöglichkeit. Als wir dort hinkamen, war gerade eine Schulklasse tänzerisch tätig. Ein terrassenförmig angelegter gepflegter Garten mit kleinen Teichen und Brückchen schließt sich an das Kloster an.

Eine sehr dunkle Kirche, in der nur der Altarraum in hellem Licht als Kontrast wirkt, fasziniert durch die vollkommene Bemalung aller Wände.

Nur wenige 100 m vom Kloster entfernt führt ein Weg einen Berg hinauf zum Mirador del Corazon de Jesus, zum Aussichtspunkt des Herzen Jesus. Dieser Berg wird sicher in der Karwoche für Prozessionen benutzt, denn hier sind den ganzen Weg bis zum Gipfel moderne Skulpturen als Kreuzwegstationen errichtet. Eine überlebensgroße Christusstatue über einer kleinen Kapelle krönt den Gipfel.

Einige der Stationen möchte ich hier wiedergeben:

Jesus wird verurteilt

Jesus fällt das 1. Mal

Jesus begegnet seiner Mutter

Jesus fällt das 2. Mal

Jesus wird seiner Kleider beraubt

Veronica wischt Jesus den Schweiß ab

Auf dem Gipfel des Berges etwas abseits der großen Christusfigur hat man noch eine Figurengruppe der gleichen Art aufgestellt; allerdings war leider keine Beschreibung zu finden. Vielleicht sollte man sich seine eigenen Gedanken darüber machen. Jedenfalls hatte jemand einen Blumenstrauß hingelegt und eine Blumenvase ans Geländer gebunden.

Jesus stirbt am Kreuz

Christusstatue auf dem Gipfel

Figurengruppe

Alle Kreuzwegstationen, an denen man auf dem Weg bis zur Christusstatue vorbei kommt, tragen die folgenden Bezeichnungen (aus dem Spanischen übersetzt):

1. Jesus wird verurteilt.
2. Jesus nimmt sein Kreuz auf.
3. Jesus fällt das 1. Mal.
4. Jesus begegnet seiner Mutter.
5. Der Cyrener Simon hilft Jesus das Kreuz tragen.
6. Veronica wischt Jesus den Schweiß ab.
7. Jesus fällt das 2. Mal.
8. Jesus tröstet die Frauen.
9. Jesus fällt das 3. Mal.
10. Jesus wird seiner Kleider beraubt.
11. Jesus wird ans Kreuz geschlagen.
12. Jesus stirbt am Kreuz.
13. Jesus in den Armen seiner Mutter

Granada (4. bis 7.5.09)

Um 4:15 Uhr startete die Maschine der airberlin von Frankfurt aus nach Süden. Es dämmerte in Alicante, als wir gegen 6:30 Uhr landeten. Unser bestelltes Fahrzeug, ein Renault Twingo, fast neu mit nur 12000 gefahrenen km, wartete bereits auf uns. Monika hatte Essen in den Kühlschrank gestellt, so dass wir nicht gleich einkaufen mussten.
Und so verbrachten wir die ersten 1½ Wochen mit Strandwanderungen, Gartenarbeiten und Mußestunden.

Wir sind auf dem Weg nach Granada. Für 3 Nächte habe ich dort ein Hotel gebucht und dafür 220 € mit Frühstück bezahlt.
Die berühmte maurische Residenz Granada, jetzt eine Provinzhauptstadt, Sitz eines Erzbischofs und einer Universität, liegt höchst malerisch am Fuße der

Granada

Sierra Nevada zwischen zwei Bergvorsprüngen, die zu der überaus fruchtbaren Vega des im Sommer oft ausgetrockneten Rio Genil steil abfallen.

Granada ist vermutlich eine iberische Gründung. 711 n. Chr. fiel die Stadt nach der Niederlage der Westgoten in die Hände der Araber, die sie Gharnátha nannten und auf dem Alhambrahügel eine Burg erbauten. Nach dem Untergang des Kalifats von Cordoba erklärte 1031 der Statthalter von Granada die Stadt und ihre Umgebung für unabhängig. Es regierten die Almoraviden und die Almohaden, bis 1241 Ibn al-Ahmed als Mohammed I. die Dynastie der Nasriden gründete und Granada zur reichsten Stadt der Iberischen Halbinsel machte. Die Stadt erlebte eine 250 Jahre während Blütezeit und kam 1491 im Frieden von Santa Fe an die Katholischen Könige, die am 2. Januar 1492 in Granada einzogen, während Boabdil, der letzte maurische Herrscher, sein Reich verließ. Granada blieb seitdem in christlicher Hand und erlebte in der Renaissancezeit eine neue Blüte.

Das Hotel, das ich in Granada gebucht hatte, war ein 4-sterne Hotel und hieß Vincci.
Es lag an der Avenida de la Constitution, einer sehr befahrenen, lauten Hauptstraße, was wir aber nicht als Manko empfanden, denn sehr gut geräuschiso-

Hotel Vincci

lierende Fenster, vorbeifliegende Schwalben und der wunderbare Ausblick auf die Sierra Nevada und die Alhambra aus dem 13. Stockwerk entschädigten alles.

Blick auf Sierra Nevada und Alhambra

Etwa 400 m von unserem Hotel entfernt geht die Avenida de la Constitution in die Gran Via de Colon über, die prächtige Hauptstraße Granadas, die am **Plaza de Isabel la Católica** endet. Kurz vor diesem Platz liegt rechterhand die Kathedrale und nördlich des Platzes die Alhambra.

Wir erreichten unser Hotel gegen 14:00 Uhr und hatten danach noch genügend Zeit, die Gran Via de Colon bis zum Standbild der Isabel la Católica entlang zu laufen. In dieser Straße, die von Autos, Bussen, Mopeds und Motoradfahrern wimmelt, ist der Lärm kaum erträglich. Doch die sehr schönen alten Gebäude mit ihren Balkonen und Verzierungen sollte man nicht versäumen.

Balkone und Verzierungen

Platz Isabel la Católica

In der Mitte des Platzes Isabel La Católica steht ein Denkmal von 1892 zum Abkommen von Santa Fe. Das Werk stellt Christoph Kolumbus dar, der seine Pläne der Königin unterbreitet, die 1492 zur Entdeckung Amerikas unter spanischer Flagge führten. Am 17. April 1492, im nahe gelegenen Dorf Santa Fe, unterzeichneten die Katholischen Könige mit Christoph Kolumbus das berühmte Abkommen, durch das Kolumbus den Titel und die Vorrechte des Admirals, Vizekönigs und Generalgouverneurs der Neuen Welt erhielt.

An einem schönen ruhigen Platz in der Nähe der Kathedrale fanden wir gegen Abend ein Restaurant. Hier konnte man

Statue eines Wasserträgers

gemütlich sitzen und essen. Die Statue eines Wasserträgers aus früheren Zeiten mit seinem Esel beobachtete uns.

Die **Alhambra** und der östlich gelegene **Generalife** sind die bedeutendsten Wahrzeichen Granadas. Man kommt vom Eingangspavillon aus in den Gartenbereich des Generalife, geht vorbei am Freilichttheater und den Neuen Gärten und kommt zu den Palästen.

Alhambra und Generalife

Natürlich wird überall streng kontrolliert und im gesamten Komplex wurde die Eintrittskarte bestimmt 8 mal gescannt.

Das Generalife-Landgut, das wahrscheinlich aus der Zeit von Ismail I. stammt, der von 1314-1325 regierte, befindet sich auf dem so genannten Sonnenhügel. Sein Name kommt aus dem Arabischen *Yannat-al-arif* und bedeutet *Garten des Architekten*, in Erinnerung an den Großwesir Abd Allah III., der die Pläne dieses Gartens zeichnete.

Der Generalife war nicht nur ein Ort zur Erholung, sondern er diente auch der landwirtschaftlichen Nutzung, der Viehhaltung und als Jagdgebiet, denn er war ursprünglich sehr viel ausgedehnter. Er war perfekt abgeschlossen, unabhängig von der Alhambra und hatte seine eigene Wache. Da er vor allem als Zufluchtsort für Mußestunden der *Nasriden-Könige* gedacht war, hatten diese ihn reizvoll ausgestattet. Verglichen mit seinem ursprünglichen Zustand findet man ihn heute stark verändert vor. Im 19. Jhd. wurden neue Gärten angelegt, die den alten allerdings um nichts nachstanden.

Diese Gärten wurden wiederum 1931 nach italienischer Art gestaltet. Wände aus zurechtgeschnittenen Zypressen formen Labyrinthe, die sich mit Laubengängen und Rosenstöcken abwechseln. Seit 1952 gibt es hier ein großes Freilichttheater, in dem alljährlich die Aufführungen der internationalen Musik- und Tanzfestspiele Granada stattfinden. Im Zentrum dieser Gärten ist ein von Zypressen gesäumtes Wasserbecken mit Springbrunnen, auf dessen Oberfläche Seerosen schwimmen.

Laubengang

Ich muss hier einmal dazusagen, dass die Aufnahmen, die zu sehen sind, alle

sehr schnell gemacht werden mussten, denn durch die vielen Besucher sind die Führungen in den Gebäuden und Räumen zeitlich minutiös organisiert und man musste ständig der Gruppe folgen, um den Anschluss nicht zu verlieren.

Wir stehen hier am Eingang zum Generalife-Palast. Er ist das Herz und das Zentrum der gesamten Anlage. Er besteht aus dem Nord- und dem Südpavillon, getrennt durch einen so genannten Hof des Wasserlaufs, der den zentralen Bereich des Palastes einnimmt. Mittelpunkt des Hofes ist ein von Pflanzen umgebenes lang gestrecktes Wasserbecken, um das herum die anderen Baulichkeiten angeordnet sind.

Die Westseite säumt ein Arkadengang mit 18 Bögen und einem Aussichtsturm in der Mitte. Der Ostflügel ist neueren Datums, er wurde 1958 durch einen Brand total zerstört und neu aufgebaut.

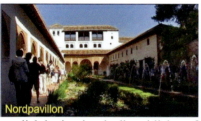

Der Nordpavillon ist zweifelsohne der interessanteste des ganzen Generalife-Palastes. Hier waren die Gemächer des Sultans. Der Pavillon ist traditionsgemäß angeordnet: Ein fünfbögiger Portikus, dessen mittlerer Bogen wesentlich breiter ist als die seitlichen, führt zu einem dreibögigen Portal vor dem **Königlichen Saal.** Über den drei Bögen findet sich eine Inschrift, die das Baujahr dieses Gebäudes erwähnt: 1319 unter der Herrschaft von Ismail I.

Der Südpavillon war möglicherweise für den Harem vorgesehen. Das Gebäude wurde mehrfach stark verändert. So wurden z.B. in seinem Portikus die Bögen, die ursprünglich aus Stuck waren, durch Steinbögen ersetzt.

Im **Hof der Sultanin**, gleich neben dem Nordpalast, soll laut einer Legende einer der Nasriden-Herrscher an einer alten Zypresse die Sultanin – also seine Gemahlin – mit einem Jüngling aus einer anderen Familie überrascht haben. Daher der Name des Hofes.

Hof der Sultanin

Wunderschöne Blicke hat man von hier oben auf den gegenüber liegenden Albaicin und Sacromonte.

Blicke zum Albaicin und Sacromonte

Wir verlassen den Generalife und während wir zu den Palästen der Alhambra gehen, vorbei an Myrthenanpflanzungen und so genannten *Pater Noster Bäumen*, ein wenig Geschichte:

Als 1238 Al-Ahmar den Thron bestieg, beschloss er seinen Palast nicht in der alten Alcazaba auf dem Hügel des Albaicins, wo bisher die Herrscher von Granada residierten, unterzubringen, sondern auf dem Sabika-Hügel, auf den Resten einer alten Burg. Al-Ahmar erschien dieser Hügel außerhalb der Stadt für die Palast- und Verteidigungsbauten viel sicherer und strategisch günstig für den schnellen Abzug ins Gebirge oder zum Meer. So wurde die Alcazaba der erste Bau der Alhambra. Innerhalb der Festung und ihrer Schutzmauern kamen nach und nach die anderen Gebäude hinzu.

Alcazaba

Der Palastbezirk, zu dem wir geführt wurden, umfasst den **Palast Karls V.**, der eigentlich gar nicht zu den Gebäuden der Alhambra passt, den Myrtenhof und den Löwenhof mit den dazugehörenden Gebäuden und einige Türme.

Südseite des Palastes Karl V.

Als Karl V. auf seiner Hochzeitsreise nach Granada kam, beeindruckte ihn die Stadt so sehr, dass er beschloss, einen Palast im europäischen Stil innerhalb der Alhambra bauen zu lassen. 1527 wurde mit dem Bau begonnen. Finanziert wurde seine Errichtung durch eine Sondersteuer, mit der sich die in Spanien gebliebenen Muslime ihre Religionsfreiheit erkaufen konnten.

Die hier zu sehende Südseite gibt einen Eindruck von der Größe des Palastes, der nie vollständig beendet wurde. Im Innern gibt es einen großen runden Hof romanischen Stils mit zweigeschossiger Galerie, deren Erdgeschoss aus 32 Säulen dorischer Ordnung und das Obergeschoss ionischer Ordnung besteht. Erwähnenswert ist die hervorragende Akustik des Innenhofes.

Runder Hof im Inneren des Palastes

Myrtenhof

Der **Myrtenhof**, das Zentrum des Comares-Palastes und seine rechteckige Form (37m lang und ca. 24 m breit) zeigt die reinste Linie maurischer Architektur. Sein Becken ist exakt so angelegt, dass sich die umliegenden Säulen, Bögen und der Turm im Wasser spiegeln. An den beiden Längsseiten stehen zwei Reihen Myrtensträucher, die dem Hof seinen Namen geben.

An der Nord- und Südseite findet sich je ein Portikus mit sieben Rundbögen und zierlichen Stalaktitenkapitellen. Der Gesandtensaal liegt im Innern des Comares-Turms und ist der größte und höchste Raum des ganzen Comares-Palastes. An den Seitenwänden öffnen sich neun Alkoven mit Fenstern, die ursprünglich farbige Glasfenster schmückten. Von

Portikus

Comares-Turm

der arabischen Bezeichnung *qamaryya* dieser bunten Fenster leitet sich der heutige Name **Comares-Turm** ab. An den Wänden glaubt man große Wandteppiche aus Stuck mit unterschiedlichen Motiven wie Muscheln, Blumen und Sternen zu sehen. Das ist nur eines der zahlreichen Beispiele für die Naturbezogenheit der islamischen Architektur, immer darum bemüht, die Natur ins Haus zu holen, sei es durch große Fenster, durch Gärten und Innenhöfe oder eben durch die perfekte Abstraktion bzw. Versinnbildlichung der Natur im Stuck, auf Fliesen und Decken. Diese Naturverbundenheit liegt darin begründet, dass Muslime Pantheisten sind, also Allah in allen Dingen sehen, die er geschaffen hat.

Was die Thematik der Inschriften in Bauwerken betrifft, so handelt es sich fast immer um Koranverse. Die Alhambra ist voll von religiösen Inschriften, wobei sich die Epigraphie „Es gibt keinen Sieger außer Allah" wie ein Leitmotiv immer wiederholt.
Im Goldenen Saal, dessen Fassade hier zu sehen ist, versammelte sich der Gerichtshof und man empfing Gesandte des Sultans. Das Holzgewölbe, das arabischen Ursprungs ist, wurde später zu Zeiten der Christen mit Goldplättchen verziert.

Der Löwenhof ist umgeben von Palästen mit Sälen, die unter Mohammed V. im Jahr 1377 begonnen wurden.
Im Süden der Saal der Abencerrajes, im Osten der Königssaal, im Norden der Saal der 2 Schwestern, daneben die Palastbäder.

Dieser Komplex war dem Privat- bzw. Familienleben des Sultans vorbehalten. In seiner Mitte befindet sich der berühmte **Löwenbrunnen**, um ihn herum

sind alle Räume erbaut worden. Leider war der sehenswerteste Teil, der Brunnen mit den 12 Löwen, zur Restaurierung abgebaut worden, so dass ich nur auf ein Bild aus einem Buch zurückgreifen kann.

Aber auch so war der Eindruck des Hofes mit seinen 124 Marmorsäulen überwältigend. Die nun folgenden Bilder sollen ohne Erläuterungen die Schönheit und Vielfalt der maurischen Architektur wiedergeben. Es sind Aufnahmen von Gärten von Innenräumen und Ausblicke aus deren Fens-tern.

Den Innenhof des Restaurants Amerika in der Alhambra mit seiner grünen Naturdecke bevölkern eine Unmenge von Spatzen und man muss immer mit Material von oben rechnen.

Am späten Nachmittag des gleichen Tages nach einer Ruhepause im Hotel besuchen wir die mächtige **Kathedrale**, die die Katholischen Könige als ein Symbol und Siegeszeichen der Christenheit über den Islam setzten.

Man betritt die Kathedrale nahe dem Vorraum zur Sakristei und erreicht kurz danach über den Chorumgang den Kirchentrakt. Die katholischen Könige – Ferdinand II. von Aragon und Isabelle I. von Kastilien – ließen sich neben dem Hauptaltar eine Kapelle als letzte Ruhestatt errichten. Diese Kapelle konnten wir aus Zeitmangel leider nicht besichtigen.

Die Sakristei befindet sich am Ende eines kleinen Ganges oder Vorzimmers, wo sich Schränke aus Nussbaumholz zur Aufbewahrung der liturgischen Gewänder befinden. In der Sakristei (18. Jhd.) selbst hängt an der Stirnseite ein lebensgroßes Kreuz von Martinez Montanes. Darüber hängt ein Gemälde der Verkündigung von Alonso Cano und darunter das große Werk desselben Meisters, die *Immaculata*, eine etwa 50 cm große Statue aus Zedernholz. Diese Arbeit ist das Meisterwerk aller in der Kathedrale ausgestellten Exemplare. Ihre Schönheit, die schlichten Farben, die gefalteten Hände und der geringe Umfang sind so eindrucksvoll, dass es sich vielleicht um die bedeutendste spanische Skulptur des 17. Jhds. handelt.

Kuppel über dem Altar

Im Innern der Kathedrale beeindruckt einen die Pracht und das strahlende Weiß der Säulen, das eher zu einem Renaissancepalast als zu einem Gotteshaus passt. Diese Kirche scheint nicht zu Andacht und innerer Sammlung zu rufen, sondern löst eher Staunen und Anerkennung menschlichen Schaffens aus.

Die Kuppel über dem Altar ist 45 Meter hoch und hat einen Durchmesser von 22 Metern an der Basis. Die Glasfenster stammen von flämischen Künstlern und sind zwischen 1554 und 1561 angefertigt worden. Sie stellen das Leben und Leiden Jesus sowie andere biblische Szenen dar.

Bemerkenswert sind die beiden **Zwillingsorgeln,** die sich rechts und links am Ende des Hauptschiffs befinden und aus dem 18. Jhd. stammen. Sie wurden 1745 bzw. 1749 fertig gestellt, um den Chor abzuschließen. Man erkennt an den fächerartig waagerecht abstehenden Pfeifen, dass sie spanischen Ursprungs sind, denn im Gegensatz dazu haben die mitteleuropäischen Orgeln nur senkrechte Pfeifen.

Waagrechte Pfeifen

Eine große Anzahl an Kapellen befindet sich in den Seitenschiffen und im Chorumgang. Die meisten dieser Hochaltäre sind Barockbauten, einige gehören aber auch dem klassizistischen Stil an. Die folgenden Bilder sollen einen Eindruck von der großartigen Gestaltung einiger dieser Altäre geben.

Eigentlich hätte die Kathedrale zwei gleiche Türme haben sollen, doch als beschlossen wurde, auf einer Seite die Sakraments-Kirche anzubauen, verwarf man diesen Plan. Es gibt also nur einen dreiteiligen Turm, der ca. 50 m hoch ist und unvollendet blieb.

Auf die drei vorhandenen würfelförmigen Teile sollte noch ein eher achteckiger Teil aufgesetzt werden. 1590 konnte jedoch der zu schwache Turm nicht noch höher gebaut werden. Im Jahr 1636 versuchte man es erneut, doch auch dieser Versuch scheiterte, sodass der Turm unvollendet blieb. Der heutige quadratische Turm ist von jeder erhöhten Stelle in Granada aus zu sehen und sein herrlicher, erhabener Anblick ist zum Wahrzeichen der Stadt geworden.

Turm der Kathedrale

Wie jede Stadt ist auch Granada abends hell erleuchtet und sehr lebendig. Nach einem ereignisreichen Tag kehren wir zurück zu unserem Hotel.

Das **Albaicin-Viertel**, das wir am nächsten Morgen besuchten, liegt am Rande des Flusses Darro gegenüber der Alhambra auf einem Hügel.

Königliche Kanzlei

Im unteren Teil des Albaicins am Plaza Nueva steht die Königliche Kanzlei, ein Gebäude, das Philipp II. als Sitz des Obersten Gerichtshofes bauen ließ. Das Katholische Königspaar hatte den Gerichtshof in Granada einrichten lassen und er war für ganz Andalusien, Extremadura, Murcia, la Mancha und die Kanarischen Inseln zuständig.

Der Albaicin ist das älteste Stadtviertel von Granada. Seine Entstehung geht zurück auf die maurische Zeit Spaniens, wobei Mauerreste auf eine Besiedlung bereits zu Zeiten der Iberer und Römer schließen lassen. Das Stadtviertel liegt auf einem der drei Bergrücken, auf denen die Stadt Granada gebaut wurde, mit Blick auf die Alhambra. Nicht nur durch seine bekannte Aussicht auf diese bedeutende Stadtburg, sondern auch wegen der vielen kleinen pittoresken Gassen zwischen den überwiegend weiß getünchten Häusern zählt der Albaicin

Plaza Mirador

zu den Sehenswürdigkeiten der Stadt. Seit 1994 gehört er zum Weltkulturerbe der UNESCO.

Der schönste Ausblick auf Granada, die Sierra Nevada und die Alhambra hat man vom **Plaza Mirador** de San Nicolas aus, der auf fast der höchsten Höhe des Berges liegt.

Als wir von diesem Platz aus wieder den Abstieg suchten, entdeckten wir noch einen hübschen kleinen Markt, dort gaben uns Frauen Auskunft, wie wir gehen müssen.

Monasterio de la Cartuja

Das Karthäuserkloster **Monasterio de la Cartuja**, das wir am Nachmittag besuchten, liegt im Nordwesten des Zentrums von Granada. Seit 1545 gehörte das Kloster den Karthäusern, heute aber untersteht es direkt dem Erzbischof und der Diözese von Granada. Da im Kloster nicht gefilmt werden durfte, ich es aber trotzdem versuchte, kann ich nur einige wenige Eindrücke der prunkvollen Ausgestaltung und der Bilder wiedergeben. Im *Refektorium* oder Speisesaal hängt ein Bild mit Titel *Das heilige Abendmahl*. Da die Kartäuser Vegetarier waren, befindet sich auf dem

Refektorium

Gässchen

Teller Jesu statt Lammfleisch ein Fisch und die Tiere im Vordergrund streiten um eine Fischgräte anstatt um einen Knochen.

Reizvoll sind die kleinen engen Gässchen nahe der Kathedrale, die wir an unserem letzten Abend besuchten. Am Plaza Bib Rambla herrschte volles Leben, dort fanden wir ein sehr gutes Restaurant.

Wir verabschieden uns von Granada mit einem letzten Blick vom Plaza Bib Rambla zur Kathedrale.

Letzter Blick

Córdoba (10. - 13.5.2011)

Im Winter 1990/91 kauften wir unser Haus in Spanien. Seitdem fahren bzw. fliegen wir einmal im Jahr dorthin. Weil Edda die Sommerhitze nicht verträgt, fliegen wir meistens im April oder Mai für 3 bis 4 Wochen. In dieser Zeit sind fast alle Häuser in Strandnähe nicht bewohnt, wie man an den menschenleeren Promenaden erkennt.

Menschenleere Promenaden

Der Kirche in Pilar de la Horadada, zu dieser Stadt gehört Campoverde, trägt den Namen *Nuestra Señora del Pilar*. Sie liegt im Zentrum des Ortes. Man hat ihr im letzten Jahr eine sehr schön ge-staltete Messingtür mit wunderbaren Reliefs gegeben.
In den ersten Tagen unseres Aufenthaltes gab es ruhiges, sonniges Wetter.

Wir hatten uns vorgenommen, Córdoba wieder einmal zu besuchen und so fuhren wir eine Woche später zunächst über die Autobahn bis Granada, von da an die Nationalstraße N 432 bis zum Ziel. Die gesamte Strecke hatte eine Länge von etwa 540 km. Die Verkehrsdichte auf den Autobahnen und den Straßen in Spanien ist mit der Deutschlands nicht zu vergleichen. Man ist manchmal kilometerweit allein unterwegs.

Route nach Córdoba

Olivenplantagen

Auf einem Auto- und menschenleeren Parkplatz machten wir eine kleine Rast bevor wir die 150 km lange Nationalstraße befuhren. Rechts und links ist die N 432 bis Córdoba über die gesamte Strecke von Olivenbäumen gesäumt.

Wir hatten in Córdoba in einem 4-Sterne-Hotel drei Übernachtungen mit Frühstück für etwa 360 € gebucht. Das Hotel lag zentral nur 100 m von Rathaus ent-

Restaurierte Säulen

fernt, so dass wir alle Sehenswürdigkeiten zu Fuß erreichen konnten: Den *Plaza de la Corredera*, den *Plaza Tendillas*, die **Mezquita**, und viele Kirchen.

Córdoba, eine Stadt, die schon zur Römerzeit bedeutend war, davon zeugen die restaurierten Säule eines romanischen Tempels neben dem Rathaus, hat heute etwa 330000 Einwohner.

Mittelpunkt der Stadt ist der **Plaza de las Tendillas**, auf dem ein Reiterdenkmal für den in Montilla bei Córdoba geborenen *Gran Capitan Gonzalo Fernandez de Córdoba* steht, der für die Könige von Aragon das Königreich Neapel eroberte.

Plaza de las Tendillas

Als wir am 1. Tag vom Plaza de las Tendillas in Richtung Mezquita gingen, kamen wir plötzlich nicht mehr weiter: die Kommunionkinder hatten sich zu einem Umzug in Richtung Mezquita versammelt.

Kommunionkinder

Bedeutendstes Denkmal der Stadt ist die ehemalige Hauptmoschee des westlichen Islams und heutige Kathedrale, die **La Mezquita-Catedral**, eine der größten Moscheen der Erde und die bedeutendste Schöpfung maurischer religiöser Baukunst in Spanien, die an Schönheit und Größe mit den großen Moscheen von Mekka und Damaskus, mit der *El-Ashar-Moschee* in Kairo und der *Blauen Moschee* in Istanbul ohne weiteres konkurrieren kann.

Mezquita

Ihre Maße von 179 m Länge und 130 m Breite sind beachtlich.

Außenmauer

Das gesamte Bauwerk wird von einer zinnengekrönten Außenmauer umgeben, aus der zahllose Strebepfeiler turmartig heraustreten.

Der Haupteingang an der Nordseite ist die *Puerta del Perdón* (Tor der Gnade), die 1377 im Mudejarstil erbaut wurde; daneben erhebt sich auf dem ersten Stockwerk des Minaretts der 60 m hohe Campanario (Torre de Alminar), der seine heutige Gestalt 1593 erhielt. Er wird gekrönt von einem Standbild des Erzengels Raphael, des Schutzheiligen der Stadt.

Campanario

Patio de los Naranjos

Im **Patio de los Naranjos**, im Orangenhof, der mit Orangenbäumen und Palmen bepflanzt ist, fanden früher die vom Islam vorgeschriebenen Waschungen statt.

Im Inneren der Moschee ist man von der Vielzahl der Säulen geblendet. Die 856 frei stehenden Säulen sind in Längsrichtung durch weiß-rote Hufeisenbogen verbunden. Ein Teil davon wurde beim Bau aus antiken Gebäuden und christlichen Kirchen geholt. Das Material ist Marmor, Jaspis und Porphyr.

Im Inneren der Moschee

Etwas zur Geschichte:
An der Stelle der heutigen Moschee stand eine westgotische Kirche, die die Mauren nach der Eroberung als Moschee benutzten, einen Teil jedoch weiterhin den Christen überließen. Im Jahre 785 begann der Bau der Moschee, römische und westgotische Baumaterialien fanden hierbei Verwendung. Unter Abd ar-Rahman II. wurden um 830 bis 850 die Schiffe verlängert, Al Hakam II. vergrößerte die Moschee noch einmal auf ihre heutige Länge von 179 m.

Kapellen an der Außenmauer

Fast der gesamte Umgang an der Außenmauer wird von Kapellen umsäumt wie z.B. der Capilla de Simon y Judas. Doch ein unvergleichliches Meisterwerk islamischer Baukunst und Ornamentik ist der **Mihrâb Nuevo** an der Südostwand der Moschee, eine Gebetsnische, nach Mekka ausgerichtet. Der von einer hohen, aus einem einzigen Marmorblock gehauenen Kuppel gekrönte Raum, in dem der Koran auflag, strömt über von einer Vielzahl von floralen und geometrischen Mustern und Koranversen in arabischen Schriftzeichen.

Mihrâb Nuevo

Kuppel

Links neben dem Mihrâb befindet sich die Sala Capitular, die Sakristei, in der der christliche Kirchenschatz aufbewahrt wird, darunter befindet sich eine silberne *Custodia* aus dem Jahr 1517.

Wenn man die Moschee von oben betrachtet, fällt einem der kirchenartige Bau im Zentrum auf. Es ist auch tatsächlich eine christliche Kirche in einer Moschee. Dazu lehrt die Geschichte folgendes: Nach der Rückkehr der Christen 1236 blieb die Moschee zunächst lange

Teil des Kirchenschatzes

Zeit wenig angetastet. Doch während der Regentschaft Karls V. erfolgte eine der einschneidensten Veränderungen. 1523 wurde die Errichtung einer großen Kathedrale inmitten des islamischen Gebetsraumes beschlossen. Der Stadtrat von Córdoba erkannte die Gefahr und bedrohte jeden mit dem Tode, der die

Kirchenartiger Bau

maurischen Bauten zerstören wollte. Doch auf Anordnung Karls V. begann der Neubau. So befindet sich jetzt im Herzen der Moschee das als Chor dienende gotische Kreuzschiff mit der **Capilla Mayor** eine Kirche für sich bildend, 1563 - 1599 nach dem Abbruch von 63 Säulen erbaut.

Als der Herrscher wenige Jahre später die Bauarbeiten besichtigte, soll er zu den Domherren gesagt haben: „Wenn

Capilla Mayor

ich gewusst hätte, meine Herren, was Sie vorhatten, hätte ich es nicht gestattet, denn was sie hier gebaut haben, findet man überall, aber was Sie zerstört haben, gibt es nirgends auf der Welt."

Im Chor gibt es ein reich geschnitztes barockes Gestühl aus dem 18. Jhd..
Mit einem nochmaliger Blick auf die reich verzierten Decken, die wunderschön gestalteten Tore und die Säulenhalle verlassen wir die Mezquita.

Jedes Jahr im Mai findet in Córdoba der *Concurso de Patios Cordobeses* statt, ein Wettbewerb, bei dem der schönste **patio** – also Innenhof – gewählt wird. Die privaten, sonst nicht zugänglichen Innenhöfe sind zu diesem Anlass für Einheimische und Touristen geöffnet.

Der **Plaza de los Dolores,** Platz des Leidens, der volkstümlich der der *Capuchinos,* der Kapuziner, genannt wird, denn hier hatten im 17. Jhd. die Kapuziner ihr Konvent, besitzt zwei Haupteigenschaften: die Einsamkeit und die Stille.
Der Hauptblickpunkt auf dem Platz de los Dolores aber ist der Gekreuzigte

Jesus, der sich in ihm erhebt und von einem 1794 errichteten halbhohen Eisengitter beschützt wird.

Am **Plaza del Conde de Priego** hat man dem großen Stierkämpfer Manuel Rodriguez ein Denkmal gewidmet.

Von hier aus hat man einen schönen Blick auf die Kirche **Santa Marina** mit ihrer hervorragenden Hauptfassade. Sie stammt aus dem 13. und 14. Jhd.. Ein Besuch der Kirche war nicht möglich, denn ihr Zustand ist sehr renovierungsbedürftig.

Aber stellvertretend für die vielen Kirchen Córdobas sei die Kirche **San Pablo** erwähnt, die genau gegenüber dem Ajuntamiento, also dem Rathaus, zwischen anderen Gebäuden steht. In ihr fand gerade eine Andacht statt. Sie ist 1241 erbaut, besteht aus 3 Schiffen gotischen Stils und hat im Inneren schöne mudéjare und arabische Schmuckelemente.

Kirche Santa Marina

Kirche San Pablo

So überraschend und großartig sich Córdoba seinem heutigen Besucher präsentiert, so großartig ist seine Vergangenheit. Man sollte wissen, dass Córdoba im 11. Jhd. eine der größten Hauptstädte Europas war. Menschen verschiedenster Kulturen und Religionen – Juden, Moslems und Christen – lebten hier in Eintracht, und bedeutende Philosophen, Wissenschaftler und Künstler gingen aus dieser Stadt hervor.

Prozession in San Pablo

Medina Azahara von Abd ar-Rahman III. 936 in Auftrag gegeben und ursprünglich einer seiner Konkubinen namens *az-Zahra* gewidmet, ist eine ehemalige Palaststadt im südlichen Spanien. Sie liegt ungefähr 8 km westlich von Córdoba an einer Hanglage, mit einem wunderschönen Blick auf das Tal und auf Córdoba selbst.

Die Anlage ist als Ruine erhalten, mit einigen prominenten Gebäuderesten.

Medina Azahara

Die Erbauung der Palaststadt beginnt im Jahre 936. Im Jahr 945 vollzieht sich der Umzug des Hofes von Córdoba in diese Stadt, die zu diesem Zeitpunkt bereits über die Hauptmoschee verfügt.

Die Palastanlage befindet sich auf einem Ausläufer der Sierra Morena, am Fuße des Berges *Monte de la*

Gebäudereste

Desposada, auf deutsch *Berg der Neuvermählten*. Sie ist durch die Berglage in Terrassen gegliedert, wobei die oberste die des Kaliven war, die darunter liegende die der Verwaltungsbeamten.

Wiederum eine Ebene tiefer liegt die eigentliche Stadt mit Wohnhäusern, Werkstätten und der Hauptmoschee, die durch eine Mauer von den beiden zuvor genannten Palastbereichen getrennt war.

Diese Anlage wird als die größte städtische Ansiedlung im Mittelmeergebiet betrachtet, die auf einen Schlag geplant und angelegt wurde. Sie hat einen rechteckigen Grundriss von 1500 mal 750 m², bei dem die Kanalisation und Wasserversorgung perfekt geplant war. Angeblich war dort Raum für 30000 Bewohner.

Trotz der qualitativ hochwertigen und dauerhaften Materialien bestand Medina Azahara nicht einmal ein Jahrhundert lang, da sie schon 1010 erobert und von den Almoraviden wieder zerstört wurde, als Folge des Bürgerkrieges, der dem Kalifat von Córdoba den Untergang brachte.

In den darauf folgenden Jahrhunderten setzte sich die Plünderung und Ausräumung fort. So wurde die Anlage als künstlicher Steinbruch für andere Bauten und spätere Gebäude verwendet.

Swimmungpool

Heute versucht man den Komplex zu rekonstruieren, bislang wurden aber nur 10% der Grundfläche ausgegraben.

Wir sind zurück in Córdoba und bevor wir uns ein letztes Mal in die Stadt begeben, noch ein Blick auf den Swimmingpool unseres Hotels, in dem ich täglich 1 Stunde verbrachte.

Den späten Nachmittag genießen wir auf dem **Plaza de la Corredera**. Der Platz ist etwa 100 m lang und zwischen 45 und 52 m breit. Er ist von Arkadenhäusern umgeben. Hier fanden früher Pferderennen und Stierkämpfe statt, wie schon der Name sagt und er war auch Ort der Exekutionen während der Inquisitionszeit.

Plaza de Corredera

Als wir uns dort aufhielten gab es am Abend ein *Festival de Patios* mit Musik, Gesang und Tanz. Daher der Aufbau der Bühne und der Stühle.

Strand in Los Alcázares

Wir sind aus Córdoba in unser zweites zu Hause zurückgekehrt. In Córdoba, es liegt ja im Landesinneren, hatten wir es sehr warm. Wie man aber nun erkennt, ist das Wetter hier so gar nicht spanisch, wie man es sich vorstellt.

Windig, regnerisch, teilweise sogar kühl. Trotzdem machten wir unsere täglichen Wanderungen an den Strandpromenaden. Zu sehen und zu beobachten gibt es immer etwas.

Sprung eines Kite-Survers

In Los Alcazares und am Mar Menor konnten wir die Kite-Surfer beobachten, die bei dem starken Wind imposante Sprünge vollführten.

Luftwaffe

Auch die spanische Luftwaffe übte wieder über dem Mar Menor ihre Kunstflugfiguren.

Betrachtet man in Google Earth das Mar Menor von oben, so erkennt man rechts das offene Meer.

Beim Heranzoomen sieht man durch einen 1,6 km langen aufgeschütteten Damm rechts abgetrennte Salzwasserbecken. Hier, im Vorort Lo Pagan, inmitten der Salinen, sind die berühmten Schlammbäder zu finden, Europas größte Schlammtherapieanlage unter freiem Himmel. Durch die Sonne und den hohen Salzgehalt des Wassers haben sich viele Mineralien im Boden abgelagert und bilden eine Schlammschicht: **barro negro**.

Mar Menor und offenes Meer

Aufgeschütteter Damm

Der Schlamm wirkt entzündungshemmend und wird gegen Rheuma, Gicht und Arthritis, aber auch bei Hauterkrankungen wie Akne eingesetzt.

Die Anwendung ist einfach: Der heilende Schlamm wird von Kopf bis Fuß eingerieben. Anschließend lässt man diesen in der Sonne trocknen, bis er zu einer grauen Schicht erstarrt ist und wäscht ihn im Mar Menor wieder ab.

"Die Fangoschicht wirkt wie ein Löschpapier und befreit die Haut von Giftstoffen", heißt es auf den Tafeln an der Strandpromenade. Schon die Römer nutzten hier die heilende Wirkung von Schlamm und Salzwasser.

Schlammbad

Abwaschen des Schlammes

Norwegen (Juni/Juli 2000)

Die Lofoten

Um Norwegen kennen zu lernen, die Weiten des Landes, die Schönheiten der Fjorde, die idyllisch gelegenen Städte und Ansiedlungen, die Nächte, die im Sommer nicht vorhanden sind, entschlossen wir uns wieder einmal, mit einem gemieteten Campmobil das Land zu bereisen. Mit Rolf und Hilde, die lieber den kühleren Norden als den sonnigen Süden besuchen, nahmen wir die Fähre von Puttgarten aus, die uns in einer Stunde nach Rödbyhavn auf der Insel Lolland brachte.

Auf dem Campingplatz in Maribo auf der dänischen Insel Lolland warteten bereits Dieter und Irmtraut auf uns. Von jetzt an ging die Reise mit 3 Eura-Mobilen stetig nach Norden, nachdem wir dänischen Boden mit der Fähre von Helsingör nach Helsingborg in Schweden verließen.

Ganze Windmühlenfelder sind in Schweden neben die Autobahn gebaut, vielleicht um den vielen Wind der Fahrzeuge auszunutzen.

Unser erster gemeinsamer Campingplatz mit 3 Fahrzeugen war in Schweden in Fjellbacka, 65 km von der Norwegischen Grenze entfernt. Der Platz lag wunderschön am Meer und wir hatten, als wir eine kleine Wanderung unternahmen, noch Glück; es regnete nicht, die Temperatur jedoch schien uns für Juni etwas zu kühl. Hier hatte man uns nur Notstellplätze zugewiesen. Der Platz war voll belegt, weil die Schweden ihr Mittsommernachtsfest feierten.

Auf dem Weg nach Lillehammer, der E6, der Hauptverkehrsstraße nach Norden gab es plötzlich einen Stop. Kurze Zeit darauf wussten wir warum: Ein Fahrradrennen fand statt, das sich über etliche Kilometer hinzog.

Auf der Fahrt am 1465 m hohen Dalsnibba vorbei Richtung **Geiranger** gab es im Juni noch erhebliche Schneemengen. Norwegen ist ein Land des Wassers. Egal wo man hinkommt, es rauscht, fließt, fällt herunter. Wasserfälle, ob kleine oder große sind überall.

Geiranger Fjord

Vom kleinen Friedhof oberhalb des Ortes Geiranger mit seinen etwa 300 Einwohnern hat man einen umfassenden Blick auf den nach dem Ort genannten Geirangerfjord. Da Fjorde Tiefen bis zu 1000 m aufweisen, können auch große Passagierschiffe diese Meeresarme befahren.

60 km nördlich von Geiranger erreichten wir den in 850 m Höhe gelegenen Parkplatz des berühmten **Trollstig** mit seinen Wasserfällen. Es waren dort oben nur 3° Celsius und darum schien es notwendig, sich warmzulaufen.

1936 wurde in hochalpiner Landschaft die spektakulärste der Streckenführungen Skandinaviens in den Berg gehauen. Über elf Haarnadelkurven windet sich die Straße des Trollstig hier den Hang hinauf, um den Höhenunterschied von 800 Metern zu überwinden. Durch Ausweichbuchten ist sie sogar auch für Ausflugsbusse befahrbar.

Auch durch den Nieselregen ließen wir uns vom Filmen und Fotografieren nicht abhalten, wann kommen wir schon mal wieder hier her? Rolf ist in seinem Element und schießt ein Bild nach dem anderen. Hilde ist der Objektivträger.

Postamt am Polarkreis

Am Campingplatz Storli, etwa 15 km vom Polarkreis entfernt, schien die Sonne. Das lockte natürlich. Tische und Stühle hervorzuholen: doch lange währte der Genuss nicht, denn bald kamen die Mücken.

Das Postamt am **Polarkreis** ist ein vielbesuchter Ort an der Nationalstraße E6. Hier lässt man sich die Ansichtskarte mit dem Polarstempel versehen, um sie dann anderswo zu schreiben und zu verschicken.

Unser 1. Reiseplan war wegen des Regens nicht zu verwirklichen. Unseren 2. Plan warfen wir auch über Bord, weil sich dann Hilde und Rolf bald von uns verabschiedet hätten. So nahmen wir sofort Kurs auf die Lofoten auch mit dem Gedanken, dort könnte das Wetter besser sein. Wir verließen die E6 in Richtung Westen und kamen gegen Mittag in Bodø an. Die Fähre war gerade um 12:00 weggefahren, also warteten wir auf die nächste um 15:00 Uhr. wir standen ja ganz vorn und hatten deshalb keine Bedenken, mitgenommen zu werden. Jedoch es kam anders: Die Fähre fuhr ohne uns, da Gütertransportunternehmen vorbestellt hatten und deshalb bevorzugt wurden. Also vertrieben wir uns die Zeit bis zur nächsten Fahrmöglichkeit um 20:00 Uhr mit Stadtbummel, Besichtigungen, Einkaufen, Herumsitzen, Fotografieren, anspruchsvollen und lustigen Gesprächen, Entschalen und Essen von Langustinos, die hier Rekers genannt werden.

Diese kleinen Krabben werden direkt am Hafen vom Schiff aus verkauft und können sofort gegessen werden, weil sie bereits auf dem Schiff gekocht wurden.

Wir sind endlich um 20:00 auf dem Schiff von Bodø nach Moskenes. Es benötigt auf direktem Weg 4 Stunden, also werden wir gegen Mitternacht in Moskenes eintreffen. Schon eine Stunde vor der Ankunft auf den Lofoten wird die Silhouette der Lofotenwand, die sich als steile Zacken einzelner Inseln entpuppt, immer deutlicher. Diese Fährpassage von Bodø nach Moskenes gehört zu den schönsten in Norwegen.

Auf dem **Campingplatz,** der wenige Meter vom Hafen entfernt auf einer Höhe liegt, übernachten wir die wenigen Stunden, die uns bis zum Morgen noch bleiben. Ihn umgibt eine idyllische Landschaft. Es ist windig, nicht sehr wann, aber die Sonne scheint. Das ist für uns das Wichtigste, um die schönsten Inseln Norwegens in ihrer vollen Pracht zu entdecken.

Å auf den Lofoten

Zu den Lofoten gehören die Inseln **Moskenesøy** mit den sehenswerten Orten Å, Reine, Hamnoy, Nusfjord, die Insel **Vestvagøy** und die östlich gelegene Insel **Austvagøy** mit den Orten Hennigsvær, Kabelvag und der Hauptstadt Svolvær.

Wenn man in das **Dorf Å** an der Südspitze der Lofoten kommt, wird man von einem Geruch nach trocknendem Fisch empfangen, sowie man aus dem Auto steigt und dieser Geruch umgibt einen, bis man den Ort wieder verlässt.

Holzgestelle mit Kabeljau

Auf den großen Holzgestellen, die so charakteristisch für die Lofoten sind, hängen manchmal noch bis in den Juli hinein stattliche Kabeljau knochentrocken im Wind. Die meisten stapeln sich allerdings bereits in den Lagerhäusern und werden für den Export gebündelt.

Man könnte das ganze Dorf als Museum bezeichnen. Die rot getünchten Bootshäuser stehen in der malerischen Bucht noch so am Meer wie vor einhundert Jahren. Die Trankocherei, das Lager für Stockfisch, die alten Boote, gleich das ganze Ensemble wurde deshalb unter Denkmalschutz gestellt. Die **Rorbuer**, die einstigen Bootshäuser der Lofotenfischer, sind inzwischen auf der ganzen Insel zu Ferienwohnungen umgebaut worden und im Sommer sehr begehrt. Im Museum, das den gesamten Kern des Dorfes mit etlichen Häusern umfasst, zeigt man das Leben in einem Fischerdorf, Geräte des Lofotenfischfangs, die Geschichte des Lebertrans, die älteste Trankocherei.

Die Lage der Inseln im Atlantik bringt es mit sich, dass es manchmal sehr stürmisch ist: dies erfuhren wir in **Reine**, wo wir einen Fotoaufenthalt machten.
Durch den Ölreichtum, den Norwegen in den letzten Jahren erfahren hat, sind heute fast alle Lofoteninseln über Dämme, Brücken und Meerestunnel miteinander verbunden.

Hamnoy, ein Paradies für Postkarten-Fotografen, bezaubert durch seine Hafenidylle.
Die Männer in dem Fischereibetrieb müssen wohl im Akkord arbeiten, denn hier wäre Rolf beim Fotografieren fast von einem LKW-Fahrer, als er rückwärts den Wagen positionierte, ins Wasser gestoßen worden, hätten wir nicht alle wie auf Kommando ihn gewarnt.

Ramberg liegt auf der Westseite der Insel Moskenesøy, was wir durch den Sturm, der die Campmobile zum Schwingen brachte, sehr schnell bemerkten.
Hier gab es am Campingplatz ein Restaurant, das in Norwegen keinesfalls selbstverständlich ist. Deshalb verzichteten wir trotz der immensen Preise aufs Kochen. Man muss in Norwegen etwa den 2,5 fachen Preis gegenüber unseren Preisen bezahlen. Doch nebenbei wurde uns noch etwas geboten: ein Chor aus Oslo gastierte hier.

Um Mitternacht ließ ich mich wecken, um die Mittemachtssonne aufzunehmen. Es war immer noch so stürmisch und ich so müde, und deshalb filmte ich aus dem Alkovenfenster. Auch in Sommer verhüllen oft Wolken die Gipfel der schroffen und kahlen Felsen.

Die kleine Holzkirche aus dem Jahr 1780 von **Flakstad** hat schon viele Winter wohlbehalten überlebt. Sie liegt neben der Hauptstrasse im Norden von Moskenesøy. 200 m von der Kirche entfernt liegt ein Friedhof, der durch seine Blumenpracht unsere Aufmerksamkeit erregte.

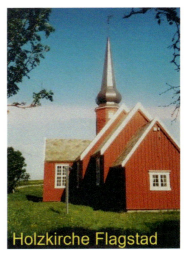
Holzkirche Flagstad

Nusfjord liegt südlich von Ramberg. Es ist ein romantischer kleiner Fischerhafen, den die UNESCO zum *Weltkulturerbe* erhoben hat.
Die rot angestrichenen Hütten, die man überall in Norwegen findet, nennt man **Rorbu**, Buden, in denen auswärtige Fischer in der Zeit des Fischfangs übernachteten. Der Name setzt sich zusammen aus *Ro* (Rudern), da früher natürlich nur Ruderboote zum Fischen genutzt wurden und *bu* (Wohnen).
Der typische rote Anstrich resultiert aus der früher billigen roten Tranfarbe. Es war die gewöhnlichste Art, um die Hütten vor Wind und Wetter zu schützen. Der Bau der ersten Rorbuer wurde laut einer altnordischen Saga von König Øystein im frühen 12. Jahrhundert beschlossen, um Quartiere für die zugereisten Fischer zu schaffen.

Der Campingplatz **Brustranda** bei Leknes lag nur wenige 100 m vom Breittinden, einem 507 m hoher Berg entfernt. Es war ein liebevoll gestalteter Platz am Wasser.
Hier war es uns möglich zu Grillen und im Freien zu Essen. Rolf führte uns deshalb auch voller Stolz seine Zauberkünste der Espressoherstellung vor.

Eines der größten Lofotendörfer mit 540 Einwohnern an der Südspitze der Insel Ausrvågoy ist **Henningsvær.** Man nennt es auch *Venedig der Lofoten*. Im Süden schirmt ein Steindamm den Hafen gegen den Henningsværstraumen ab. Im Norden wird der Ort von dem 541 m hohen Fesvågtinden und dem 818 m hohen Kvanndalstinden überragt.
Am engen lang gestreckten Hafenbecken bietet es mit seinen dicht gedräng-

ten Häusern, Fischerhütten, Booten und gewaltigen Bergen faszinierende Photomotive.

Aufgrund der Fischgründe direkt *vor der Haustür* entwickelte sich der Ort im 19. Jahrhundert zu einem der wichtigsten Fischerorte der Lofoten. Die Lage des Ortes war für den Fischfang sehr günstig, da es nur einer kurzen Anfahrt zu den Fischgründen sowohl im Westen als auch im Osten bedurfte.

Die Fischverarbeitende Industrie des Ortes produziert Trockenfisch, Lofotpostei (eine Fischpaste) und Tiefkühlfisch. Hier wird es zur eigentlichen Fischfangzeit zwischen Januar und April erst richtig spannend, wenn der Schnee noch fast bis ans Meer reicht und sich die Sonne gerade für einige Stunden zeigt. Dann laufen die Fischerboote aus, werden die Dorsche angelandet und paarweise zum Trocknen auf die *Hjeller* gehängt. Das ist die aktive, hektische Zeit auf den Lofoten, wo bis zu 20 Millionen Kilogramm Fisch aus dem Meer gezogen werden.

In den Sommermonaten allerdings erlebt man als Tourist das Hafenbecken ziemlich leer. Es liegen dort mehr Yachten als Fischerboote.

Heute, am Sonntag, Anfang Juli ist Ruhetag. Wir möchten gerne Fisch kaufen und abends grillen, aber dies ist leider nicht möglich. So nehmen wir die vielen Eindrücke und Gerüche, die sich uns bei immer noch herrlichem Wetter bieten, in uns auf und bewundern die Kontraste von Meer, Gebirge, Hafen und Häusern.

Für Irmtraut schien am Campingplatz Ørsvågvær bei Kabelvag die Sonne doch etwas zu stark zu scheinen oder der vor ihr stehende *Kinderkognak* bewirkte Spontanreaktionen? Jedenfalls konnten wir hier abends Pizza essen gehen und Dieter, unser Fußballfan, genoss bei riesiger Lautstärke das Endspiel der Fußball-Europameisterschaft.

Lofotkathedrale

Die Vägan-Kirche, auch **Lofotkathedrale** genannt, wurde nach einer königlichen Entscheidung vom 18. Juni 1895 erbaut. Die Kirche ist 1898 fertig gestellt und im gleichen Jahr am 9. Oktober eingeweiht worden. Es handelt sich um eine aus Holz erbaute Kreuzkirche. Als König Øystein in Kabelvåg zu Besuch war. sah er die Notwendigkeit eine Kirche zu bauen, da alle zugereisten Fischer sich während des Lofotfischfangs von Januar bis April hier aufhielten. Sie besitzt ca. 1200 Sitzplätze und ist damit die größte Holzkirche Nordnorwegens. Gegen Ende des vorigen Jahrhunderts kamen jedes Jahr 3-4000 Fischer nach Kabelvåg. Obwohl die Lofotkathedrale bereits so groß dimensioniert wurde, war selten Platz für alle Einwohner in der winterlichen Fischfangsaison.

Der bekannteste unter Vägans Pfarrern war **Hans Poulsen Egede**. Nachdem er Vägan verlassen hatte, reiste er als Missionar nach Grönland und wurde als *Grönland Apostel* bekannt.

Mit der Fähre von Fiskeböl nach Melbu verlassen wir die Lofoten. um über die Vesteraleninseln zunächst nach Osten, dann weiter nach Norden zu fahren. Die Lofoten bescherten uns wunderschönes sonniges Wetter. Leider blieb es nicht so.

Am nächsten Tag verabschieden sich Hilde und Rolf in Bjervik von uns, sie wollen Freunde in Schweden besuchen. Mit Irmtraut und Dieter setzen wir unsere Fahrt nach Tromsø fort.

Tromsø und Narvik

Auf dem Weg nach Tromsø machten wir an der E6 eine Pause. Zufällig hatten wir einen Parkplatz entdeckt, auf dem **Lappen ihre Zelte** aufgestellt hatten und ihre Waren feilboten. Irmtraut und Edda hatten dann auch großen Spaß, etwas zu kaufen.

Sehr lecker schmeckte uns eine Rentiersuppe, die man sich selbst aus einem großen Topf neben einem offenen Feuer nehmen durfte.

Die nördlichste Stadt die wir besuchten, war **Tromsø,** Sie liegt bereits fast auf dem 70. Nördlichen Breitengrad, also 350 km nördlich des Polarkreises.

Vor Tromso

Der Stadtkern liegt auf der gleichnamigen Insel und ist durch die 1016 m lange Tromsøbrücke mit dem Festland verbunden.
In der Stadtbroschüre wird sie als *Paris des Nordens* beschrieben. In den warmen Sonnennächten ist es taghell. Im Winter, vom 25. November bis zum 21. Januar, scheint die Sonne dann überhaupt nicht.
Tromsø ist mit 53000 Einwohnern die größte Stadt des Nordens, hat die nördlichste Universität und die nördlichste Brauerei.

Dem Stadtzentrum gegenüber am Beginn der Tromsø braa steht die *Tromsdalenkirche*, benannt nach dem Vorort Tromsdalen, geläufiger unter dem Namen **Eismeerkathedrale.** Der moderne Kirchenbau wurde von dem Osloer Architekten Jan Inge Hovig entworfen und 1965 eingeweiht. Sie hat die Gestalt eines Nur-Dach-Gebäudes und weckt beim Betrachter bestimmte Assoziationen. Manche sehen in dem eigenwilligen Betonbau ein Stockfischgestell oder Bootshaus, andere fühlen sich an aufgerichtete Eisblöcke erinnert.

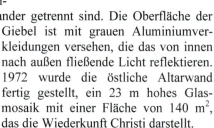
Eismeerkathedrale

Das Dach besteht aus 11 großen Betongiebeln, die durch Glasfenster voneinander getrennt sind. Die Oberfläche der Giebel ist mit grauen Aluminiumverkleidungen versehen, die das von innen nach außen fließende Licht reflektieren. 1972 wurde die östliche Altarwand fertig gestellt, ein 23 m hohes Glasmosaik mit einer Fläche von 140 m^2, das die Wiederkunft Christi darstellt.
Wegen der Glasstärke war die traditionelle Bleiverglasung nicht möglich, so dass die 11 Tonnen Glas in Beton und Eisen eingearbeitet wurden, nach der in Frankreich entwickelten Dalle-Technik.

Im Hafengelände von **Tromsø** haben sich Schiffswerften etabliert, denn zwischen 1850 und 1930 starteten von hier aus viele Expeditionen ins Eismeer; was der Stadt den Namen *Tor zum Eismeer* einbrachte.
Von der *Pforte des Nordens*, wie die Stadt auch genannt wird, sind weltberühmte Polarforscher wie Roald Amundsen und Fridtjof Nansen, aber auch

unzählige Trapper aufgebrochen, um in der Arktis Eisbären und Polarfüchse zu erlegen.

Nach wie vor ist Tromsø das Sprungbrett nach **Spitzbergen** bzw. Svalbard, wie die gesamte Inselgruppe in der Arktis genannt wird. Die Zeit, als Besucher nur mit eigener Verpflegung und einem Gewehr im Gepäck zur Abwehr von Bären auf die Insel durften, ist allerdings längst vorbei.

Stolz sind die Tromsøer auf die Fassaden der niedrigen Holzhäuser in der Altstadt. Viele von ihnen wurden Anfang des Jahrhunderts von reichen Kaufleuten und Reedern im Jugendstil gebaut. In den Nebenstraßen und am Hafen gibt es zahlreiche mit viel Geschmack gemütlich eingerichtete Lokale und Restaurants, die in den langen dunklen Wintermonaten gleichsam zum Sich-Treffen und Verweilen einladen.

In der Nähe der Domkirche steht ein Standbild des **Polarforschers Amundsen**.

Die nördlichste katholische Kirche der Welt steht hier in der Nähe des Hafens. Die heutige **Domkirche** wurde am 1. Dezember 1861 eingeweiht. Ein Jahr später war der Turm vollendet. Im gleichen Zuge wurde sie mit einer Holzverkleidung versehen und erhielt ihre beiden Seitenemporen. Vom neugotischem Stil geprägt ist die Domkirche in Tromsø eine typische Vertreterin der norwegischen Langkirchen. Mit ihren gut 750 Sitzplätzen ist sie eine der größten Holzkirchen des Landes.

Beim Altarbild handelt es sich um eine Kopie des Altarbildes der Kirche zu Bragernes in Drammen. gemalt von Adolph Tidemand. einem der wichtigsten Künstler der norwegischen Natio-

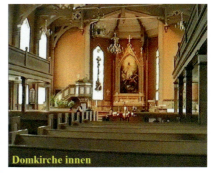
Domkirche innen

nalromantik.
Die eindrucksvollen Glasfenster in den Seitenschiffen sind von Per Vigeland und Ulf Dreyer erstellt.
Mit der Orgel, 1863 von Claus Jensen gebaut, besitzt die Kirche ein richtiges Kleinod. Sie gehört zu den größten, die er gebaut hat. Sie hatte ursprünglich 23 klingende Register, wurde aber 1960 um 10 Register erweitert.

Nachdem deutsche Truppen 1944 alle Gebäude in den Bezirken Finnmark und Nord-Troms verbrannten, wurde die Kirche zwischenzeitlich dazu verwendet, Zwangsevakuierten ein Dach über den Kopf zu geben.
Die Domkirche in Tromsø ist die Hauptkirche des lutherischen Bistums Nord-Hålogaland, das die Provinzen Troms und Finnmark sowie die Inselgruppe Spitzbergen umfasst.

Das **Polarmuseum** wurde 1976 gegründet. Untergebracht wurde es im denkmalgeschützten Zollhaus aus dem Jahre 1830. Gezeigt werden Gegenstände und Ausstellungen zu den Themen Jagd, Fischerei und Forschung in der Arktis. In 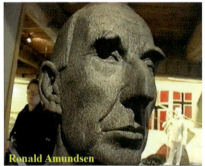 einer Spezialabteilung wird die Entdeckungsgeschichte des Nordpols, verbunden mit den Namen Amundsen, Nansen, Andrée usw. dargestellt. Roald Amundsen ist neben Fridtjof Nansen der zweite berühmte Polarforscher Norwegens. Er wurde 1872 in einem kleinen Dorf in der Nähe von Oslo geboren. Roald, dessen Vater Reeder war, träumte schon als Kind von weiten Fahrten übers Meer.
Seine Entschlossenheit und Fähigkeiten beeindruckten den Belgier Adrian de Gerlache und er verpflichtete ihn als Zweiten Steuermann 1895 zu einer Südpolarexpedition. Als *Robent Edwin Peary* am 06. April 1909 den Nordpol erreichte, blieb ihm nur noch die Möglichkeit, vor einem anderen als erster zum Südpol zu gelangen. Mit der *Fram* erreichte er im Januar 1911 die Rosssche Eisplatte, überquerte diese mit Hundeschlitten und erreichte am 14.12.1911 den Südpol.

Auf dem Universitätsgelände steht das **Nordlichtplanetarium,** in dem das Phänomen des Polarlichts in einem 360° Film veranschaulicht werden sollte. Die Technik hatte jedoch nicht den neuesten Stand, so dass der Film so unscharf projiziert wurde, dass es kein Vergnügen war. Am schönsten war der Blick aus der Kuppel über die Stadt, den Hafen und das Meer.

Narviks Bedeutung ist heute eng mit dem Erzabbau in Nordschweden verbunden. Vor der Jahrhundertwende gab es hier nur einige Bauernhöfe. 1889 haben die beiden Staaten Schweden und Norwegen mit dem Bau einer Eisenbahn Kiruna-Narvik begonnen, um das Erz, das in Kiruna in Nordschweden abgebaut wird, über den eisfreien Hafen ganzjährig verschiffen zu können. Die 1902 eröffnete 168 km lange *Ofotbahn* für die Transporte von den schwedischen Erzgruben bildet die Grundlage der Entwicklung der Stadt.

Pellets

Das Eisenerz wird zu 1 bis 2 cm großen Kugeln, die Pellets genannt werden, geformt. Die Pellets sind mit 64% Eisen angereichert.

In Güterzügen mit bis zu 50 Waggons werden die Eisenkugeln zur Entladung nach Narvik gebracht und von hier aus auf Schiffe umgeladen. Die Entladung erfolgt automatisch; der Zug fährt über einen Schacht, es öffnet sich unter dem Waggon eine Schleuse und die Pellets fallen auf Förderbänder.

Das Ortsbild wird heute noch von der Bahnstrecke und dem Verladehafen geprägt. 12 bis 14 Güterzüge fahren täglich in die Entladestation ein.
Im Hafen von Narvik können hochmoderne Frachter anlegen, die ein Fassungsvermögen von bis zu 350000 t Eisenerz haben. In diese riesigen Schiffe können etwa eintausend Eisenbahnwaggons entladen werden!
Die Produkte sind für europäische Stahlwerke, aber auch für Märkte des mittleren Ostens und Südostasien bestimmt. Der *Erzhafen* Narvik ist der größte Verladebahnhof der Welt.

Über lange Transportbänder wird das Eisenerz, die Pellets, vom Verladebahnhof zum Schiff transportiert. Die Beladung muss gleichmäßig über das gesamte Schiff erfolgen, denn sonst würde bei der hohen Dichte des Eisens und ungleichmäßiger Beladung ein Schiff plötzlich verschwinden.

Die Eisenerzverschiffung war auch der Grund für die erbitterten Kämpfe um

Narvik im Zweiten Weltkrieg zwischen deutschen und alliierten Truppen. Umfassend und neutral informiert das **Krigsminne Museum** über jeden Tag der Schlacht.

Im April 1940 griffen die Deutschen Norwegen an und versenkten die Panzerkreuzer Norge und Eidsvold. Die Stadt wurde am 28. Mai von den Alliierten zurückerobert, aber bald wieder geräumt, als die Deutschen Westeuropa eroberten.

Das Museum berichtet auch darüber, dass Nordnorwegen bei dem Rückzug der deutschen Truppen dem Erdboden gleichgemacht wurde. Aus Angst vor den Russen wurde die *Taktik der verbrannten Erde* auf alle Städte und Dörfer der Finnmark, der Region im äußersten Norden des Landes. angewandt.

In Narvik und Umea wird das schwedische Eisenerz aus Kiruna, das über Eisenbahnlinien dorthin gelangt, auf Schiffe verladen. Da der schwedische Hafen von Umea an der Ostsee wegen Eisgangs im Winter nicht erreichbar ist, entschloss sich die deutsche Heeresführung 1940, Narvik zu erobern. Dessen Hafen ist wegen des Golf Stromes ganzjährig offen. Um mit der Logik der Kriegsführung dieses Ziel zu erreichen und zu sichern, war es notwendig, die neutralen Staaten Dänemark und Norwegen zu besetzen. Unter dem Decknamen *Weserübung* begann dieser Überfall am 7.4.1940. Da die englische Marineführung diesen Schritt vorerahnte, hatte sie zur gleichen Zeit Schiffe ihrer *Home Fleed* ausgesandt um die norwegischen Fjorde zu verminen. Beide Verbände trafen mehr aus Zufall vor Narvik aufeinander. Das Resultat war eine Schlacht, bei der etwa 1000 Menschen um ihr Leben gebracht und einige dutzend Schiffe zerstört wurden. Unter den Schiffen waren die deutschen Zerstörer mit Namen Georg Thiele, Wolfgang Zenker, Bernd v. Arnim und Hans Lüdemann. Diese Schiffe gingen hier 1940 unter und mit den deutschen starben am gleichen Tag viele norwegische, und englische Seeleute. Diese Schlacht tobte in einem etwa 20 km langen Meeresarm östlich von Narvik. Vermutlich aus Kostengründen wurden die vier schwer zugänglichen deutschen Schiffe im *Rombaksbotn* nicht geräumt und bilden heute, 60 Jahre nach dem Gemetzel, Mahnmale menschlicher Dummheit und kriegerischen Größenwahns.

Narvik von oben

Wegen der kleinen runden Steine im Erzhafen von Narvik, den Eisenpellets, töteten sich die Menschen damals.

Die grandiose Lage der Hafenstadt Narvik wird erst vom Hausberg *Fager-*

nesfjell in 656 m Höhe so richtig deutlich, auf den man mit der Seilbahn in 13 Minuten kommt. Die Gondeln fahren im Sommer sogar bis nach Mitternacht – wir waren um 23 Uhr dort – so dass man in aller Ruhe das Schauspiel der Mitternachtssonne erleben kann, sofern man klare Sicht hat. Aus 656 Metern Höhe sehen die Schiffe, die im Schnitt 100000 Tonnen Eisenerz fassen können, wie Spielzeuge aus.

Helgeland

Der **Saltstraumen,** der größte Mahlstrom oder auch Gezeitenstrom der Welt, liegt 32 km vom Zentrum von Bodø entfernt. Unter einer Brücke, durch einen 150 m breiten und nur 50 m tiefen Sund pressen sich alle 6 Stunden, also pro Gezeitenwechsel, 400 Millionen Kubikmeter Wasser, das sind 300-400 Kubikmeter pro Sekunde, um den Höhenunterschied zwischen dem Saltfjorden auf der westlichen Atlantikseite und dem Skjerstadfjorden auf der östli-
chen Landseite auszugleichen. Die Höhendifferenz kann hierbei bis zu 1 m betragen, wodurch sich Spitzenströmungen bis 30 km/h ergeben.
Viermal am Tag ändert der Strom so dem Naturgesetz der Gezeiten folgend seine Richtung und liegt dann eine kurze Zeit still da, bevor die Wassermassen mit voller Kraft in die andere Richtung strömen.
Der Saltstraumen ist nicht jeden Tag und zu jeder Tageszeit gleich stark. Hier spielen die Mondphasen, Tag- und Nachtgleiche und Sonnenwende, Wind und Luftdruck eine Rolle. Sehenswert ist er aber auf jeden Fall.
Die Strudel in diesem natürlichen Wirlpool haben einen Durchmesser von bis zu 10 m. Durch die Strömung werden viele Fische aus den Tiefen in den Sund gepresst und deshalb kann man hier vom Ufer aus unbeschadet Fische angeln, die sonst nur in größeren Tiefen leben. Fische von ein Meter Länge und mehr sind keine Seltenheit.
Die Gezeitenströme sind seit Jahrtausenden – belegt durch archäologische Funde – begehrte Fischgründe. Allerdings haben auch viele Fischer mit ihren kleinen und auch größeren Booten hier ihr Leben gelassen.
Da das Wasser auch Nahrung für große Fischschwärme mit sich führt, werden Meeresvögel ebenso wie eifrige Angler angelockt

Die Natur hat es gut gemeint mit der Landschaft, die sich entlang dem *Kystriks-*

veien Rv17 (Reichsstraße 17) zeigt. Etwa 650 km mit 6 geruhsamen Fährüberfahrten liegen vor einem, mit vielen Erlebnissen und herrlichen Ausblicken auf eine schier endlose Inselwelt.

Zu den Höhepunkten dieser Autotour gehören der Saltstraumen, der Svartisengletscher, die Berggruppe Syv Söstre bzw. die Sieben Schwestern und der Berg Torghatten.

Die Rvl7 verläuft parallel westlich der Hauptverkehrsader E6, auf die man jedoch durch etliche Querverbindungen jederzeit zurückzukehren kann.

Der **Svartisen** ist der größte Gletscher Nordnorwegens und mit seinen immer noch 400 Quadratkilometern der zweitgrößte Gletscher Norwegens. Seine Ausdehnung beträgt 30 Kilometer in Nord-Südrichtung.

Die blaugrüne Gletscherzunge *Engenbreen* bietet von der Küstenstraße aus einen imposanten Anblick, wie sie sich aus den Bergmassiven auf der Südseite des Holandfjords erstreckt. Der Gletscher erhielt auch den Namen *Schwarzes Eis* bedingt durch die Ablagerungen – Sand und Staub – von den umliegenden Gebirgswänden, aber auch durch den Industriedreck. In den letzten Jahren ist das Eis im Osten stark abgeschmolzen und die Spalten sind noch gefährlicher geworden.

Man kann mit einem Boot über den Gletschersee fahren und von dort bis an den Rand laufen.

Die **Fähre** von Jektvik nach Kilboghamn, die wir abends um 18 Uhr nahmen, überquerte den Polarkreis. Sie fuhr etwa eine Stunde. Bereits vom Schiff aus sahen wir einen Campingplatz direkt am Wasser liegen, den wir dann auch ansteuerten, um dort zu übernachten. Auf einer ins Meer hinaus gebauten Plattform waren Angler eifrig dabei, Fische aus dem Meer zu ziehen.

Da ein Hamburger Ehepaar mehr Fische an Land zog, als sie verbrauchen konnten, partizipierten wir auch davon; denn sie schenkten uns eine ganze Schüssel teilweise schon fertig gewürzter Tiere, die wir gern annahmen und grillten.

Ein Meisterwerk der Ingenieurkunst ist die **Helgelandbrücke** bei Sandnessjöen, eine 425 m lange Stahlseil-Konstraktion, die 1991 erbaut wurde; über sie erreicht man die **Insel Alsten**.

Die Insel liegt 60 Kilometer südlich des Polarkreises, in der Region Helgeland. Auf ihr liegt im östlichen Teil die berühmte Gebirgskette der 7 Schwestern.
Unser Campingplatz hieß *Belsväg Gard*. Er lag idyllisch unter Bäumen, doch die Wiese war sehr nass und der Waschraum 100 m entfernt und es regnete ständig, als wir ankamen.
Erst am nächsten Morgen lockerte sich die Wolkendecke und wir konnten ein wenig von dem Gebirgszug der 7 Schwestern wahrnehmen, von denen sich trotzdem einige noch immer in Wolken hüllten.
Diese sagenumwobene Bergkette erstreckt sich auf der Insel von Nordosten nach Südwesten. Ihre höchste Erhebung ist der Botnkrona mit 1072 Metern.
Die Berggruppe teilt sich den Namen mit dem Wasserfall *Syv Søstre* am Geirangerfjord. Der Name selbst geht auf eine Sage zurück.

„Der Fisch im Wasser ist unser Brot, und fehlet er uns, da leiden wir Not, wir müssen vor Jammer verkommen". Jedes Land hat seinen Dichter, und Helgeland hatte **Petter Dass**, der von 1647-1707 lebte. Bis heute wird der Gemeindepfarrer von Alstahaug gern und häufig zitiert. Alstahaug war damals ein großer Pfarrbezirk mit vielen Inseln weit draußen im Meer; die Dienstreisen waren ein gefährliches Unternehmen. Dass galt als unerschrocken und mutig, selbstlos kümmerte er sich um die Mitglieder seiner großen Gemeinde, und trotz der langen und anstrengenden Reisen fand er noch Zeit, seine Gedanken über das Land und die Menschen zu Papier zu bringen.

Sein Hauptwerk *Die Trompete des Nordlandes* war eine Huldigung an die Menschen in Nordland, ihren Alltag, ihren Humor und ihre Gottesfurcht. Schon zu Lebzeiten wurde er weit über die Grenzen seiner Pfarrei hinaus verehrt. 1907 wurde ihm zu Ehren am Pfarrhof von Alstahaug ein Gedenkstein enthüllt. Auf einer Erhebung unweit der Kirche schaut er aufs Meer hinaus.

Die wenigen Gebäude, die in Alstahaug zu sehen sind, beherbergen ein Museum. Wir waren am Abend vorher bei Regen dort und da es auch noch kalt war, genossen wir den Kaffee und die Waffeln, die dort angeboten wurden.

Eine wunderschöne Fährfahrt erlebt man auf der kleinen Fähre von Tjotta nach Forvik. Das Schiff legt mehrmals an kleineren Inseln an, nimmt Leute an Bord oder lässt Passagiere von Bord gehen.
Auf diesem Schiff war es möglich, den Kapitän bei der Arbeit des Andockens und Ablegens zu beobachten.

Nach etwa 40 km, wobei noch eine 2. Fährüberfahrt notwendig war, erreichten  wir Brönnöysund, ein Hafenort an der Küstenstrasse Rv17. Dort machten wir am Hafen unsere Mittagspause und bevor Edda das Essen fertig hatte, konnte ich beobachten, wie eine junge Dame ausgiebig mit einem Segelschiff beschäftigt war.

Unser Ziel war der **Torghatten**, ein Berg auf der Inselgruppe Torget, der von Brönnöysund nur 15 km entfernt liegt. In diesem Berg gibt es ein riesiges Loch, das 35 m hoch, 20 m breit und 160 m lang ist.
Einer Sage nach entstand das Loch so: Es gab zwei Könige, der eine hatte einen ungehorsamen Sohn, der andere sieben ungebärdige Töchter. Der Sohn sieht die sieben Schwestern mit der schönen Jungfrau Leka im Meer baden. Er beschließt Leka zu rauben. Zu Pferde jagt er südwärts. Die Jungfrauen entdecken ihn. Sie flüchten, bis sie die Kraft verlässt, und werfen sich bei Alstahaug nieder. Das ist das Gebirge der 7 Schwestern. Leka setzt allein die Flucht fort. Der König sieht bei Tagesanbruch, wie der enttäuschte Freier den Pfeil abschießt. Dem wirft der König seinen Hut in den Weg und rettet Leka. Der durchbohrte Hut fällt bei Torgar nieder, die Sonne geht auf und alles wird zu Stein. Natürlich sieht die Wirklichkeit anders aus:

Norwegen lag während der Eiszeit, von einem gewaltigen Eispanzer niedergedrückt, teilweise unter der heutigen Oberfläche des Meeres. Vom Torghatten lugte zu der Zeit lediglich ein kleiner Teil aus dem Meer. Das heute in 112 m Höhe liegende Loch befand sich damals also auf Meereshöhe und wurde von der unaufhörlichen Meeresbrandung im Laufe der Jahrtausende ausgehöhlt. Als die Gletscher schmolzen und das Land sich hob, konnte man sich anfangs das rätselhafte Loch nur so erklären, wie es die Sage beschreibt.

Namsos ist mit ca. 7000 Einwohnern der Hauptort der gleichnamigen Gemeinde und eines der wichtigsten Handelszentren in Mittelnorwegen.

Der Hausberg von Namsos ist der 114 Meter hohe Bjorumsklompen, auf dessen Gipfel eine Straße hinaufführt. Befahrbar ist sie, aber nicht für 7 m lange Camper, was wir schnell feststellten.

Interessant zu sehen war hier das größte Hallenschwimmbad Europas, das in einen Berg gebaut wurde. An diesem Schwimmbad konnten Dieter und ich nicht vorbei gehen. Wir hatten dann auch wirklich 1 Stunde schönstes Badevergnügen im 28° warmen Wasser.

Namsos

Der Holzhandel ist stets Norwegens wichtigste Exportwirtschaft gewesen, und der Holzhandel ist es auch, dem die Stadt Namsos an der Mündung des Namsen ihre Entstehung im Jahre 1845 zu verdanken hat. Die Sägewerke, die hier nach und nach gebaut wurden, haben das Volk und die Kultur geprägt

Das ehemalige **Dampfsäge- und Hobelwerk** in Spillum ist heute ein lebendiges Museum, das sogenannte Norsk Sagbruksmuseum, welches von der jüngsten Vergangenheit berichtet. Es ist Norwegens einziges Dampfsägemuseum, dessen interessante Maschinen und Ausrüstungen sich noch täglich in Betrieb befinden.

Leider befanden sich zu der Zeit, als wir das Museum besuchten, die Handwerker im Urlaub. Das Werk selbst wurde 1884 gebaut als nächster Nachbar zur Wullumssaga, Norwegens erster Dampfmaschine, die 1853 in Betrieb genommen wurde.

Wenn man das Museum besucht, wird man durch Hallen geführt, die Arbeitsplätze zeigen, wie sie vor 1947 bestanden, in dem Jahr, in dem der Betrieb der großen Dampfmaschine eingestellt und das Werk einer umfassenden Modernisierung unterzogen wurde.

Sägewerk

Es sind hier hauptsächlich die Maschinen ausgestellt, die zu diesem Sägewerk gehörten, aber auch entsprechende Maschinen, die man aus anderen Sägewerken geholt hat. Das Besondere und Interessante an diesen Maschinen ist, dass sie immer noch funktionieren und dass man als Besucher den Betrieb erleben kann, sofern gearbeitet wird.

Draußen kann man eine Holzsortieranlage besichtigen. Viele Jahre lang war nämlich das Flößen die natürlichste Art, Holz zu transportieren. Holz aus dem ganzen Namdalen kam den Nansen herunter zur Homstadsperre, wo es sortiert und zu Flößen zusammengelegt wurde. Diese wurden dann zu den einzelnen Sägewerken gezogen.

Es gibt einen Rest der alten riesigen Dampfmaschine, die die Sägen, Hobel und Transportbänder antrieb. Das Treib- und Schwungrad hatte einen Durchmesser von etwa 3 m.

Dass hier in diesen Hallen noch gearbeitet wird, sieht man an den frisch geschnittenen und gehobelten Brettern.

Wir sind mittlerweile 3 volle Wochen unterwegs und verlassen nun bei Steinkjer die wundervolle Küstenstraße 17, um auf der langen Heimfahrt noch im Inneren Norwegens und in Schweden die restlichen verbleibenden Tage zu verbringen.

Røros und Trollhättan

Auf unserer Rückreise nach Deutschland wollten wir nicht die Hauptverkehrsstrasse E6 zurückfahren. sondern über kleine Parallelstrassen im Landesinneren Norwegens unsere Fahrt fortsetzen.

In einer ADAC-Reisekarte war uns aufgefallen, dass es eine unter Denkmalschutz stehende Bergwerksstadt gibt, die etwas abseits unseres Weges lag. Diese wollten wir besuchen. Der Campingplatz hieß *Bergstradens Camping*. Als wir dort gegen 17:00 Uhr ankamen, standen die Wiesen teilweise unter Wasser. Wir mussten uns ein trockenes Plätzchen suchen und bevor wir einen ersten Besuch in der Stadt Røros machten, war es mir wieder einmal möglich, Koteletts zu grillen, das Wetter hatte sich gebessert.

Gleich komplett hat die UNESCO das alte **Bergwerksviertel** von Røros unter Denkmalschutz gestellt und in die Liste der schützenswerten Kulturdenkmäler aufgenommen. An der zentralen Kjerkgata haben sich in den noblen Villen der früheren Grubendirektoren und Bergwerksbeamten Cafes, Geschäfte und Kunsthandwerker niedergelassen.

Weiß gestrichene Kirche

Am Ende der Kjerkgata thront als einziger Steinbau, der so gar nichts mit den Stabkirchen oder Holzkirchen anderer Regionen gemein hat, die weiß gestrichene **Kirche von 1784**. Sie hat 1600 Sitzplätze und wurde *zu Ehren Gottes und zur Zierde der Bergstadt* erbaut. Auf einem weitläufigen birkenbestandenem Bergmanns-Friedhof findet man Ruhe aber auch interessante Namen und Berufsbezeichnungen auf den Grabsteinen.

Die Bergwerksstadt Røros liegt in Süd-Trendelag, 160 km südlich von Trondheim. Die Stadt hat 3500 Einwohner. Keine andere Stadt in Norwegen liegt auf einer derartigen Höhe von 650 m über dem Meer. Die Stadt wuchs um die Kupfer-Minen und ist heute lebende Geschichte der Bergwerkgemeinde aus der Mitte des 17. Jhds..
Für mehr als 300 Jahre bildeten die Gruben die Lebensgrundlage hier, und das Røros Kupferwerk war eines der reichsten Bergwerke Europas. Überall findet man Kulturdenkmäler wie Grubeneingänge, Kohlenmeiler und Staudämme. Die Landschaft ist noch heute vom Kahlschlag geprägt, denn der Bedarf an Holz für den Bergbau hat bewirkt, dass Røros noch heute von nackten Hochebenen umgeben ist.

1644 fing alles an: Der Bauer Hans Olsen Aasen entdeckte mehr oder weniger durch Zufall einen Stein, der sehr stark glitzerte – es war Kupfer. Schon wenige Jahre später wurde das edle Metall abgebaut und im ersten Schmelzwerk am Fluss weiterverarbeitet. Um den Hof des Bauern entstanden die ersten Grubenwohnungen. Der Abbau war harte Knochenarbeit. Die groben Gesteinsbrocken wurden anfangs mit der Methode der Feuersprengung herausgemeißelt und in Körben mit Flaschenzug und Pferdewagen zur Aufbereitungsanlage transportiert. Akkordlöhne waren auch damals schon üblich und sehr niedrig, so dass die Frauen ein Zubrot in der Landwirtschaft verdienen mussten. Lohnstreiks waren aussichtslos, da die Direktoren zugleich Verwalter und Richter waren. Trotz einiger Modernisierungen wurde der Abbau immer unwirtschaftlicher. 1977 musste die Bergwerksgesellschaft Konkurs anmelden.

Das ganze Ortszentrum ist sehenswert. Vor allem der Vergleich zwischen den mickrigen Arbeiterhäusern und den Häusern der Handwerker und Beamten ist beeindruckend,

In den viel schlichteren Häusern der Seitenstraßen lebten früher die Bergarbeiter. Arbeitslose hausten jenseits des Baches Hyttelva in den düsteren Hütten im Schatten schmutzigbrauner Schlackenhalden.

Am Bachufer wurde die alte Schmelzhütte als Museum wiederaufgebaut. Alle im Museum gezeigten Modelle sind im Maßstab 1:10 zu sehen.
Interessant ist eine doppelte Seiltrommel für die Aufzugsseile. Die Trommel bildet eine Spirale. Wenn das lange, schwere Seil bis zum Boden des Schachtes herunterhängt, liegt das Seil auf dem kleinsten Durchmesser der Trommel auf. Verringert sich das Gewicht des Lastseiles durch das Hochziehen, vergrößert sich der Durchmesser der Trommel, Auf diese Art wurde eine fast gleichmäßige Belastung des Rades erreicht, wenn der Förderkorb zu Tage gefördert wurde.

Die Aufzüge und Pumpenwerke wurden mit Wasserkraft betrieben, wenn genug Wasser in der Umgebung vorhanden war. Oft aber gab es Probleme mit der Wasserversorgung in der Nähe des Bergwerks. In diesem Fall wurde die von einem weitab gebauten Wasserrad erzeugte Kraft zum Aufzug oder Pumpwerk mit einem Stangengetriebe geführt. Auf der hiesigen Königsgrube hatte man ein Stangengetriebe von 580 m Länge gebaut.

In der ehemaligen Schmelzhütte nebenan wird man an die schwere Arbeit der Kumpels erinnert, die mit primitiven Werkzeugen wie Schmelzwagen und Schmelztiegeln hantierten.

Einen lebendigen Eindruck von der Knochenarbeit in den engen Schächten der Kupferbergwerke verschafft ein Besuch in der 1977 stillgelegten **Olavsgrube,** 13 km östlich der Stadt.
Diese Grube gab als letzte der verschiedenen Minensysteme den Betrieb auf. Bei einer Führung kann man sehr anschaulich erleben, wie die Gesteinsschichten ähnlich einem Schweizer Käse durchlöchert wurden. Riesige Säle entstanden, in denen heute bisweilen Konzerte veranstaltet werden. In der Olavsgrube wurden rund 10000 Tonnen reines Kupfer gewonnen. Optisch fällt das Kupfer im Schiefergestein kaum auf, da der Anteil im Schnitt bei 1-1,5 % liegt. Wenn ein Stein aber patinagrün schimmert, dann können auch mal 10-20 % Kupfer enthalten sein.

Die Führung beginnt im großen Saal, 50 Meter unter der Erde. Die Temperatur beträgt Sommer wie Winter 5° C. Am Ende der Führung mussten wir uns in einer Halle niedersetzen. Die Führerin begann zu singen und alle Besucher stimmten mit ein. Es war ein schönes Erlebnis.

Immerhin die Hälfte der schwedischen Energie wird aus Wasserkraft, die andere Hälfte aus Atomkraft gewonnen, jedenfalls im Jahr 2000.
In **Trollhättan** tun Schleusen von 1800, 1844 und 1916 ihren Dienst.
Der Wasserfall von Trollhättan alleine produzierte ein Prozent des Landesbedarfs, Bereits 1906 entstand die erste Anlage mit 13 Turbinen, 1942 wurde ein neues Kraftwerk gebaut. Wegen des Krieges entschied man sich für eine im Felsen verborgene Variante.
Im Sommer wird in den Monaten Mai bis August zur Freude vieler Zuschauer der alte Fall wieder *in Betrieb genommen*. Dreimal in der Woche wird das 35 m Gefälle zwischen dem Värnern und dem Fluss Göta älv um 15 Uhr geflutet.

Pünktlich auf die Sekunde wird die Schleuse (Bild) am oberen Wehr geöffnet. Das Wasser strömt über das Felsgewirr und wenn es die 2. Schleuse erreicht, wird diese geöffnet. Die jetzt sich vereinigenden Wassermassen strömen weiter nach unten, wo sich in dem Moment eine 3. Schleuse öffnet, wenn das Wasser diese erreicht. 300000 Liter Wasser donnern nun pro Sekunde unter der Brücke, auf der viele Menschen sich des Schauspiels erfreuen, hindurch ins Tal. Nach etwa fünf Minuten schließen sich die Schleusentore wieder, und die Strömung verebbt.

Der **Öresund** ist eine Meerenge mit maximal 11 Metern Tiefe und minimal etwa 16 km Breite und stellt somit eine Nahtstelle zwischen Nord- und Ostsee dar. Er trennt Schweden von der dänischen Insel Seeland.

Seit 1953 wurde von Politikern laut über den Bau einer Brücke oder eines Tunnels zwischen Schweden und Dänemark an genau dieser Stelle nachgedacht. Zu konkreten Beschlüssen kam es schließlich erst im Frühjahr 1991, als die Regierungen Schwedens und Dänemarks das Abkommen über den Bau der Öresund-Querung endlich unterzeichneten.

Die Öresund-Querung besteht jetzt aus einem Tunnel, einer künstlich aufgeschütteten Insel und einem zweistöckigen Brückenbauwerk. In der oberen Etage der Brücke verläuft eine vierspurige Autobahn, während sich in der unteren Etage zwei Gleise für den Schienenverkehr befinden. Diese Brücke, die 7845 Meter lang ist, führt von Malmö zunächst auf die künstlich angelegte Insel namens *Pepparholm* und wird dann nach 4 km auf *festem Boden* durch einen Tunnel von ebenfalls etwa 4 km Länge auf die dänische Insel Seeland in die unmittelbare Nähe des Flughafens Kopenhagen geleitet. Somit weist die Öresund-Querung eine Gesamtlänge von cirka 16 km auf.

Auf der letzten Fähre von Rödbyhavn nach Puttgarden, der 12-ten innerhalb der vier Wochen, die wir unterwegs waren, begleitete uns eine Möwe, die den Sog des Schiffes ausnutzte, ohne die Flügel zu bewegen.

Rom (23.10.-27.10.1997)

Rom erfährt man am Besten zu Fuß. Es gibt nur zwei U-Bahnstrecken, über die man wenige interessante Plätze erreichen kann und die städtischen Busse sind so überfüllt, dass selbst schmerzende Füße besser zu ertragen sind.
Unser Hotel Universo in der Via Principe Amadeo – nur 300 m vom Zentralbahnhof Termini entfernt – lag sehr günstig. Von hier aus konnten wir fast alle Sehenswürdigkeiten zu Fuß erreichen: Die Kirche Santa Maria Maggiore, das Kolosseum, den Palatino und das Forum Romanum, das Kapitol, den Plaza Venezia mit dem Monument Vittorio Emanuelle II., den Brunnen Fontana di Trevi, die spanische Treppe, den Plaza del Populo, die Engelsburg und den Petersdom, den Plaza Navona und das Stadtviertel Trastevere.

Santa Maria Maggiore

Unter den 80 Marienkirchen Roms ragt Santa Maria Maggiore als größte hervor. Sie ist zudem eine der vier Patriarchalbasiliken und eine der 7 Pilgerkirchen. In ihr wurde als einziger römischer Kirche seit dem 5. Jhd. ununterbrochen täglich die Messe gefeiert. Das Innere ist vielleicht der schönste und feierlichste Kirchenraum in Rom: 86 m lang, dreischiffig, mit 36 Marmor- und vier Granitsaulen, mit Mosaiken aus dem 4./5. Jhd. an der Hochwand, einem Kosmatenfußboden aus der Mitte des 12. Jhds und Kassetten an der Decke (**Kosmaten** ist ein Sammelname mehrerer im 12. Jhd. in Rom lebenden Künstlerfamilien).

St. Maria Maggiore

Den von einem Baldachin überspannten Hauptaltar schmückt das hoch verehrte Gnadenbild der Madonna, der Legende nach ein Werk des hl. Lukas.
Die Confessio – die Ruhestätte eines Bekenners – birgt eine Vitrine mit Reliquien, die von der Krippe in Bethlehem stammen sollen, davor die kniende Statue von Pius IX.. Der Baldachin über dem Papstaltar wird von vier Porphyrsäulen aus der Villa des Kaisers Hadrian getragen.
Die Legende berichtet, Papst Liberius und dem Patrizier Johannes sei in der Nacht zum 5. August des Jahres 352 die Gottesmutter Maria erschienen und habe ihnen aufgetragen, dort eine Kirche zu bauen, wo am nächsten Morgen (im August!) Schnee fallen werde; und es habe tatsächlich auf dem Esquilin-Hügel geschneit.

Kolosseum

Das monumentale Kolosseum, das gewaltige Amphitheater der Flavier, ist das größte geschlossene Bauwerk der römischen Antike. Seine Form als Wettkampfarena ist bis in die moderne Zeit maßgebend. Mit dem Kolosseum wollten die Kaiser den Wunsch der Römer nach **Circenses,** nach Unterhaltung und Vergnügungen, erfüllen, wenngleich die blutrünstigen Gladiatorenkämpfe und Tierhetzen nicht jedermanns Geschmack waren.

Im Jahre 72 n. Chr. ließ Kaiser Vespasian den Riesenbau des Kolosseums an der Stelle beginnen, wo die **Kolossalstatue Neros** stand, daher auch der Name. Vespasians Sohn Titus vergrößerte das Theater um das vierte Geschoss und feierte die Eröffnung im Jahre 80 mit Festspielen. Der Bau, in dessen 86 m langer und 54 m breiter Arena Theateraufführungen, Festspiele, Zirkusdarbietungen und sportliche Veranstaltungen stattfinden konnten, war 188 m lang und 156 m breit, also ein Oval und nicht ein Rund. Die Zuschauerränge boten rund 50000 Menschen Platz: im ersten Stock dem kaiserlichen Hof und den Staatsbeamten, im zweiten den vornehmen Familien, im dritten und vierten dem gemeinen Volk.

Der technische Aufwand für die Vorführungen war immens, die Zuschauerränge wurden so klug angelegt, dass die Menschenmassen in nur wenigen Minuten zu ihren Plätzen gelangen oder das Theater verlassen konnten. Von der Mauer des obersten Stockwerkes konnten Mitglieder der kaiserlichen Marine von 240 Masten aus ein Zelt spannen. Leider sind die prachtvolle Ausschmückung und Einrichtung des Innern durch Brände, Erdbeben und die zeitweilige Funktion als Steinbruch verloren gegangen. Noch die Peterskirche ist zum Teil aus Travertinblöcken des Colloseums erbaut worden und erst Pius VII ließ die einzigartigen Ruinen zu Beginn des 19. Jhds. unter Denkmalschutz stellen.

Unter der Arena lagen die Umkleidekabinen und Trainingsräume für die Gladiatoren, Käfige für die wilden Tiere und Magazinsäle.
Ein **Bronzekreuz** in der Arena soll daran erinnern, dass im Kolosseum während der Kaiserzeit christliches Märtyrerblut vergossen wurde. Historiker bezweifeln jedoch, dass sehr viele Christen während der Verfolgungen an diesem Ort sterben mussten.

Konstantinbogen

Nicht Kaiser Konstantin (er lebte 306-337 n. Ch.) ließ den mächtigen Konstantinsbogen im Schatten des Colosseo beginnen, sondern wahrscheinlich Kaiser Hadrian (117- 138). Zu diesem Ergebnis kam man Anfang der neunziger Jahre bei der Restaurierung des gewaltigen Monuments, als genaue Analysen des Marmors und des antiken Untergrunds vorgenommen wurden.

Der imposante Bau ist mit einer Höhe von 21 m, einer Breite von 25,7 m und einer Tiefe von 7,4 m der größte und besterhaltene der römischen Siegesbögen.
Das mittlere Feld der Attika auf der Seite des Kolosseums trägt sinngemäß übersetzt die lateinische Inschrift: „Dem Imperator Caesar Flavius Constantinus Maximus, dem frommen und glücklichen Augustus widmen der Senat und das Volk von Rom diesen Bogen als ein Zeichen des Triumphes, denn durch göttliche Eingebung und durch Großmut hat er mit seinem Heer den Staat mit Hilfe eines gerechten Krieges gleichzeitig vom Tyrannen und von allem Aufruhr befreit".

Palatin

Der Palatin ist der vornehmste unter den sieben klassischen Hügeln Roms. An ihn knüpft die Sage der Gründung Roms 753 v. Chr. durch Romulus. Adlige und Kaiser bauten sich hier ihre Paläste. Die wohl eindrucksvollsten Ruinen des Palatin sind Überreste der Thermen des Kaisers Septimius Severus. Gewaltige Unterbauten, die in ihrer Mächtigkeit bis heute überdauert haben, stützten die Pfeiler und Bogen des Bauwerks. In einigen Korridoren und Baderäumen findet man noch Reste der Heizungsanlage.

Kaiser Domitian (81-96 n. Chr.) der große Bauherr auf dem Palatin, sorgte auch für eine 160 m lange und 47 m breite Rennbahn: das **Stadion des Domitian**.

Unsicher ist, ob zu den Wettkämpfen und Festen auch das Publikum zugelassen war oder ob das Stadion nur der Unterhaltung des Kaisers und seiner privaten Gäste diente; eigentlich ist nicht einmal gewiss, ob die Anlage überhaupt sportlichen Wettkämpfen Raum bot oder ob die Architekten nur einen Garten in der Form eines Stadions schufen. Nach der Überlieferung hat in diesem Stadion der heilige Sebastian den Märtyrertod erlitten.

Stadion des Domitian

Forum Romanum

Forum Romanum

Kein anderer Platz in Europa besitzt die Geschichtsmächtigkeit des Forum Romanum. Wenn auch die heutigen Ruinen nur noch ungenügend den illustren Glanz der Antike zurückrufen können, so wirkt die Senke zwischen dem Kapitolinischen Hügel im Westen, Palatin im Süden und Quirinal im Norden mit den aufragenden und umgestürzten Säulen, den Triumphbogen und Mauerresten doch höchst eindrucksvoll. Für Jahrhunderte wurden an diesem Platz die Geschicke Europas entschieden, hier kamen die Macht des Imperium Romanum und die Schönheit der Kunst, das römische Recht und der antike Götterglaube ein Jahrtausend lang zu überwältigender Darstellung. Die Geschichte des Forum Romanum ist für lange Zeit die Geschichte Roms und des Abendlandes. Zunächst ein Sumpfgelände zwischen Hügeln, also außerhalb der Siedlungen, dann trockengelegt, nahm das Forum zuerst Tempelbauten für den religiösen Kult auf. Bald kamen öffentliche Bauten hinzu mit Raum für politische Entscheidungsträger, Platz für Versammlungen zur Rechtsprechung, von wo aus das Schicksal der Republik im Innern und nach außen gelenkt wurde. Es war nur natürlich, dass sich Markthallen anschlossen, wo die Bürger ihren Geschäften nachgehen konnten. Politik, Wirtschaft und Religion gingen hier eine architektonische Verbindung ein, die um so prächtiger wurde, je mehr Rom an Macht gewann. Konsuln und Senatoren und später die Kaiser wetteiferten darin das Zentrum des Reiches, den Nabel der antiken Welt zu schmücken und zu vervollkommnen. Am Ende der Kaiserzeit war das Forum

Romanum ein dicht bebauter Komplex, in dem sich Bauten aus vielen Jahrhunderten mischten, Geordnetes und zufällig Entstandenes sich nebeneinander behauptete, was die unterscheidende Identifizierung der Einzelheiten heute so schwierig macht.

Das letzte antike Bauwerk wurde 608 n. Chr. errichtet. Danach verfielen die Bauwerke. Das Forum wurde zu anderen Zwecken benutzt. Kirchen und Festungen wurden hineingezwängt. Es diente als Steinbruch und als Kuhweide. Erst im 18. und 19. Jhd. förderten systematische Ausgrabungen unter einer zehn bis fünfzehn Meter tiefen Schuttschicht die antiken Ruinen zu Tage. Es bedarf der Phantasie, um das Forum Romanum der Kaiserzeit entstehen zu lassen.

Kapitol

Kapitol

Seit jeher war das Kapitol der kleinste der sieben klassischen Hügel Roms, die politische Mitte der Stadt. Noch heute vermittelt die Gesamtanlage von Platz und Palästen mit dem feierlichen Aufgang den Eindruck von Größe und Würde, die die Stadt Rom in all den Jahrhunderten bewahrt hat. Auf den Kapitolsplatz führt von der Via di Teatro di Marcello eine von Michelangelo ausgeführte Rampentreppe. Die Statuen, an denen man vorbei geht, sind die Dioskuren (Söhne des Zeus) Kastor und Pollux.

Der Platz, ebenfalls von Michelangelo geplant, wird von drei Fassaden, der des Senatorenpalastes an der Stirnseite, rechts der des Konservatorenpalastes und links der des Neuen Palastes begrenzt.

Fuß einer Statue

Der **Konservatorenpalast,** nach Entwürfen Michelangelos erbaut, bietet heute der Stadt Rom repräsentative Räume für öffentliche Empfänge und beherbergt einen Teil der Sammlungen des Kapitolinischen Museums, darunter Bruchstücke einer 12 m hohen Riesenstatue des Kaisers **Konstantin** aus der Konstantinsbasilika.

Plaza Venezia

Das gigantische schneeweiße **Nationaldenkmal** für Viktor Emanuel II. an der stets verkehrsreichen Piazza Venezia wurde 1885-1911 nach Plänen von Guiseppe Sacconi erbaut, um die 1870 gewonnene Einheit Italiens zu feiern und das Andenken des ersten italienischen Königs Viktor Emanuel II. zu ehren, dessen Reiterstandbild in Bronze ausgeführt wurde. Das gewaltige Ehrenmal, über dessen Schönheit die Meinungen weit auseinander gehen, ist 70 m hoch, 135 m breit und 130 m tief,

Fontana di Trevi

 Inmitten eines kleinen, von Häusern eng begrenzten Platzes erhebt sich Roms größter Brunnen die 1988-1991 sorgsam restaurierte Fontana di Trevi. Bereits Agrippa, der Mäzen der Künstler im 1. Jhd. v. Chr., ließ hier eine Wasserleitung für seine Thermen anlegen, die später auf Geheiß der Päpste wieder hergestellt wurde. Clemens XII. gab den Auftrag für den großartigen Brunnen an Nicolo Salvi, der 1732-1751 damit sein Meistewerk schuf. Der Brunnenprospekt 20 m breit und 26 m hoch, an die Rückseite des Palastes der Herzöge von Poli gebaut, zeigt das *Königreich des Ozeans*: Meeresgott Oceanus mit Rossen – das eine wild, das andere friedlich – umringt von Tritonen und Muscheln. Das Wasser umtost die Figuren und künstlichen Felsen und sammelt sich in einem riesigen Becken. Dort finden sich auch jene Münzen, die nach alter Sitte von Besuchern Roms in den Brunnen geworfen werden, um sich die Rückkehr in die Ewige Stadt zu sichern.

Die spanische Treppe

Ein unbedingtes Muss für jeden Rombesucher ist der Bummel über die stets bevölkerte **Piazza di Spagna**, einer der beliebtesten Treffpunkte der Jugend im

Herzen der Stadt. Ihren Namen verdankt die unregelmäßige Platzanlage der seit dem 17. Jhd. hier bestehenden Spanischen Gesandtschaft beim Heiligen Stuhl.
Der Brunnen vor der Spanischen Treppe hat den Namen und die Form eines Schiffes. Die Legende erzählt dass Pietro Bernini 1627 auf die Idee gekommen sei, einen steinernen Nachen zu schaffen, als bei einer Tiber-Überschwemmung eine hierher getragene Barke auf dem Platz zurückgeblieben war. Hauptaugenmerk gilt der eleganten **Spanischen Treppe** einem Wahrzeichen der Tibermetropole, das 1995 restauriert worden ist. Die imposante Treppe von 1725 ist ein Werk des Architekten Francesco de Sanctis, der sich im Spiel von Stufen und Absätzen, nach innen und außen schwingenden Aufgängen, von gehemmten und dann wieder beschleunigten Schwüngen, von auf halber Höhe zum Verweilen einladenden Terrassen und wieder in die Höhe führenden Treppen nicht genug tun konnte.

Gegenüber der Treppe beginnt die berühmte **Via Condotti**. Sie ist Roms eleganteste und teuerste Geschäftsstraße, in der die Haute Couture angesiedelt ist: Schuhe, Lederwaren, extravagantes Design und raffinierte Accessoires sind hier zu finden.

Petersplatz und Dom

Vor der bereits fertig gestellten **Basilika San Pietro in Vaticano** legte Bernini von 1656 bis 1667 die Piazza San Pietro an. Er schuf damit für die Zusammenkunft der Gläubigen aus aller Welt eine Kulisse, die bis in die heutige Zeit als vielleicht berühmtester Platz der Welt ihre Faszination bewahrt hat. Diese Piazza besteht aus zwei Plätzen, einer bis 340 m langen und bis 240 m breiten Ellipse und einer trapezfömigen

Piazza Retta, die zur Kirche hin in Stufen (gesäumt von den Statuen der Apostelfürsten Petrus und Paulus) ansteigt und sich zugleich verbreitert. Das Oval umgab Bernini mit vierfachen halbkreisförmigen Kolonnaden von insgesamt 284 Säulen und 88 Pfeilern aus Travertin, auf deren Balustrade 140 Heiligenfiguren stehen.

Um in die vatikanischen Museen zu kommen, hätten wir uns morgens in eine etwa 1 km lange Menschenschlange einreihen müssen, worauf wir gerne verzichteten.

Die berühmteste Kirche der Christenheit ist dem Andenken des hl. Apostels Petrus gewidmet, dem nach der Überlieferung ersten Bischof Roms, als dessen Nachfolger sich jeder Papst als Oberhaupt der katholischen Kirche sieht.

Das Innere überwältigt einen durch den vielen Marmor und das Gold. Im nördlichen Seitenschiff befindet sich rechts die *Cappella della Pieta*, auf deren Altar die seit 1972 durch Panzerglas geschützte, einzigartige **Pieta** steht, die 1498-1499 von dem damals 24-jährigen Michelangelo als Grabstatue für einen Kardinal geschaffen wurde: Die idealisierte zarte Frauenfigur einer jugendlichen Madonna mit dem vom Kreuz abgenommenen Christus auf ihrem Schoß. Der Ausdruck der Gesichter und die vollkommene Beherrschung des Marmors weisen Michelangelo schon früh als genialen Künstler aus.

Die Geschichte der Peterskirche ist zugleich die des Papsttums. Bis zum Beginn der neunziger Jahre war die Peterskirche weltweit die größte christliche Kirche, bevor nach ihrem Vorbild ein noch gewaltigerer Sakralbau in Yamoussoukro an der Elfenbeinküste entstand.

Über der Stelle, wo der Apostel Petrus beerdigt ist, wurde 1506 auf Geheiß von Papst Julius II. mit dem Bau einer Kathedrale begonnen, die alle anderen Gotteshäuser der Welt an Größe und Reichtum überragen sollte. Sein Wunsch wurde befolgt: 60000 Menschen, damals die gesamte Bevölkerung Roms, finden im Petersdom Platz.

Unter der Kuppel befindet sich genau über dem Petrus-Grab der Papstaltar, den der knapp 25-jährige Bernini im Auftrag Papst Urbans VIII. mit einem 29 m hohen Bronzebaldachin krönte. Dieser Baldachin stellt in der gedrehten Bewegung der Säulen und der wogenden Masse des Stoffes ein Meisterwerk des Barock dar. 95 vergoldete Öllampen beleuchten mit Ewigen Lichtern die **Confessio**, den tiefer liegenden Raum vor dem Petrus-Grab.

Andreas mit dem x-förmigen Kreuz findet man in einer Nische von einem der 4 Pfeiler, die die Kuppel tragen.

Vier Kirchenlehrer stützen in der Apsis einen Thron, den Bischofsstuhl des Petrus, über dessen Rückenlehne zwei Putti die päpstlichen Embleme **Schlüssel und Tiara** halten. Bevor dieser Sessel zum Thron des Stellvertreters Christi wurde, diente er Karl dem Kahlen als Thron. Darüber befindet sich in einer Strahlenglorie aus vergoldetem Stuck ein Alabasterfenster mit der Taube, dem Symbol des Heiligen Geistes.

Am Longinus-Pfeiler befindet sich eine Bronzesitzstatue des thronenden Petrus, dem die Gläubigen durch Handberührung oder Küsse den rechten Fuß blank gerieben haben. Die Apostelstatue schuf vermutlich Amolfo di Cambio im 13. Jhd. nach dem Vorbild einer antiken Philosophenskulptur.

Die mächtige Kuppel des Petersdomes wird von 4 fünfkantigen Pfeilern von 71 m Umfang getragen, die Michelangelo als Krönung über dem Grab des Petrus schuf. Die Kuppel über dem Tambour mit 16 Fenstern hat einen Durchmesser von 42,3 m; sie ist zusammengesetzt aus einer inneren Raumkuppel und einer äußeren Schutzschale, zwischen denen man im Innern zum Kuppeldach hinaufsteigen kann.

Kuppelspruch

Über der Kuppelschale erhebt sich die Laterne, so dass die Höhe insgesamt 137,5 m beträgt.
Die Bilder des Kuppelringes sind aus Mosaiksteinchen zusammengesetzt.

"Du bist Petrus und auf diesem Fels werde ich meine Kirche bauen und Dir gebe ich die Schlüssel des Himmelreiches", das liest man auf dem Kreis der Kuppel.

Um auf das Dach des Domes zu gelangen, hat man die Wahl des Treppenaufstiegs mit 142 Stufen oder einem Auf-zug. Von hier aus kann man zu Fuß über eine Galerie im Inneren des Tambours und weitere zum Teil sehr enge und steile Treppen mit 330 Stufen zum Rand der Laterne emporsteigen.
Vom Dach der Basilika und von der Laterne aus hat man einen wunderschönen Blick über den Petersplatz und die Stadt.

Blick von der Laterne

Die Engelsburg und Engelsbrücke

Engelsbrücke

Zu den eindrucksvollsten Bauwerken der Antike gehört die Engelsburg. Sie ist ursprünglich ein Grabbau, den Kai-ser Hadrian in den letzten Jahren seiner Regierungszeit im 2. Jhd. n. Chr. für sich und seine Nachfolger beginnen und den Kaiser Septimius Severus 193 n. Chr. vollenden ließ.

Die Engelsbrücke gilt als die schönste der antiken römischen Brücken. Hadrian ließ sie 136 n. Chr. als Zugang zu seinem Mausoleum über den Tiber schlagen, deshalb wird sie auch *Pons Aelius* genannt, nach einem der Vornamen des Kaisers.

Den Eingang der Fußgängerbrücke bewachen die Statuen der Apostel Petrus und Paulus, die beide Mitte des 16. Jhds. unter Clemens VII. ausgeführt und hier aufgestellt wurden. Den Auftrag für die zehn Engelsstatuen der Brücke erteilte Clemens IX. an den damals bereits 70-jährigen Bernini, der die Zeichnungen entwarf, nach denen seine Schüler in den Jahren 1660 bis 1667 die Barockskulpturen schufen. Die Engelsfiguren tragen die Leidenswerkzeuge Christi.

Plaza Navona

Einer der beliebtesten Treffpunkte der Römer und überdies ein Touristenmagnet der Ewigen Stadt bis spät in die Nacht hinein ist die malerische **Piazza Navona** mit ihrer traumhaften, ockerfarbenen Kulisse.

Piazza Navona

Noch heute folgen Paläste und Kirchen um den Platz herum den Begrenzungen, die Kaiser Domitian in der Antike einem langgestreckten Stadion von 240 mal 65 m² gab. Im Mittelalter vergnügte man sich hier mit Wasserspielen und Pferderennen, im Barock kam die prachtvolle Ausschmückung durch Borromini hinzu mit Palästen und Kirchen, die ihre Ergänzung in Berninis phantasievoller Wasserlandschaft fanden.

Drei Springbrunnen schmücken den Platz. Meisterhaft gestaltete der geniale Künstler eine bewegte Wasserlandschaft: Aus dem großen Becken wachsen Felsen empor, die einen Obelisken tragen, umringt von Tieren und Pflanzen. Auf den vier Ecken sitzen die Personifikationen von Nil, Ganges, Donau und Rio de la Plata, der Ströme, die damals als die größten der vier bekannten Kontinente angesehen wurden. Der römische Humor heftete sich an diese Statuen und erzählt, der Nil habe sein Haupt verhüllt, weil seine Quellen noch nicht bekannt seien, oder – in Erinnerung an den heftigen, nicht immer edlen Wettstreit der beiden berühmten Architekten Bernini und Borromini – der Nil müsse seine Augen zudecken vor den Konstruktionsfehlern der gegenüberliegenden Boromini-Kirche Sankt Agnese.

Pantheon

300 m östlich des Plaza Navona liegt der Pantheon, das bedeutendste und besterhaltene Bauwerk der römischen Antike.
Den heutigen Bau des Pantheons ließ Kaiser Hadrian 120-125 n. Chr. errichten. Das Ziegelmauerwerk der damaligen Zeit weist auf die enorme technische Leistung der Römer hin.
Der gewaltige Kuppelraum der Rotonda gilt als Höhepunkt römischer Innenbaukunst. Die überwältigende Wirkung des Innenraumes beruht auf der ausgewogenen Gliederung seiner mächtigen Ausmaße; die Höhe ist gleich seinem Durchmesser von 43,20 m, wobei die Wände des Zylinders, auf dem die Kuppel ruht, und der Radius der Halbkugel die Hälfte des Durchmessers, also 21,60 m, ausmachen. In die 6,20 m starken Mauern des Zylinders sind halbrunde und eckige Nischen eingebaut. Auch die Kuppel wird im Inneren durch Kassetten aufgeteilt. Sein Licht erhält der Raum allein durch eine neun Meter breite runde Öffnung in der Mitte der Kuppel. Die unauffällige Ausstattung unterstreicht die Wirkung der Architektur. Die Harmonie des Raumes mit seinen vollendeten Proportionen, Abbild der Erde und des gewölbten Firmaments mit den Sternenbahnen, hat zu allen Jahrhunderten Künstler und Besucher beeindruckt.

Pantheon

Minerva-Kirche

Nur wenige Schritte vom Pantheon entfernt trifft man am Platz vor der Kirche *Santa Maria sopra Minerva* eine Elefantenfigur, die Bernini 1667 entwarf und als Basis für einen kleinen ägyptischen Obelisken aus dem 6. Jhd. verwendete.

Elefant vor der Minerva-Kirche

In der Kirche steht links vor dem Hochaltar eine Statue des auferstandenen Christus mit dem Kreuz, ein Werk

Michelangelos von 1521. Zu Unrecht wird dieses Standbild nicht so sehr gerühmt wie andere Werke des Universalkünstlers. Schon zu Lebzeiten Michelangelos wurde bemängelt, der Christus sehe mehr einem jugendlichen Gott der heidnischen Antike ähnlich als dem auferstandenen Gründer des Christentums, weshalb man später auch das Lendentuch hinzufügte.

Trastevere

Santa Maria in Trastevere ist die älteste Marienkirche Roms. Beachtung verdient die Fassade mit dem Mosaik *Maria zwischen zehn weiblichen Heiligen.*

Christus mit dem Kreuz

Im Innern gilt das Augenmerk den Kosmatenarbeiten des Fußbodens, den Intarsien in Marmor, sowie der kassettierten und teilweise vergoldeten Holzdecke des Domenichino von 1617. Erwähnt seien auch die mächtigen 22 ionischen Säulen des großen saalartigen Hauptschiffes.

San Giovanni in Laterano

Bevor die Päpste nach ihrer Rückkehr aus dem Exil in Avignon im Apostolischen Palast des Vatikans ihren Hofstaat einrichteten, residierten sie hauptsächlich im Lateran. Die Lateran-Basilika blieb die Bischofskirche der römischen Päpste.

Über dem Papstaltar erhebt sich ein tabernakelähnlicher Baldachin, in dem die Häupter der Apostelfürsten Petrus und Paulus gezeigt werden. An dem Altar selbst sollen der Tradition zufolge die ersten römischen Bischöfe, Nachfolger des Petrus, die Messe gefeiert haben. Davor, unten in der Confessio (Zugang zu den Märtyrerreliquien) befindet sich das bronzene Grabmal Papst Martins V. – die Römer werfen einem alten Brauch folgend Münzen darauf.

San Pedro in Vincoli

Sankt Peter in Ketten ist eine der ältesten Kirchen Roms. Hauptaugemerk gilt dem großartigen Grabmal für Papst Julius II.. Dieses Grabmal für den Papst war von Michelangelo weitaus größer für die Peterskirche geplant. Von den dafür vorgesehenen Skulpturen führte Michelangelo nur drei Figuren aus: die Statuen der Rachel und der Lea – den Frauen des biblischen Stammvaters Jakob – und vor allem die Statue des Moses, die zugleich den Papst-Fürsten der Renaissance feiern sollte. Sie ist eines der bedeutendsten Werke des begnadeten Künstlers. Dargestellt wird Moses als Führer der Israeliten, der von Gott die Gesetzestafeln mit den zehn Geboten erhalten hat, die er unter dem *rechten* Arm hält,

während er mit ansehen muss, wie das Volk um das goldene Kalb tanzt. Sein Gesicht ist von göttlicher Erleuchtung und Zorn über das untreue Volk erfüllt – die Hörner auf der Stirn des Moses beruhen auf einem Übersetzungsfehler des Bibeltextes.

Wir landeten in Rom im Regen, wir hatten danach drei Tage lang herrlichsten Sonnenschein, als wir in den Zug zum Flughafen stiegen, begann es zu regnen; wenn das kein Glück ist!!

Tschechien Febr.2000

1. Pragreise mit 2 Schulklassen

Während der tausendjährigen Existenz wurde Prag mit vielen huldigenden und rühmenden Attributen wegen seiner Schönheit Pracht und Größe bedacht. Mal wurde die Stadt als *Die Goldene* nach den goldenen Türmen über der Prager Burg, mal als *Die Hunderttürmige* nach den unzähligen Türmen und Türmchen, die in den verschiedenen Formen über dem Dächermeer ragten, genannt.

Santa Maria de Victoria

Die Kirche Santa Maria de Victoria wurde im Jahre 1611 von deutschen Lutheranern gegründet.

Prager Jesulein

In der ganzen Welt erlangte sie Berühmtheit durch die Originalstatue des Prager Jesuleins, die hier verehrt wird. Diese 45 cm hohe Wachsfigur widmete im Jahre 1628 Polyxena von Lobkowitz, Tochter der spanischen Gräfin Maria Manrique de Lara, den unbeschuhten Karmelitern. Viele Menschen, die davor zu Gott gebetet hatten, fanden wundersame und ungewöhnliche Erhörung ihrer Bitten. Die dreiundsiebzig Gewänder, in die die Karmeliterinnen vom Kinde Jesu die Statue nach den einzelnen Zeitabschnitten des Kirchenjahres einkleiden, sind ein sichtbarer Beweis für die Verehrung des Prager Wachsfigur. Abgesehen von zahlreichen Votivtafeln erhält das Prager Jesulein eine Unmenge von Briefen aus der ganzen Welt. Auch heute treten unzählige Pilger vor den Altar der Statue und erbitten Hilfe in ihren Nöten, Heilung von Krankheiten oder erwarten vertrauensvoll die Geburt eines Kindes.

Die Karlsbrücke

Zur Regierungszeit Karls IV wurde die neue steinerne Brücke über die Moldau gebaut, die die Prager Altstadt mir der kleineren Stadt, der Kleinseite unter der

Karlsbrücke

Prager Burg verbindet. Sie hat eine Länge von 520 m und ist etwa 10 m breit.
Die nach Karl IV. benannte Karlsbrücke mit ihren 16 Brückenbögen ist eine der
prächtigsten mittelalterlichen Brücken Europas. Peter Parler begann mit ihrem
Bau 1357. An beiden Seiten der Brücke sind Türme errichtet, wobei der monumentale Altstätter Brückenturm auf der östlichen Seite die bauliche Meisterschaft Peter Parlers bestätigt.

Nepomukstatue

Auf der Brücke wurden im 18. Jhd. zusätzlich 30 Barockstatuen angebracht. Zu den bekanntesten dieser Statuen gehören Matthias Brauns *Heilige Luitgard* und Johann Brokoffs *Heiliger Johannes von Nepomuk.*

Johannes von Nepomuk wurde nach seinem tödlichen Sturz in die Moldau heilig gesprochen. Wahrscheinlich soll das berühren der Statue Glück verheißen, da das Metall mittlerweile durch die vielen Berührungen blank erscheint.
Auf der Brücke tummeln sich heute vor allem Straßenmusikanten und Andenkenverkäufer.

Die astronomische Uhr

Die astronomische Uhr am Turm des Altstädter Rathauses aus dem 15. Jhd. gehört zu den Sehenswürdigkeiten Prags. Sie zeigt unter anderem die Mondphasen und die Planetenstellung an. Zu jeder vollen Stunde bewegen sich in Fenstern über der Uhr Figuren und es erscheinen Christus und die 12 Apostel.

Der **Altstätter** Ring ist von alters her der natürliche Mittelpunkt der Stadt. Hier findet man das Denkmal des Magisters **Johannes Hus**. Er studierte an der Prager Universität und wurde 1400 zum Priester geweiht. Da er in tschechischer Sprache anstatt dem traditionellen Latein predigte, wurde ihm die Ausübung des Priesteramtes untersagt. Da er weiterhin reformatorische Ideen vertrat und gegen die Kreuzzugs- und Ablassbullen von

Papst Johannes XXIII. predigte, musste er fliehen. In seinem Hauptwerk *De Ecclesia* vertrat er seine Überzeugungen und da er den Widerruf verweigerte, wurde Hus zum Tod verurteilt und am 6. Juli 1415 auf dem Scheiterhaufen verbrannt.

Der prismatische Turm des Altstätter Rathauses stammt aus der Epoche der Hochgotik aus der Mitte des 14. Jhds..
Vom Rathausturm hat man einen herrlichen Rundblick über Prag. Die Türme der Kirche der Jungfrau Maria vor dem Teyn ragen über die bürgerlichen Häuser und Adelspaläste.
Das Husdenkmal ziert den nördlichen Teil des Platzes.

Die von Dientzenhofer geschaffene Sankt-Nikolaus-Kirche gehört zu den schönsten Barockbauten Böhmens. Die wunderschöne Kupferkuppel und der schlanke Kirchturm beherrschen das Bild der Prager Altstadt. Die eindrucksvolle Fassade hat eine wellenförmige Wandoberfläche.

Prager Burg

Die Prager Burg (Hradschin) ist nicht nur im wörtlichen Sinn ein *überragendes Bauwerk*, sondern auch aus historischer Sicht, denn hier finden sich Stilelemente aus jeder Epoche. Da die Burg heute die offizielle Residenz des tschechischen Staatspräsidenten ist, wird der Haupteingang, das Matthiastor, es stammt aus dem Jahr 1614, von

Wachen in rot-weiß-blauen Uniformen flankiert, die stündlich abgelöst werden. Der Burgkomplex, der für Maria Theresia im klassizistischen Stil umgebaut wurde, hat drei miteinander verbundene Höfe. Im dritten Hof steht der Sankt-Veits-Dom. Er wurde im 14. Jahrhundert als Grabmal für den Schutzpatron Böhmens, den heiligen Wenzel, begonnen.

Wachen

Der Wenzelsplatz

Wenn man vom Grand Hotel Europa in Richtung des Nationalmuseums schaut, so überblickt man etwa 2/3 des 630 m langen Wenzelplatzes.
Gegenüber dem Grand Hotel ist ein wunderschön bemaltes Neorenaissance-Haus zu bestaunen. Vor dem Denkmal des hl. Wenzel hat man eine Gedächtnisstätte für die Opfer des Kommunismus angelegt.

Museum

Das Zentrum des Technischen Nationalmuseums besteht aus einer riesigen Haupthalle mit Glasdach. Dort befindet sich eine umfassende Sammlung von Flugzeugen. Oldtimern und Lokomotiven, u.a. auch die kaiserliche Bahn, die Erzherzog Franz Ferdinand 1914 nach Sarajevo brachte. Außerdem beherbergt das Museum die Nachbildung eines Kohlebergwerks, aber auch Räume, in denen man sich über Uhren, Astronomische Geräte, Telekommunikation und Informationstechnologie informieren und selbst Versuche durchführen kann.

2. Pragreise mit 2 Schulklassen (25.2. bis 2.3. 2002)

Prag, Theresieustadt, Lidice,

Es war das 2. Mal, dass ich eine Klassenfahrt nach Tschechien organisierte. Eigentlich hatte ich mir vorgenommen, mich nicht mit der Filmkamera zu belasten, doch da wir außer Prag auch Budweis, Theresienstadt und Lidice besuchen wollten, fasste ich doch den Entschluss zu filmen.
Unser Hotel lag im Südosten der Stadt. Ein Blick aus dem Hotelzimmer lässt nicht erahnen, dass in der Stadt selbst die Schönheit dominiert.

Das goldene Gässchen

Der attraktivste Teil der Prager Burg, des Hradschin, ist das *Goldene Gässchen* mit seinen kleinen Häusern.

Gässchen auf der Prager Burg

Die häufig auch Goldmachergässchen genannte malerische Gasse entwickelte sich zu einem Touristenmagneten nicht zuletzt aufgrund eines Mythos: hier sollen unter Aufsicht Rudolfs II. die Alchimisten gewirkt haben, um künstliches Gold zu erzeugen. Auch wenn dies nicht der historischen Realität entspricht, das tat dem Ruf keinen Abbruch. Einst lebten in den winzigen Häuschen direkt an der Burgmauer die Burgschützen des Königs, später ließen sich hier viele arme Leute nieder. Teilweise war die Gasse nur einen Meter breit und die sanitären Verhältnisse erbärmlich. Einige Jahre lebte hier sogar Franz Kafka und arbeitete an seinen Werken. Heute haben sich in den winzigen Häuschen Souvenirläden niedergelassen und profitieren von dem scheinbar nie enden wollenden Touristenstrom aus aller Welt.

Burgblick

Einen sehr schönen Blick auf die Moldau und auf die sie überspannenden Brücken hat man vom Hradschin aus. Deutlich ist die Karlsbrücke mit dem Altstätter Brückenturm zu erkennen, die den östlichen Teil der Stadt mit dem im Vordergrund sichtbaren, westlich der Moldau gelegenen Stadtteil, der so genannten Kleinseite verbindet.

Das Repräsentantenhaus

Repräsentantenhaus

Wo sich einst der Prager Königshof befand, zieht heute dieser formen- und farbenprächtige Jugendstilbau Besucher in seinen Bann. 1903-1911 errichtet, sollte dieses Gemeindehaus Ort der Kultur und Repräsentation zugleich sein. Durch die Beteiligung mehrerer hochrangiger Prager Künstler bietet sich hier ein breites Spektrum der Kunst um die Jahrhundertwende. Mosaike und Malereien, Glas- und Kunstschmiedearbeiten in feinstem Jugendstil zieren die Säle und Treppenhäuser. Üppig ausgestattet ist der 1500 Besucher fassende Smetana-Saal, einer der eindrucksvollsten Konzertsäle Prags. Cafe und Restaurant laden zum Verweilen in stilvollem Jugendstilambiente ein.

Pulverturm

1475 wurde der Grundstein für den Pulverturm gelegt. Von Anfang an diente er eher repräsentativen Zwecken, lag er doch unmittelbar neben dem Königshof, dem heutigen Repräsentationshaus. Seine zeitweilige Nutzung als Lager für Pulver gab ihm seinen heutigen Namen.

Pulverturm

Budweis (100000 Einwohner)

Brauerei Budweis

Eine 2-stündige Busfahrt brachte uns zur 140 km südlich von Prag gelegenen Stadt Budweis. Dort besuchten wir die bekannte Budweiser *Brauerei Budvar*, die ihr Bier hauptsächlich exportiert.
Wenn man bei der Besichtigung des Brauerei-Areals das Brauereigebäude betritt, wird man vom Malzduft aus der Haná-Gerste und dem Saazer Hopfen umgeben. Das Budweiser Budvar ist eine der berühmtesten Biermarken, zu

der ein ausgezeichnetes, aus der Tiefe von mehr als 300 Meter geschöpftes Wasser verwendet wird.

Der Jahresausstoß der Brauerei beträgt 1,3 Millionen Hektoliter und der Export in 56 Länder der Welt bringt das Budweiser Budvar auf den ersten Rang unter den Bier-Exporteuren in der Tschechischen Republik. Die Brauerei braut gemeinsam mit dem berühmten 12° Premium-Lagerbier noch weitere drei Sorten: ein leichteres und ein alkoholfreien Bier. Zu den Spezialitäten gehört das extra starke Bier Bud 16°.

Zu den größten ausländischen Abnehmern der Brauerei gehören Deutschland, England, die Slowakei, Österreich, Italien, Russland sowie die Benelux-Länder. Aber auch in Japan, Australien, Südamerika und Afrika hat das Budweiser Budvar Liebhaber.

Nach der Besichtigung der Brauerei war eine Einkehr notwendig. Unser Reiseleiter führte uns in ein preiswertes, aber nettes Restaurant in der Art der Münchener Bierlokale. Dort konnten es sich vier unserer jungen Leute nicht verkneifen, 2 große Fleischplatten zu bestellen, von denen sie auch prompt nur die Hälfte essen konnten.

Otokar II Platz

Das Herz der Stadt **Budweis** ist der **Otokar II - Platz,** der zu den größten Plätzen Mitteleuropas gehört. Er bildet ein fast vollkommenes Quadrat mit einer Seitenlänge von 133 m. Dies erkennt man am besten, wenn man vom Schwarzen Turm aus, der in einer Ecke des Quadrates steht, den Platz überblickt,.

Barockhaus mit Glockenspiel

Direkt im Treffpunkt der Diagonalen steht der barocke Samson-Brunnen (1721-27), der größte Brunnen seiner Art in Tschechien. Der ganze Platz ist von Häusern umringt, die zu den ansehnlichsten in der Stadt gehören. Denn mit Beginn des 18. Jahrhunderts verfügte Budweis über ein blühendes Wirtschaftsleben, begleitet von einer regen Bautätigkeit, die der Stadt ein barockes Gepräge gab. Das eindrucksvollste Objekt des ganzen Platzes aber ist das Barockrathaus mit dem Glockenspiel. Es wurde zwischen den Jahren 1727-30 an Stelle eines älteren Renaissance-Rathauses gebaut.

Theresienstadt

Es war für uns als Lehrer stets wichtig, die Schüler an die deutsche Vergangenheit heranzuführen. Deshalb besuchten wir bei Klassenausflügen immer ein ehemaliges Konzentrationslager.

Auf Initiative ehemaliger Gefangener und Hinterbliebener beschloss die Regierung 1947, die Gedenkstätte Theresienstadt anzulegen, die dazu berufen ist, an die vernichtenden Folgen der Unterdrückung von Freiheit, Demokratie und Menschenrechten zu erinnern.

Die Kleine Festung entstand am Ende des 18. Jahrhunderts als Bestandteil eines Festungskomplexes in der Nähe des Zusammenflusses von Elbe und Eger, der zu Ehren der Kaiserin Maria Theresia Theresienstadt (Terezin) genannt wurde. Fast von Anfang ihres Bestehens an wurde sie als Gefängnis verwendet.

Nach der Okkupation Böhmens und Mährens durch Nazideutschland, als sich infolge des nationalsozialistischen Terrors die übrigen Strafanstalten allmählich füllten, wurde im Jahre 1940 in der Kleinen Festung ein Gefängnis der Prager Gestapo eingerichtet. Die ersten Häftlinge kamen im Juni 1940 hierher. Während des Krieges durchliefen 32000 Gefangene das Lager, 5000 davon waren Frauen. Es handelte sich vor allem um Tschechen, mit der Zeit aber auch um

die Angehörigen anderer Völker, zum Beispiel um Bürger der UdSSR, um Polen, Deutsche, Jugoslawen und gegen Kriegsende dann sogar um Gefangene aus den Reihen der britischen Armee, um französische Geiseln usw..

Besonders schwer war das Schicksal der inhaftierten Juden. Die überwiegende Zahl der Häftlinge bestand aus Personen, die wegen verschiedener oppositärer Äußerungen gegen das Naziregime verhaftet worden waren, unter anderem die Mitglieder des gesamten Spektrums der Widerstandsbewegung.

Für viele von ihnen war die Kleine Festung nur eine Durchgangsstation, von wo aus sie vor die Nazigerichte, in Zuchthäuser, Gefängnisse und Konzentrationslager gelangten, wo ungefähr 8000 starben. Im Theresienstädter Gefängnis starben infolge schlechter Lebensbedingungen, Krankheit und Folter von Seiten der Aufseher annähernd 2500 Häftlinge.

Gegen Kriegsende breitete sich im überfüllten Gefängnis eine Fleckentyphusepidemie aus, gegen die die nazistische Leitung nichts unternahm. Nach der Flucht der Aufseher am 5. Mai 1945 lief eine Hilfsaktion an, die Ärzte und Pfleger aus Prag mit umfangreicher Unterstützung der örtlichen Bevölkerung organisiert hatten.

Swimmingpool für Gefängnisvorsteher

Die Festungsanlage wurde bei ihrem Bau mit kilometerlangen Tunneln versehen, von denen heute ein 500 m langes Stück für Besucher freigegeben ist. Die gesamte Festung ist von einem Wassergraben umgeben, der auch geflutet werden konnte. Im so genannten Herrenhaus wohnten der Gefängnisvorsteher und einige Aufseher mit ihren Familien. Diesen stand sogar ein Swimmingpool zur Verfügung.

Der Nationalfriedhof entstand allmählich in den Jahren 1945-58. Hier liegen die sterblichen Reste von ungefähr 10000 Opfern.

Lidice

Gedenkstätte Lidice

Lidice war ein ehemaliges Bergarbeiterdorf, etwa 20 km westlich von Prag gelegen. Das kleine Dorf war kaum bekannt, bis es am 10. Juni 1942 von einer deutschen SS-Einheit zerstört wurde, als Vergeltung für die Ermordung des Chefs der deutschen Sicherheitspolizei und des Sicherheitsdienstes der SS, Reinhard Heydrich.

Gemäß den offiziellen deutschen Verlautbarungen und dem Bericht des einzigen männlichen Überlebenden des Anschlags sollen einige Dorfbewohner die

Widerstandskämpfer unterstützt haben, die Heydrich erschossen. Am frühen Morgen des 10. Juni drang die SS-Einheit in das Dorf ein und trieb alle Dorfbewohner – mit Ausnahme eines Mannes, der sich außerhalb des Dorfes versteckte – zusammen. 173 Männer wurden erschossen, Frauen und Kinder in Konzentrationslager deportiert, und das Dorf Lidice wurde dem Erdboden gleichgemacht.

Denkmal für ermordete Kinder

Aufreibend und erschütternd zugleich ist das Denkmal, das man für die ermordeten Kindern aufgestellt hat. Es wird auch heute noch nach Fotographien der Kinder ständig ergänzt.

Wie sagte Thomas Mann in seiner Rundfunkansprache »Deutsche Hörer«, die im Juni 1942 von der BBC nach Deutschland ausgestrahlt worden war.

Detail

„Seit dem gewaltsamen Tod des Heydrich, dem natürlichsten Tod also, den ein Bluthund wie er sterben kann, wütet überall der Terror krankhaft hemmungsloser als je ... Der grambeugte Führer, der einen männlich geliebten Mordgesellen verlor, gibt seine in schlummerlosen Nächten ersonnenen Weisungen. Ein Metzeln und Abschießen geht an, ein Wüten gegen Wehrlosigkeit und Unschuld, so recht nach Nazilust. Tausende müssen sterben. Männer und Frauen. Eine ganze Ortschaft, die die Täter beherbergt haben soll, Lidice, wird ausgemordet und dem Erdboden gleich gemacht. Zu Hause wird ihm ein pomphaftes Staatsbegräbnis verordnet, und ein anderer Metzgergeselle sagt ihm am Grabe nach, er sei eine reine Seele und ein Mensch von hohem Humanitätsgefühl gewesen. Das alles ist verrückt... Der Verrücktheit ist die Macht alles, sie braucht sie unbedingt, um sich auszuleben..."

Lidice, das nie ein aktiver Ort des Widerstandes war, wurde nach seiner Zerstörung zum weltweiten Symbol für Widerstand.

Wieder Prag

Am letzten Tag unseres Aufenthaltes gab es kein gemeinsames Programm, jeder folgte seinen Interessen. Das Pendel, das man hier sieht, wurde an Stelle einer Stalinbüste, die nach der Wende gesprengt wurde, errichtet.

Nicht weit von diesem Standort gibt es ein Technisches Museum, das wir besuchten.

Auf einer Ausstellungsfläche von 6110 m² sind in einer Dauerausstellung etwa 4500 von insgesamt 53000 Exponaten ausgestellt. Die Verkehrshalle bietet interessante Sammlungen von Fahrzeugen, Fahrrädern, Motorrädern, Flugzeugen und Lokomotiven. Es gibt Säle für Zeitmessung, Astronomie, Metallurgie, Akustik und Lärmbekämpfung, Foto- und Filmtechnik. Einige Stunden reichen nicht, um sich alles anzuschauen.

Moldau

Moldau mit Karlsbrücke

Die Moldau, auf tschechisch *Vltava* prägt *das* Bild der Stadt. Sie entspringt im Böhmerwald im Südwesten des Landes und fließt in südöstlicher Richtung bis nach Lipno am Südende des Moldaustausees. Dort wendet sie sich nach Norden, bildet den Orlicker Stausee, durchfließt Prag und mündet schließlich bei Milnik in die Elbe. Die Moldau ist mit 440 Kilometern der längste Fluss der Tschechischen Republik und der größte Nebenfluss der Elbe. Mit ihrer Wasserkraft werden mehrere Kraftwerke betrieben, die die Umgebung sowie Prag mit Strom versorgen. Herrliche Blicke hat man von der Kleinseite aus auf die Karlsbrücke und die Burg. Bei dem frühlingshaften Wetter, das wir am letzten Tag hatten, konnte man den Ausblick besondern genießen.

Wanderung

Teynkirche

Die Wanderung an der Kleinseite entlang in südlicher Richtung führte meinen Kollegen und mich schließlich über den Karlsplatz zurück in die Altstadt, wo wir uns nach dem langen Marsch in der Brauereigaststätte, die wir des sehr guten Bieres wegen oft besucht hatten, zunächst stärkten.

Auf dem Altstädter Ring, der von mehreren bedeutenden Bauwerken umrahmt wird, dazu gehören unter anderem die Teynkirche, die Kirche Sankt Nikolaus und der Altstädter Rathausturm, erfreute uns eine Altherrendixielandband, die ihr Können bewiesen.

Der letzte Tag in Prag ging zu Ende, der Bus wartete und mit einem letzten Blick auf das angestrahlte Repräsentantenhaus, den Pulverturm und die Prager Burg verabschieden wir uns von einer der schönsten Städte Europas.

Irland (16. -23.8.2005)

Am Dienstag, den 16. August 2005 startete unser Flugzeug der irischen Fluglinie Aer Lingus um 10:50 nach Dublin. Ausgangspunkt war Dublin. Dort hatten wir 2 Übernachtungen. Am 3. Tag ging es per Autobus nach Westen. Etwa in der Mitte des Landes besuchten wir die Ruinen einer Klosteranlage aus dem 13. Jahrhundert. Der 2. Übernachtungsort hieß Loughrea, etwa 30 km von der am Meer gelegenen schönen Stadt Galway entfernt. Ein Ausflug in das Gebiet der wilden Connemara mit dem Besuch eines Musikinstrumentenherstellers, eines Klosters und eines Torfstechers schloss den ersten Teil der Reise ab.

Wir fuhren mit einem Stadtbus in die irische Hauptstadt. Die Guiness-Brauerei, die wir am nächsten Tag besuchten, war nicht zu übersehen.

Dublin wird durch den Fluss Liffey in eine Nord- und eine Südstadt geteilt. In der Kürze der uns zur Verfügung stehenden Zeit konnten wir nur wenige interessante Eindrücke gewinnen: die Fußgängerzone Grafton Street mit dem sich anschließenden St. Stephens Park, das Book of Kells im Trinity-College, die St. Patricks Kathedrale, den Bezirk Temple Bar mit seinen vielen Pubs, in denen abends musiziert wird und die Guiness-Brauerei.

Dublin ist eine pulsierende Universitätsstadt, die – den Eindruck gewannen wir – überwiegend von jungen Leuten bewohnt und belebt wird.

Dublin, die Hauptstadt der Republik Irland, hat ca. ½ Million Einwohner. Es liegt an der Flussmündung des Liffey an der Bucht von Dublin, einem Meeresarm der Irischen See.
Dublin wurde auf einem flachen, ebenen Untergrund errichtet. Die Teilung der Stadt durch den westöstlich verlaufenden Fluss Liffey in eine Nord- und eine Südhälfte wird durch insgesamt zehn Brücken überwunden.

Die erste geschichtlich belegte Siedlung trug gemäß der Aufzeichnungen des alexandrinischen Astronoms und Geographen Ptolemäus aus dem 2. Jahrhundert n. Chr. den Namen Eblana. In der späteren Geschichte erschien die Stadt unter der Bezeichnung Dubhlinn (was soviel wie: *Schwarzer Teich* bedeutet).

Die Stadtbewohner wurden um 450 durch Patrick, den späteren Schutzheiligen von Irland, zum Christentum bekehrt. Im 9. Jahrhundert wurde die Stadt von den Dänen erobert, die Iren holten sich aber in den darauf folgenden drei Jahrhunderten die Herrschaft über Dublin zurück. 1171 wurden die Dänen von den Anglonormannen unter König Heinrich II. von England vertrieben. Dublin war 1172 Sitz des Königshofes und erhielt unter Heinrich II. später die Stadtrechte verliehen.

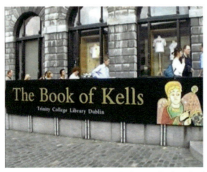

Dublin ist Geschäftsstadt, wichtigster Hafen sowie Handels- und Wirtschaftszentrum des Landes. Zu den wichtigsten Industriebetrieben zählen Brauereien, Destillationen und Niederlassungen der Fertigungsindustrie. Elektrische und elektronische Bauteile, Schuhe, Glaswaren, pharmazeutische Produkte und Nahrungsmittel werden außerdem hergestellt. Von Bedeutung ist traditionell der Schiffsbau. Zu den Hauptexportgütern zählen Nutzvieh und landwirtschaftliche Erzeugnisse.

Die **Universität** wurde 1592 von Elisabeth I. gegründet. Unser Interesse galt einem alten Buch, dem Book of Kells. Das Buch von Kells, einer der größten Schätze Irlands, wird seit etwa dreihundert Jahren in der Bibliothek des Trinity College in Dublin aufbewahrt und ausgestellt und gilt als eine der bedeutendsten illustrierten Handschriften, die je angefertigt wurden. Sie wurde im frühen neunten Jahrhundert im Kloster zu Kells unter Verwendung einer gewandt ausgeführten Unzialschrift auf 340 Pergamentblätter geschrieben,

und enthält hauptsächlich die vier Evangelien in lateinischer Sprache. Leider durfte in den Ausstellungsräumen nicht gefilmt werden. Deshalb werde ich mit kurzen Beschreibungen hier einige der besten Seiten und einige der schönsten verzierten Initialen aus einem Buch wiedergeben: Das Bildnis Christi: Über dem Haupt befindet sich ein Kreuz, zwei Pfauen, einer auf jeder Seite des Hauptes, stehen auf Weinreben, die aus kelchförmigen Vasen herauswachen. Die Haartracht und die dunkle Gesichtsfarbe sind kennzeichnend für keltische Arbeit.

Die **Chi Rho Seite**. Die griechischen Buchstaben XPI (chi, rho, iota) sind eine Abkürzung für Christus. Abkürzungen heiliger Namen erscheinen durch das ganze Buch hindurch, nur selten sind andere Wörter abgekürzt. Die Würde und Heiligkeit der Namen wurde auf diese Weise betont. Die Details auf der Chi Rho Seite sind interessant. In der linken unteren Ecke z.B. sieht man eine Katz-und-Maus-Szene. Katzen lauern zwei Mäusen auf, die geweihtes Brot von heiliger Stätte knabbern, vielleicht hält dies eine Begebenheit aus dem Klosterleben fest.

Johannes: mit einem großen Heiligenschein um das Haupt und einem Federkiel in der Hand.

Die Jungfrau mit Kind: Die Figuren sind konventionell und steif mit einer gewissen Unbeholfenheit der Zeichnung

Die Gefangennahme: Die Gestalten des Herrn und der zwei Häscher besitzen eine erschreckende Eindringlichkeit und wirken etwas grotesk. Aber die sich windenden Kleeblattornamente, die die göttliche Gegenwart anzeigen, und das Zähnefletschen der Hunde ringsum, geben auf eine sehr rührende Weise die tragische Grundstimmung der Szene wieder.

Die Versuchung zeigt Christus mit einer Buchrolle in der Hand, über das Dach des Tempels hinausragend, in Anwesenheit des Teufels. Zum Schluss sei an einer Seite gezeigt, wie schwierig das Lesen des Textes ist:

Die *Tunc crucifixerant* Seite enthält, angeordnet in der Form eines Andreaskreuzes, die Worte: *tunc crucifixerant XPI cum eo duos latrones* (da hatten sie mit ihm, Christus, zwei Räuber gekreuzigt).

Tunc crucifixerant

Da es keine Darstellung der Kreuzigung im Buch von Kells gibt, aber die dieser Seite gegenüberstehende Seite leer ist, scheint eine kleine Gruppe von Zuschauern auf dem linken Rand der *Tunc crucifixerant* Seite anzudeuten, dass eine Kreuzigungsszene auf der leeren Seite geplant war. Nach Absicht des Künstlers sollten sie wohl der Kreuzigung zuschauen.

Die Bibliothek der Universität enthält in einem riesigen Saal eine wertvolle Sammlung alter irischer Handschriften. Seit 1801 werden laut Gesetz von jedem im Vereinigten Königreich und Irland veröffentlichten Buch der Bibliothek ein kostenloses Pflichtexemplar zur Verfügung gestellt.

Wir besuchen die im gotischen Stil gebaute **Kathedrale St. Patrick**. Sie ist Zentrum der protestantischen Glaubensgemeinschaft der Republik Irland.

Der Heilige Patrick soll – zum christlichen Glauben Konvertierte – in einem Brunnen getauft haben, der sich einmal im Park neben der Kathedrale befand. In diesem Zusammenhang hat seit dem 5. Jahrhundert an dieser Stelle eine Kirche gestanden. Die Normannen errichteten hier im Jahre 1191 eine Steinkirche. Sie wurde zwischen 1220 und 1260 wieder auf- beziehungsweise umgebaut. Dies ist das Gebäude, das wir heute sehen.

Kathedrale St. Patrick

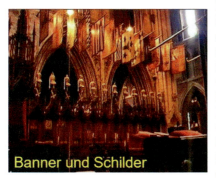
Banner und Schilder

Die St. Patricks-Kathedrale hat während ihrer langen Geschichte viel zum irischen Leben beigetragen. Jonathan Swift war hier Dekan von 1713-45 und ist hier bestattet. **Händels Messias** wurde im Jahre 1742 zum ersten Mal in Dublin aufgeführt

In der 3. Reihe des Chorgestühls, die von den Kanonikern der Kathedrale benutzt wird, hängen die Banner und Schilder der Ritter des heiligen Patrick, einem Ritterorden, der im Jahre 1783 von König Georg III. gegründet wurde.

Entlang an allen Seiten des Kirchenschiffes sind Grabdenkmäler, schwarze und weiße Marmorbüsten und Steinplatten eingelassen. Im südlichen Seitenschiff sind Andenken und Gegenstände zusammengetragen, die an den Schriftsteller, Satiriker und Dekan der Kathedrale, **Jonathan Swift** erinnern.

1713 erhielt er das Dekanat der St. Patrick's Kathedrale in Dublin. Sein publizistischer Kampf für die Sache der Iren machte ihn in Irland zu einer nationalen Gestalt. Die Unzufriedenheit mit dem damaligen Zeitgeist fand ihren literarischen Niederschlag in seinem Meisterwerk *Gullivers Reisen*.

Marmorbüsten

Wunderschön anzusehen war der Fußboden der Kathedrale.

Fußboden der Kathedrale

Während der **Stadtrundfahrt** in Dublin brachte uns unser deutschsprachiger Führer Gerry Ryan, dessen Deutschkenntnisse allerdings sehr zu wünschen übrig ließen, zu eine grünen Insel, nicht weit entfernt vom Trinity College. Dieser Patz hieß Merrion Square. Hier gab es ein Denkmal vom Erzähler und Damatiker **Oscar Wild**, der z.B. den Roman *Das Bildnis des Dorian Gray*, die Erzählung *Das Gespenst von Canterville* und die Ballade *Salomé* verfasste.

Der eigentliche Grund aber dort zu halten waren die Häuserreihen rings um den Platz aus der Gregorianischen Zeit, also aus dem 18. Jhd., mit ihren schönen Türen, den dazugehörenden Treppenaufgängen und den Treppenabgängen in die Souterrainwohnungen.

Denkmal von Oscar Wild

Wir besuchen die **Guiness-Brauerei**. Das Storehouse Gebäude, in dem wir uns befinden, wurde 1904 fertig gestellt. Dieses einzigartige Gebäude wurde im Architekturstil der *Chicago Sc*hule entworfen und gebaut, das heißt, ein riesiges Stahlgerüst hält das gesamte Gebäude zusammen. Im Storehouse fand früher der Gärungsprozess statt, bei dem die Hefe dem Bier zugefügt wird. Im Zentrum des Gebäudes befindet sich ein riesiges *Pint Glas*, das von der Rezeption im Erdgeschoß bis hinauf zur Gravity, der *Bar am Himmel*, reicht. Jede Etage wird so mit Tageslicht durchflutet und schafft damit ein eindrucksvolles Gefühl von Raum und Licht. 14,3 Millionen Pints, also 8,1 Mio. Liter fasst

dieses Glas, wenn es gefüllt wäre.
In der Gravity-Bar in 40 m Höhe hat man einen herrlichen Rundblick auf Dublin. Das Zapfen des Guiness-Bieres ist fast ein Ritual. Das am Anfang gezapfte Bier bildet Schlieren, die sich kunstvoll nach oben verdichten. Eine

Schlieren im Bier

zweite Zapfung beschließt den Prozess.

Die Häuser des Viertels mit dem Namen **Temple-Bar** stammen aus dem 17.-19. Jahrhundert. Hier findet man ein Pub neben dem anderen, in denen irische Live-Musik gespielt wird.

Temple-Bar

Wir sind auf dem Weg nach Westen. Etwa in der Mitte des Landes südwestlich der Stadt Athlone besuchen wir die Überreste der altertümlichen religiösen Siedlung Clonmacnoise.

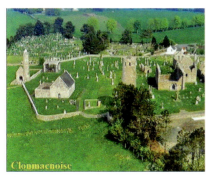
Clonmacnoise

Clonmacnoise bedeutet *Wiese der Söhne von Nós*. Es wurde um 548 von St. Ciaran, dem Sohn eines Handwerksmeisters gegründet. Auf einem eiszeitlichen Moränenhügel liegend, thront Clonmacnoise über einem weitläufigen Moor, das dem Fluss Shannon das Bett bereitet. In der Vergangenheit befand sich Clonmacnoise daher ganz wörtlich genommen am Dreh- und Angelpunkt Irlands, wo der Hauptverbindungsweg zwischen Norden und Süden, der Shannon, die wichtige Ost/Westverbindung entlang der Geröllhänge der Gletscherberge kreuzte. Diese zentrale Lage trug dazu bei, dass sich Clonmacnoise zu einem wichtigen Zentrum für Religion, Bildung, Handel, Handwerk und Politik entwickeln konnte. Als Ort der Grabstätte von St. Ciaran zieht Clonmacnoise nun schon seit fast 1500 Jahren Pilger an.

Lage von Clonmacnoise

In der Ansiedlung gibt es einige Kirchen aus dem 10. bis 17. Jhd., eine Kathedrale, einen Rundturm und drei Steinkreuze. Aufgrund der gro-ßen und weltoffenen Bevölkerung ähnelte Clonmacnoise eher einer Stadt als einer Klostersiedlung.

Ehemalige Kirchen

Da alle Wohnhäuser und Gebäude der Gemeinschaft aus Holz gebaut waren, haben sie der Zeit nicht trotzen können. Die frühesten Kirchen waren ebenfalls aus Holz, aber die Holzbauweise wurde im 10. Jahrhundert von der Steinbauweise abgelöst.

Der Reichtum von Clonmacnoise war der Grund für häufige Raubzüge von Feinden aus dem eigenen Land, Vikingern und Anglo-Normannen. Ab dem 13. Jahrhundert jedoch, als Clonmacnoise der Sitz eines verarmten Bischofs wurde, ging es bergab mit der Siedlung. Im Jahre 1552 legte die englische Garnison aus Athlone Clonmacnoise in Schutt und Asche. Seit 1877 ist die Klostersiedlung ein Nationalmonument und befindet sich heute in guten Händen beim Ministerium für Kultur und Kulturerbe.

Hochkreuz

Sehr interessant sind die 3 irischen Hochkreuze, deren Originale sich heute in den Rundbauten der Ausstellungsräume befinden. Das westlichste vor der Kathedrale ist das Bibelkreuz. Hierbei handelt es sich um eines der kunstvollsten **Hochkreuze**, die es noch in Irland gibt. Es ist 4 Meter hoch. Sein Schaft und der kreisförmige obere Teil wurden um 900 nach Christus aus einem Stück Sandstein gefertigt. Seine Oberfläche ist in Abschnitte eingeteilt, in die bildhafte Darstellungen eingehauen sind. Die Kreuzigung Christi, das Jüngste Gericht und das Grab Christi sind biblischen Ursprungs, wohingegen die unterste Darstellung auf der nach Osten gewandten Seite des Schaftes einen Geistlichen und einen Krieger zeigt, die einen Pfosten halten. Diese Szene

Kreuzigung Christi im Hochkreuz

wurde schon auf die verschiedensten Arten gedeutet, könnte sich aber auf Abt

Colmán und König Flann beziehen, die zusammen dieses Kreuz sowie die Kirche errichten ließen, die heute als die Kathedrale bezeichnet wird.

Unsere Reise führt weiter nach Westen. Ziel ist die Hafenstadt **Galway** mit ihren 66000 Einwohnern. Es stehen uns leider nur eineinhalb Stunden zur Verfügung, was bei solchen Pauschalreisen wohl üblich ist. Daher ist die Besichtigung der Stadt nur auf die Fußgängerzone und den Hafen beschränkt. Dort mündet auch der Fluss Corrib in der Galway-Bucht.

Im Nationalpark **Connemara,** der einer der ältesten und schönsten Naturschutzgebiete Irlands ist – er besteht aus Torfmoor, Felsen und Heideland – besuchen wir einen Musikinstrumentenhersteller, ein Kloster und einen Torfstecher.

Das älteste irische Musikinstrument ist die **Bodhrán**, ein Schlaginstrument, das in besonderer Weise gehalten und mit einem kleinen Klöppel geschlagen wird.

Die Bodhrán ist eine einseitig bespannte Trommel. Früher wurde sie meistens mit dem Handrücken und den Fingern gespielt. Heutzutage wird sie in der Regel im Sitzen mit einem Beater, Tipper oder Stick gespielt. Die Tonhöhe kann durch Dämpfen oder Drücken an der Innenseite des Fells moduliert werden.
Als Trommelfell wird – je nach Klangvorstellung der Musiker – dicke oder dünne Ziegenhaut verwendet.

Wir besuchen einen **Torfstecher**, d.h., ein Torfstecher hat die kommerzielle Seite des Tourismus entdeckt und zieht die Busmannschaft in einem eigens da-

315

für beschafften Anhänger einen Berg hinauf, um ihnen dann zu demonstrieren, wie Torf gestochen wird. Auch die Möglichkeit selbst zu stechen wird angeboten.

Torf ist ein organisches Material, das in Mooren abgebaut wird. Er entsteht aus der Ansammlung pflanzlicher Substanzen in verschiedenem Grade der Zersetzung. Die Bildung von Torf geht sehr langsam vor sich, mit etwa 1 m pro 1000 Jahre.

In Skandinavien und Irland wird Torf noch regelmäßig zur Energie- und Wärmegewinnung abgebaut und dient vor allem der lokalen Versorgung.

Torf

Torf findet man in Irland auf etwa einem sechstel der Landfläche. Die Produktion betrug 1999 etwa 4,7 Millionen Tonnen. Die Mehrheit des hier vorkommenden Torfes ist nicht in einer Senke entstanden, sondern auf einer Hügelspitze. Diese unnatürliche Lage entstand durch menschlichen Einfluss. So holzte man vor einigen tausend Jahren die Hügel ab und nutzte den oberen Teil als Weideland. Um Abspülungen durch Bodenerosion zu vermeiden, staute man das Wasser mit Mauern aus Feldsteinen. Dies führte dann über die Jahrtausende zum Wachsen von Torf auf den Hügeln. Heute gibt es etwa 1 Million Hektar derartigen Bodens, der durchschnittlich 3 m dick ist.

In den ersten Stadien der Bildung lässt der Torf die Struktur der Pflanzen noch deutlich erkennen, es entsteht der so genannte *Weißtorf,* bei weiterer Zersetzung entsteht ein homogener, wenigstens bei Betrachtung mit bloßem Auge strukturloser Körper, *Brauntorf* oder auch *Bunttorf* genannt. Die älteste Torfschicht ist der so genannte *Schwarztorf.* Die unteren Schichten eines Torflagers sind dabei (weil älter und größerem Druck ausgesetzt) in der Zersetzung weiter vorgeschritten als die oberen.

Torf wird nach dem Tagebauverfahren in einem so genannten Torfstich gewonnen. Traditionell wurde Torf vor allem als Heizmaterial verwendet.

Man kann es aber auch zu Torfkohle umwandeln. Dies geschah ähnlich wie bei der Herstellung von Holzkohle in dem der Torf unter geringer Luft- bzw. Sauerstoffzufuhr langsam in einem Kohlenmeiler brannte. (Es hat einen Energieinhalt von 20-22 MJ/kg.) Viele Whisky-Sorten, vor allein schottische, erfordern das

Trocknen des Malzes über einem Torffeuer, da nur so der spezielle rauchige Geschmack erzielt werden kann.

In einer alten Wohnhütte wird gezeigt, wir kärglich die Menschen in früheren Zeiten wohnen mussten.

Kylemore Abbey ist das älteste Benediktinerkloster in Irland. Die seit 1920 in Kylemore lebende Gemeinschaft der Nonnen hat eine Geschichte von 340 Jahren. 1665 in Ypern, in Belgien gegründet, wurde das Haus 1682

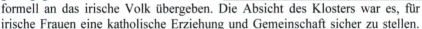
Wohnhütte

formell an das irische Volk übergeben. Die Absicht des Klosters war es, für irische Frauen eine katholische Erziehung und Gemeinschaft sicher zu stellen.

Kylemore Abbey

Die Gemeinschaft der Frauen verließ Ypern erst, als ihr Kloster in den frühen Tagen des 1. Weltkrieges zerstört wurde. Sie gingen nach England, dann nach Irland und ließen sich 1920 in Kylemore nieder.

Das Schloss selbst wurde von 1867 bis 1871 erbaut. Der Bauherr hatte ein Vermögen geerbt und nutzte dieses Geld um das Schloss mit dazugehörenden Gartenanlagen auf einer Fläche von 5200 ha anzulegen. 1920 kauften es die Nonnen mit 4000 ha Land für 45000 Pfund. Hier in Kylemore haben die Nonnen auch ihr internationales Internat wieder eröffnet und eine Tagesschule für Mädchen der Umgebung gegründet.

Für die Öffentlichkeit wurden der Hauptkorridor sowie 3 Empfangsräume restauriert und können besucht werden. Der *viktorianische Mauergarten* liegt 1,6 km von der Abtei entfernt, man wird mit einem Bus hingefahren. Die gesamte Gartenanlage umfasst 3,4 ha. von denen 2,4 ha von einer Ziegel- und Kalksteinmauer umgeben sind.

Victorianischer Garten

Wir fahren im **Burren-Gebiet,** einem Nationalpark, zu den *Klippen von Moher*. Es sind Europas höchste Steilklippen, die am höchsten Punkt 230 m über dem Meer aufragen. Mit der Fähre überqueren wir den Shannon, um danach in unserem 3. Hotel in Ballyheige Quartier zu beziehen. Am nächsten Tag haben wir leider Nebel und Regen, so dass die Schönheiten des *Ring of Kerry* für uns verborgen bleiben. Doch ein sehr guter Irish-Coffee, der Besuch einer Schaffarm und der sehr schöne Schlossgarten von Muckross House entschädigen ein wenig.

Man nehme 1 Gläschen Irischen Whisky, 2 Teelöffel braunen Zucker, frisch zubereiteten starken Kaffee, frische Schlagsahne. Man wärme das Glas mit heißem Wasser an, trockne es ab, fülle es mit Whisky, Zucker und Kaffee bis *2* cm unter dem Rand.
Vorsichtig fülle man das Glas mit der Schlagsahne auf. Der Irish Coffee ist fertig. Man serviere das Getränk sofort.

Wir besuchen eine **Schaffarm.** Der Schäfer, geübt im Umgang mit Touristen, führt uns die unterschiedlichen Rassen der Schafe vor und macht dabei sogar kleine Witzchen. Dieses Schaf muss angestoßen werden, damit es in Gang kommt. Dieses Schaf hat Ohren wie Charles, der Prinz of Wales, sagt er.

Nach dem Vorstellen der Schafrassen demonstriert er die Hörigkeit der beiden Borderkollies, die auf Zuruf bzw. auf Pfiff fest definierte Aufgaben durchführen müssen: Die Schafe sind an einen bestimmten Ort zu treiben. Zwei Tieren werden von der Herde separiert.

Die Befehle links und rechts werden ausgeführt und sind an den Tieren anzuwenden.

Bevor wir das imposante Herrenhaus Muckross House erreichten, machten wir einen Stop am *Ladies View*. Dies ist ein Aussichtspunkt im Killarney Nationalpark Bei schönem Wetter wäre die Sicht wohl besser gewesen.

Der etwa 10000 ha große Killarney National Park hat **Muckross House** zum Mittelpunkt. Im Jahre 1843 erbaut, beherbergt das imponierende Herrenhaus heute das Kerry Folklife Centre, in dem Exponate und Handwerksdemonstrationen das Leben der Landbevölkerung in vergangenen Jahrhunderten beleuchten. In Muckross House lebte auch **Rudolf Erich Raspe**, der Verfasser der *Münchhausen-Geschichten*. Uns aber interessieren mehr die Gartenanlagen.

Muckross House

Der vorletzte Tag in Irland war angebrochen. Ein Blick morgens am Strand von Ballyheige vor der Rückfahrt nach Dublin versprach für den kommenden Tag gutes Wetter.
Unser Ziel war wieder Dublin, dort war noch eine Übernachtung geplant. Auf dem Weg besuchten wir eine eindrucksvolle Ruine, den Rock of Cashel und die mittelalterliche Stadt Kilkenny.

Gartenanlagen im Killary Nationalpark

Immer wieder einladend und schön anzusehen sind die irischen Pubs mit ihrer großen Anzahl an Zapfhähnen und der anheimelnden Atmosphäre, die einen manchmal an Höhlen erinnert. Natürlich nahm man immer mal in einem Pub ein Pint zu sich, das gehört einfach zu einer solchen Reise dazu.

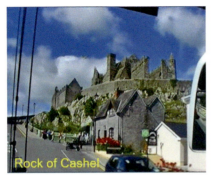

Schon aus der Ferne, hier in der Mitte des Bildes, sieht man den Kalksteinhügel emporragen, auf dem sich die Silhouette einer eindrucksvollen Ruine abzeichnet.

Der Rock of Cashel ist ein einzigartiges Monument frühchristlicher Geschichte.

Im 4. Jahrhundert eroberte der Clan der MacCarty's den Felsen auf Grund seiner erhöhten Lage, die einen guten Überblick über das umliegende Land versprach.

Über Jahrhunderte war Cashel der Sitz der Könige von Munster. Der heilige Patrick wirkte dort, der im Jahr 450 König Aengus auf dem Felsen taufte. Eine Legende erzählt, dass Patrick während der Zeremonie versehentlich seinen Bischofsstab in den Fuß von Aengus gerammt hatte, was dieser für ein christliches Taufritual hielt und gleichmütig ertrug. Vielleicht ist dies der einzige Hinweis darauf, dass die Christianisierung Irland doch nicht so unblutig vonstatten ging. Im 10. Jhd. fiel der Felsen an die O'Brian's. Im Jahr 1101 schenkte O'Brian den gesamten Felsen dem Bischof von Limerick.

Im 12. Jahrhundert entstand mit Cormac's Chapel eine der schönsten Kirchen der Insel im romanischen Stil. Diese kleine Kirche ist das älteste Bauwerk auf dem Rock of Cashel.

Im 13. Jhd. begann man mit dem Bau der großen Kathedrale. Die Hall of the Vicars Choral, ein Gebäude, dass im 15. Jhd. für Laienbrüder errichtet wurde, ist heute der Eingang in den gesamten Komplex. In den Räumen gibt es ein Museum über die Geschichte des Felsens und im Keller steht das stark verwitterte St. Patricks-Kreuz aus dem 12. Jahrhundert.

Der große **Rundturm** erreicht eine Höhe von 28 Metern, sein Eingang liegt knapp 4 Meter über der Erde.

Für die Stadt Kilkenny, am Fluss Nore gelegen, hatten wir wenig Zeit. Deshalb war nur ein kurzer Rundgang zum Schloss, als **Kilkenny Castle** bekannt, ein Blick auf den 50 ha großen Garten und eine Stippvisite in die Innenstadt möglich.
Unser Busfahrer Kevin, ein echter Ire, fuhr souverän und den Verhältnissen angepasst. Man fühlte sich bei ihm sicher.

The Spire

Wir sind wieder in Dublin und wandern am letzten Vormittag vor unserem Rückflug auf dem Prachtboulevard der Stadt, der *O'Connell Street*. Hier am Fuß der Straße steht auch das Denkmal des ehemaligen Volksführers.

The Spire oder Spitzturm ist ein Monument und Wahrzeichen der Stadt. Die ca. 120 m hohe Metallnadel steht seit 2003 in der Mitte der O'Connell Street. Sie steht an der Stelle der von der IRA gesprengten Nelson-Säule.

Die **Half Penny Bridge** ist eine Fußgängerbrücke (gebaut 1816), die den Fluss Liffey überspannt und dabei den Stadtteil Temple Bar mit der Liffey Street verbindet.

Temple-Bar-Bezirk

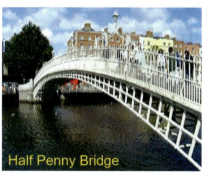
Half Penny Bridge

Die Brücke bekam ihren heute allgegenwärtigen Namen von dem ursprünglich zu entrichtenden Wegezoll von einem *Halfpenny*, später einem Penny. Die Gebühr muss seit 1919 nicht mehr bezahlt werden.

Mit einem abschließenden Besuch der Temple-Bar-Bezirks und einem Early Morning Pint verabschieden wir uns von Irland.

Portugal (15.-22.3.14)

Wir waren das erste .Mal in Portugal, einem kleinen Land mit bedeutender Geschichte. In den 7 Tagen unseres Aufenthalts wurde uns sehr viel geboten und die Eindrücke, die wir mit nach Haus nahmen, werden nicht so schnell verblassen.

Lissabon

Man kann natürlich in 7 Tagen nicht das ganze Land kennen lernen, dennoch besuchten wir etwa 100 km östlich von Lissabon die Universitätsstadt Évora. 100 km nördlich wurden wir zu den Sehenswürdigkeiten in den Städten Tomar und Batalha geführt und hatten einen kurzen Aufenthalt in Fatima. Weitere Touren führten in die nähere Umgebung von Lissabon.

Karte

Rossio

Am 1. Tag in Portugal, ein Sonntag, fuhren wir mit Luisa, einer sehr kompetenten portugiesischen Reiseleiterin, die die deutsche Sprache perfekt beherrschte – sie war 10 Jahre in Deutschland – zu den Sehenswürdigkeiten der Hauptstadt.

Vorbei am Denkmal von Joáo I. und dem Hauptplatz Lissabons mit seinem geschwungenen Belag, der Placa Don Pedro IV., besser bekannt unter dem Namen **Rossio**, besuchen wir zuerst die **Kathedrale**.

Kathedrale

Sie liegt nur wenige 100 m südlich des **Kastells**. Mit ihrem Bau als Wehrkirche mit Zinnen wurde 1147 nach der Reconquista, also der Wiedereroberung christlicher Königreiche von den Mauren, begonnen. Durch Erdbeben entstandene Schäden erklären das Stilgemisch, dass trotz Versuchen, die romanische Struktur wiederherzustellen, erhalten blieb. Beachtenswert sind die an den Orgeln waagrecht angebrachten Pfeifen. In den Fenstern sind der *hl. Vinzenz*,

Schutzpatron

Lissabons Schutzpatron und der hl. Antonius zu sehen.
In einer Nische am Eingang der Kirche gibt es hinter einem Gitter ein Taufbecken: der Innenraum ist mit Bildkacheln aus dem 18. Jhd. verziert. Man findet in den Städten Portugals Fassaden gekachelt sind.

Taufbecken

Auch auf dem Weg zum Kastell waren derartige Objekte zu sehen.

Kachelbilder

Auf den Überresten einer römischen Festung erbauten die Mauren nach der Eroberung der Stadt ein erdbeben- und angriffssicheres Kastell. Hier leisteten sie 1147 monatelang Widerstand, bevor sie sich Alfonso I. und seinen Kreuzrittern geschlagen geben mussten. Nach der Rückeroberung diente die Burg als Königspalast, der beim Erdbeben von 1755 jedoch großen Schaden erlitt. 1938 wurde das Castelo renoviert.

Von den Schutzwällen genießt man einen wunderbaren Ausblick über die Stadt und den Tejo. Genau gegenüber liegt das Bairro Alto; weiter unten am

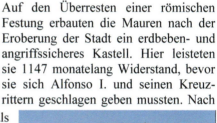
Kastell

Fluss in der Ferne – leider im Dunst – ist die Hängebrücke *25 de Abril* zu erkennen.

Auf dem Weg vom Kastell zum Bus kamen wir an schönen Plätzen vorbei und wurden durch kleine hübsche Gässchen geführt.

Wir fahren auf der Prachtstraße, der *Avenida da Liberdade*, in Richtung zum Denkmal des Marqés de Pombal. Unser Ziel ist **Belem**, dies ist das portugiesische Wort für Bethlehem. Von dem Ort aus stachen einst große Entdecker in See. Dort besuchen wir die Klosteranlage des Hieronimo. Die Dimension des Klosters zeigt eine Ansicht aus Google-Earth. Eine Klosterkirche schließt sich direkt an den Klosterkomplex an.

Das **Hieronymitenkloster** wurde im 16. Jhd. mit den Gewinnen aus dem Gewürzhandel-Monopol erbaut und ist ein Paradebeispiel manuelinischer Baukunst, einer portugiesischen Variante der Spätgotik, die auch einige Elemente der Renaissance enthält. Im Gegensatz zur langen, schlichten Südfassade sind die Portale reich mit Motiven aus der Seefahrt und fernen Ländern verziert.

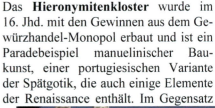

Wunderschön ist der doppelstöckige große Kreuzgang, der herrliche Steinmetzarbeiten im manuelinischen Stil aufweist.

Das Kloster wurde von Manuel I. in Auftrag gegeben, kurz nachdem Vasco da Gama von seiner ersten Indienreise zurückgekehrt war. Der Bau wurde zu großen Teilen durch die nun sprudelnden Einnahmen des Überseehandels finanziert. Im Jahre 1501 wurden die Arbeiten aufgenommen, die von zahlreichen Architekten und Baumeistern begleitet wurden. Der Bau wurde im Jahre 1601 fertig gestellt.

In den Innenräumen des Klosters, hier im *Refektorium*, sind die Wände mit wunderbaren Fliesenbildern verziert. Die Fliesenkunst verbreitete sich in Portugal durch die auf der iberischen Halbinsel

präsente arabische Kultur und integrierte neue Keramiktechniken und dekorative Stile.

Auf der weiten Parkanlage vor der Kathedrale tummelte sich eine große Menschenmenge. Man hatte an diesem Sonntag einen Benefizlauf mit hunderten von Läufern veranstaltet.

In der weiträumigen Klosterkirche **Santa Maria de Belém** sind 5 Könige, 7 Königinnen und 19 Abkömmlinge aus dem Hause Avis sowie Helden bestattet, darunter auch der Entdecker **Vasco da Gama**. Im Chor, der sich durch seine schwere marmorne Tonnendecke deutlich von dem übrigen verspielten Dekor abhebt, stehen, von Elefanten getragen, die Sarkophage von Manuel I. und seiner Frau Maria sowie seines Sohnes Joáo III. und dessen Frau Katharina von Österreich.

Wenige Schritte neben der Kirche gibt es die berühmte **Pastelaria Pastéis de Belém**, eine Konditorei, die seit 1837 die köstlichen *pasteis de nata.* die typischen Blätterteigtörtchen mit Pudding herstellt. Sie wurden vermutlich bereits vor dem 18. Jahrhundert von den Mönchen des Hieronymus-Klosters erfunden.

Der **Torre de Belém**, der im gleichnamigen Stadtteil an der Tejomündung liegt, ist eines der bekanntesten Wahrzeichen Lissabons. Der Turm ist eine kleine Festungsanlage aus dem frühen 16. Jhd.. Portugals langjähriges Wahrzeichen ist ein Meisterwerk der Steinmetzkunst im manuelinischcn Stil, einer Variante der Spätgotik, die unter Manuel I. aufkam. Zu jener Zeit stand der Bau noch weit draußen im Fluss.

Bootshafen

Von **Belém** aus stachen einst die großen Entdecker in See. Ihnen zu Ehren gibt es neben einem Bootshafen ein Denkmal und in die Terrasse vor dem Denk-

mal hat man die Welt aus Marmor gestaltet und die Reisen ihrer Entdecker markiert. So ist es auch nicht verwunderlich, dass auf den Fußwegen Lissabons z.B. Bilder aus der Seefahrt zu finden sind.

Welt aus Marmor

Entdecker

2. Tag: Montag 17.3.14

Évora

Am heutigen Tag fahren wir nach Osten in das etwa 100 km entfernte Évora. Am Hafen entlang durch das Gebiet der ehemaligen Weltausstellung überqueren wir die Brücke Vasco da Gama.

Die **Ponte Vasco da Gama** überspannt

Ponte Vasco da Gama

den Fluss Tejo und verbindet Lissabon mit den südöstlich und südlich gelegenen Städten. Benannt wurde sie nach dem portugiesischen Seefahrer *Vasco da Gama* und soll an die 500-jährige Entdeckung des Seeweges nach Indien 1498 erinnern. Sie ist mit 17,2 km eine der längsten Brücken der Welt und die längste in Europa. Die maximale Spannweite beträgt 420 Meter, die Pylone sind 155 Meter hoch. Über die Brücke führt die Autobahn A12 mit sechs Fahrstreifen.
Wie man sieht, ist die Autobahn wenig befahren. Das resultiert daraus, dass die Gebühren recht hoch sind, wie uns Luisa erklärte.

Nach Osten wird die Bevölkerungsdichte immer geringer, dafür aber die Korkeichendichte größer. Und so hielten wir, natürlich auch für eine kurze Toilettenpause, an einer Stelle, an der ein Korkeichenbauer einige Bäume den Touristen zur Verfügung stellt, die sich dann als Korkschäler betätigen dürfen.

Die Hauptstadt des Alentejo gehört zum UNESCO-Weltkulturerbe und zu den reizvollsten Besucherzielen ganz Portugals.

In der Mitte der Stadt auf dem ehemaligen Forum Romanum befindet sich ein römischer Tempel mit einem Steinpodest und 14 korinthischen Säulen. Er gilt als der am besten erhaltene römische Tempel der Iberischen Halbinsel. Das heutige Wahrzeichen der Stadt wurde im 1. Jhd. n. Chr. erbaut und war dem Kaiserkult und nicht, wie seit dem 17. Jhd. angenommen, der Göttin Diana gewidmet.

Der bereits unter den Römern und später den Mauren bedeutende Ort besitzt einen hervorragend erhaltenen Kern und gilt als *cidade museu,* als Museumsstadt. In den engen Gassen stehen zwischen weiß getünchten Gebäuden palastartige Patrizierhäuser aus dem 14 - 16. Jhd., als die Monarchen Évora Lissabon vorzogen. Dann geriet der Ort in Vergessenheit, weshalb die Häuser weder modernisiert noch abgerissen wurden und so auf wunderbare Art überdauerten.

In den Gässchen reiht sich ein Souvenirgeschäft ans andere und sehr viele Waren sind aus Kork hergestellt, dem Stoff, der vor allem in Alentejo von den Eichen alle 9 Jahre geschält wird. Nach einer solchen Schälung sehen die Bäume aus wie geschorenen Schafe, aber das macht ihnen nichts aus.

Das Gebäude der **Universität** wurde im Jahre 1551 als Jesuitenkolleg im Stil der italienischen Renaissance erbaut. 1559 wurde das Jesuitenkolleg zur zweiten Universität in Portugal erhoben. Als der Jesuitenorden 200 Jahre später, im Jahre 1759, in Portugal verboten bzw. vertrieben wurde, musste die Universität auf Befehl des mächtigen Ministers *Marques de Pombal* ihre Türen schließen. Nachdem Évora 1979 wieder eine Universität bekam, sind in dem alten Gebäude erneut Hörsäle eingerichtet worden. In den langen Gängen und Räumen selbst gibt es einen reichen Mar-

mor- und Azulejosschmuck. Heute hat die Universität fast 6000 Studenten in 17 Fakultäten.

Das Portal der *Igreja de São Francisco* ist manuelinisch. Es handelt sich hier um das 1. Franziskanerkloster auf portugiesischem Boden. Das Gebäude in der heutigen Form wurde unter König Manuel I. fertig gestellt und zählt zu den eindrucksvollen Beispielen spätgotischer Baukunst des Antelejo. Der Innenraum der Kirche, die zu den Größten des Landes gehört, wurde von namhaften

Künstlern der Zeit gestaltet.

Innenraum

Eine etwas makabre Attraktion findet man in der zur Igreja de São Francisco gehörenden faszinierenden **Capela dos Ossos** oder Knochenkapelle. Auf dem Bogen, durch den man die Kapelle betritt, steht geschrieben:

Capela dos Ossos

„**Nos ossos, que aqui estamos pelos vossos esperamos.** *Unsere Knochen, die hier liegen, warten auf eure".*

Ihre Wände sind mit sorgsam angelegten menschlichen Knochen und übersichtlich angeordneten Schädeln bedeckt. Sie wurde im 16. Jahrhundert von einem Franziskanermönch erbaut, der die Nachricht vermitteln wollte, dass das Leben nur ein Abschnitt ist, bevor man in den Himmel oder die Hölle kommt. Die Gebeine wurden damals aus alten Friedhöfen ausgegraben.

In den Parkanlagen im Süden der Stadt gibt es ein Standbild von Vasco da Gama. Außerdem sind die Reste eines Palastes aus manuelinischer Zeit zu sehen und hier scheinen sich auch die Pfauen recht wohl zu fühlen.

Standbild von Vasco da Gama

Auf der Rückreise von Évora waren alle 12 Teilnehmer einverstanden, einen Abstecher zu einer Megalith-Kultur zu machen, die 13 km westlich Évora angelegt ist. Der Busfahrer musste dann einen schmalen Feldweg befahren. Es lohnte sich aber, dieses gewaltige

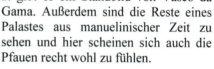

Pfauen

Megalithmonument von Almendres, genannt Chromlech, zu besuchen.

Es besteht aus etwa 100 Menhiren verschiedenster Gestalt und Größe, angeordnet in einer halbelliptischen Form

Megalithmonument

entlang der Ost-West-Achse. Ihre Entstehung schätzt man in der Zeit um 6000 vor Chr. in die Jungsteinzeit. Die Ost-West-Ausrichtung scheint auch hier darauf hinzudeuten, dass man die Anlage als Kalender benutzt hat.

Auf der Rückfahrt nach Lissabon überqueren wir die Brücke des 25. April. Sie wurde zwischen 1995 und 1998 zur Weltausstellung Expo 98 erbaut. Finanziert wurde sie teils privat, teils durch EU-Hilfen.

3. Tag: Dienstag 18.3.14

Wir sind auf der Fahrt nach Norden. Das erste Ziel ist die Templerburg über Tomar. In Conimbriga besuchen wir eine Ausgrabungsstätte aus römischer Zeit. Batalha besitzt ein Kloster, das zum UNESCO-Kulturerbe gehört. Vor der Heimfahrt gab es noch einen kurzer Besuch in dem Marienerscheinungsort Fatima.

Tomar

Auf einem Hügel über dem Städtchen Tomar erstreckt sich der **Convento da Ordem de Cristo,** eine prächtige mittelalterliche Anlage. Tempelritter gründeten hier im 12. Jhd. eine Burg: im 14. Jhd. ließen sich dann die Christusritter, ihr Nachfolgerorden, auf dem Areal nieder, und mit den Jahren entstand ein gewaltiger Klosterkomplex. Ein Bild aus Google-Earth zeigt die Dimensionen, 225 m lang, 125 m breit.

Vom alten Castelo dos Templarios stehen noch Reste der Mauern, ein Bergfried und die fast runde **Templerkirche**. Sie war eine ursprüngliche romanische Kirche der Templer aus der 2. Hälfte des 12. Jhds.. Ein üppig verziertes Tor führte zum Kirchenschiff und zu den Chören. In ihrem Innern bilden mächtige Säulen

ein Achteck für den Hochaltar, die *Charola*.

Vorbild war die Grabeskirche in Jerusalem. Während des 16. Jhds. wurde ihr Inneres mit Wandmalereien und Tafelbildern, Stuckarbeiten, Schnitzereien und Holzskulpturen geschmückt.

Die eigentliche Kirche entstand zwischen 1510 und 1515 unter König Manuel I.. Zu dieser Bauphase gehören das Schiff, der obere und untere Chor und der große Triumphbogen, der die Verbindung zur *Charola* herstellt.

Das überaus reich geschmückte Gotteshaus wurde im 16. Jhd. in die neue Christusritterkirche integriert. Die Christusritterkirche ihrerseits ist ein Prunkstück der Manuelinik und birgt zahllose Schätze.

Um die Kirche gruppieren sich insgesamt sieben Kreuzgänge *(Claustros)* aus verschiedenen Stilepochen.

König Manuel I. regierte 1495-1521, im Goldenen Zeitalter der Entdeckungen. Während jener Epoche entstand in Portugal ein von der Spätgotik ausgehender **neuer Architekturstil**. Er nahm erst Motive aus der Seefahrt auf, wie in Stein gehauene Taue, Segel, Anker und Meerestiere. Später wurden die großen Entdeckungen mit Weltkugeln, Korallen und exotischen Pflanzen verherrlicht, die die Kirchentore, Säulen und Kapitelle schmückten.

Das **manuelinisches Fenster** entstand zwischen 1510 und 1513 und ist eines der originellsten Beispiele der manuelinischen Spätgotik. Seine überrealistischen Motive fügen sich zum Symbol des Lebensbaums und der Wurzel Jesse aus der Hl. Schrift. Es ist untrennbar mit dem Westwerk verquickt und spiegelt in seiner Beschreibung von Kultbildern der Ostkirche die imperialen und politischen Machtansprüche König Don Manuel I. und des Christusritter-ordens.

Conimbriga

Hyperrealistische Motive

Ausgrabungsfeld

Wir verlassen Tomar und fahren nach Conimbriga; dort gibt es ein großes römisches Ausgrabungsfeld.

Rund 15 km südlich von Coimbra erstreckt sich das Ruinenfeld einer keltischen Festung aus der Eisenzeit. Freigelegte Bauten und schöne Mosaiken lassen auf einige Bedeutung und Reichtum schließen.

Die Gebäude innerhalb der Mauern wurden vorwiegend während der Blütezeit der Stadt unter Kaiser Augustus errichtet. Im 5. Jahrhundert n. Chr. wurde Conimbriga von eindringenden Germanen zerstört, und der Name ging später in Coimbra über.

Im *Museum* neben der Ausgrabungsstätte gibt es außer bedeutenden Funden wie Münzen, Töpfereiartikel und Gegenständen des täglichen Bedarfs auch Pläne und Modelle der Stadtanlage zu sehen.

Mosaikboden

Batalha

Mosteiro da Batalha

Das als Nationalheiligtum geltende gotische Kloster **Mosteiro da Batalha** soviel wie *Kloster der Schlacht* wurde zum Dank für einen militärischen Erfolg erbaut. Dabei handelte es sich um den Sieg der Portugiesen unter Joáo I. über die kastilischen Truppen im Jahre 1385. Strebepfeiler, Fialen und feinste Steinplastiken zieren das Äußere, das Westportal ist mit über 100 Skulpturen ausgeschmückt. In der Gründerkapelle (Capela do Fundador) stehen die Sarkophage von Joáo I. und seiner Gattin Philippa von Lancaster. In Nischen befinden sich weitere königliche Grabmäler, unter anderem von vier Kindern des Paares und von Heinrich dem Seefahrer. Der Königliche Kreuzgang ist ein Paradebeispiel

Westportal

Königlicher Kreuzgang

der Bildhauerkunst des 16. Jhds..

In einem Raum neben dem Kreuzgang gibt es eine Gedenkstätte für den unbekannten Soldaten. Wir hatten das Glück, dass gerade eine Wachablösung erfolgte.

Wachablösung

Den Höhepunkt dieses fantasievollen manuelinischen Stils bilden jedoch die unvollendeten Kapellen an der Ostseite der Kirche, die ohne Kuppel dastehen, so, wie sie von König Manuel I. zurück-

Unvollendete Kapellen

gelassen wurden, als er einen neuen Standort für das königliche Pantheon wählte.

Fatima

Auf den Hügeln östlich von Batalha in Fatima soll am 13. Mai 1917 drei Hirtenkindern die Muttergottes erschienen sein. Gemäß einem der Kinder, Lúcia dos Santos, bat »*Unsere Liebe Frau vom Rosenkranz*« sie, an jedem 13. eines Monats an dieselbe Stelle zurückzukehren bis Oktober, wenn sie ihne Offenbarungen machen würde. Die sich schnell verbreitende Nachricht zog immer größere Menschenmengen in das winzige Dorf, und am 13. Oktober sahen sie Strahlenbündel am Himmel. Lúcia behauptete, dass die Jungfrau Maria er-

Drei Hirtenkinder

erneut zu ihr gesprochen habe, um den Bau einer Kapelle gebeten und **drei Prophezeiungen** gemacht habe:

die 1. Eine Aufforderung zu Reue und Frieden,
die 2. Russland würde Schrecken verbreiten und die Kirche verfolgen,
die 3. Das von Papst Johannes Paul II. erst im Mai 2000 gelüftete Geheimnis,
    das angeblich das Attentat auf sein Leben von 1981 betraf.

Die katholische Kirche stand den geschehenen Wundern vorerst skeptisch gegenüber, doch die Gläubigen strömten in so großer Zahl herbei, dass Fatima allmählich offiziell zu einem der größten christlichen Wallfahrtsorte wurde.

Basilika

Alljährlich reisen Millionen Pilger an, vor allem am 13. Mai und am 13. Oktober.
Die neuklassizistische **Basilika** steht auf einem riesigen Platz; ihr gegenüber wurde 2007 die **Igreja da Santissima Trindade**, die viertgrößte katholische Kirche der Welt, geweiht. Aus dem Dorf Fatima ist eine Stadt geworden mit Hotels und Geschäften, die religiöse Andenken verkaufen.

4. Tag: Mittwoch 19.3.2014

Am Mittwoch blieben wir in der näheren

Igreja da Santissima Trindade

Umgebung von Lissabon. Wir besuchten in Mafra Portugals größte Schloss- und Klosteranlage, in Sintra das Nationalschloss und in Queluz die königliche Residenz.

Kloster-Palast

Mafra

Wer in Portugal von Mafra spricht, meint den riesigen **Kloster-Palast**, den König Joáo V. bauen ließ. Er erfüllte mit dem Bau ein Gelübde, das er entweder als Bitte um einen Thronfolger von Dona Maria Ana von Österreich, oder um die Genesung von einer schweren Krankheit abgelegt haben soll. Ein Bild aus Google Earth zeigt die Dimensionen des Baus: Es ist fast quadratisch mit einer Kantenlänge von 220 m.

1717 ging man ans Werk. 1730 konnte die Kirche geweiht werden, die Arbeiten aber zogen sich über Jahrzehnte hin, und dies verwundert angesichts der exorbitanten Dimensionen nicht. In dem Komplex gibt es 1200 Räume, mehr als 4700 Türen und Fenster, 156 Treppen und 29 Patios und Innenhöfe. Es handelte sich um die größte Baustelle der Epoche, zu der Arbeiter aus dem gesamten Königsreich herbeieilten. Ihre Zahl stieg in einem Jahr bis auf 50000 an.

Finanziert hat der König sein Vorhaben, mit dem er den Escorial der spanischen Herrscher übertrumpfen wollte, durch das anfangs noch reichlich aus Brasilien in die königlichen Kassen fließende Geld.

Sieht man die langen, eintönigen Flure, erstaunt es nicht, dass die königliche Familie nie in das teure Bauwerk einzog. Schön sind einige Räume, die Ein-

blick in das frühere Alltagsleben geben: das Hospital, die Schlafräume der Mönche, die Küche.

Der Konvent besitzt eine der bedeutendsten Bibliotheken Portugals, die rund 40000 Bände umfasst – eine wahre Schatzkammer des enzyklopädischen Wissens des 18. Jahrhunderts.

Sintra

Sintra (Karte 1) liegt in den bewaldeten Hügeln der Serra de Sintra, rund 25 km nordwestlich von Lissabon. Es war die Sommerresidenz maurischer Herrscher und portugiesischer Könige. Das Ensemble gehört heute zum UNESCO-Weltkulturerbe.

Zwei übergroße, grauweiße konische Schornsteine sind das auffälligste Merkmal des **Palacio Nacional**, des Königspalastes, ein im 14. Jhd. begonnenes, ständig erweitertes Bauwerk.

Das Äußere ist nicht sehr anmutig, doch im Innern gibt es Säle, Hallen, Treppenhäuser und Schlafgemächer in faszinierender Stielvielfalt.

Es gibt hier manche Räume, von denen Anekdoten oder auch Wahrheiten erzählt werden bzw. überliefert sind. So soll z.B. in diesem Raum der Fußboden deshalb so abgenutzt sein, weil hier der abgesetzte König Alfonso VI. von seinem Bruder Pedro II. neun Jahre lang bis zu seinem Tode gefangen gehalten wurde.

Die **Sala das Pegas** besitzt eine mit Elstern bemalte Decke, deren Schnäbel mit einem Band zugebunden sind, auf dem *Por Bem* (Zum Guten) zu lesen ist. Dies waren die Worte König Joáos I., der ertappt wurde, wie er einer Hofdame einen Kuss gab. Das Gemälde sollte die Hofdamen zum Schweigen bringen.

Man kann die Pracht und die Vielfalt der vielen Säle in einem solchen Film leider nur andeuten.
Eine Schnitzerei an einem Schrank zeigt etwas ungewöhnliches: eine **stillende Madonna**.

Einige der ältesten Azulejos Portugals zieren die Badehäuser im maurischen Stil.

Queluz

Wir sind auf dem Weg nach Queluz. Dort steht das um 1750 erbaute rosafarbene Rokokoschloss der unglücklichen Königin Maria I., die, nachdem ihr Sohn an den Pocken gestorben war, eine schwere Depression erlitt und dann wahnsinnig wurde.

Im Innern gibt es kunstvolle Säle mit riesigen Kronleuchtern.

In den üppigen Gärten fließt ein Bach durch Kanäle, die mit bemalten Azulejos ausgelegt sind, auf denen die königlichen Gäste Bootsfahrten unternahmen oder sogar Seeschlachten inszenierten. Sie hatten ja wohl nicht viel mehr zu tun als sich zu amüsieren.

An diesem Mittwoch war nach drei Schlössern noch nicht Schluss! Alle Teilnehmer der Reise hatten sich entschlossen, noch einen **Fadoabend** zu besuchen. Und so geleitete uns Luisa mit der Ubahn und einer kleinen Wanderung zu dem Veranstaltungslokal.

Die als Fado bezeichneten sehr gefühlsbetonten Lieder sind vermutlich arabischen oder afrikanischen Ursprungs, jedenfalls gelten sie heute als Inbegriff portugiesischer Musik.

Begleitet werden die Sängerinnen und Sänger von zwei Gitarrenspielern, einer klassischen Gitarre und einer 12-saitigen Portugiesischen Gitarre.

Ich kann natürlich in diesem Film nur Ausschnitte aus dem Programm bringen, das uns sehr gefallen hat.

5. Tag: Donnerstag 20.3.2014

Am heutigen Donnerstag fahren wir nochmals nach Norden: wir besuchen die Städte Nazaré und Óbidos.

Nazaré

Nach einem kleinen Zwischenaufenthalt irgendwo an der Küste und einem obligaten Espresso besuchen wir die Kirche **Nossa Senhora da Nazaré**. Hier ist das Heilige Abbild *Unserer Frau von Nazaré* aufbewahrt, eine kleine knapp 30 cm hohe holzgeschnitzte dunkle Statue der Jesus stillenden Maria. Es soll sich dabei der religiösen Legende nach um eine authentische Darstellung Marias mit Jesus handeln, da die Schnitzarbeit zu jener Zeit in Nazareth in ihrer Anwesenheit hergestellt worden sein soll. Ein Ritter fand sie 1179 in einer Felsnische des zum Nazaré-Strand abfallenden Felsmassivs. Dorthin hatte sie der Sage nach etwa 714 der letzte christliche König der iberischen Halbinsel, der

Westgote Roderich vor den Mauren in Sicherheit gebracht und versteckt.

Man kann zu der Madonna von der Rückseite des Altarraumes aus durch gekachelte Gänge über eine in den Altar eingebaute Tribüne emporsteigen und sie aus nächster Nähe betrachten, was nicht nur Pilger tun. Nazaré war bis zu Beginn des 20. Jhds. Portugals bedeutendster Marienwallfahrtsort, bis es von Fatima, das nur 30 km entfernt liegt, abgelöst wurde.

Wir sind im Stadtteil **Sitio**, das auf einem in das Meer hinausragendem Felsplateau 110 Meter oberhalb der Bucht von Nazaré liegt. Man hat hier eine herrliche Sicht auf Strand, Hafen und den Atlantik. Auf dem großen Platz vor der Kirche *Unserer lieben Frau* gibt es na-

Sitio

Herrliche Sicht

türlich wie an allen Wallfahrtsstätten Andenkengeschäft an Andenkengeschäft. Aber außerdem bieten hier Frauen an kleinen Wagenständen Nüsse in allen Variationen an und tragen dabei ihren alten Traditionen gemäß, bestickte Schürzen und angeblich bis zu 7 Unterröcke.

Auch hier sind – wie in Lissabon – die Fußwege und die Plätze mit Mosaiken verziert.

Óbidos

Wagenstände

Infolge seiner strategisch günstigen Lage auf einem Hügel kann Óbidos auf eine lange Geschichte zurückblicken. Der Reiz der Stadt besteht darin, dass das mittelalterliche Stadtbild ohne große Einbußen über die Jahrhunderte erhalten geblieben ist.

Man betritt Óbidos von Süden her durch ein doppeltes Stadttor und befindet sich auf der Hauptstraße, die längs durch den ganzen Ort führt. Mitten in der Stadt trifft man auf die Renaissancekirche *Santa Maria*. Besonders das Innere ist

Óbidos

Kacheln

sehenswert; denn die Wände sind mit Kacheln aus dem 17. Jahrhundert ausgekleidet. Die ganze Stadt kann man auf ihrer Stadtmauer umrunden, was leider nur möglich ist, wenn man viel Zeit mitbringt.

Dafür aber kann man hier überall in den Gässchen einen **Ginja** genießen, einen portugiesischer Likör mit 17-20% Alkohol, der aus Sauerkirschen bester Qualität hergestellt wird. Es heißt, erst nach einem Jahr Gärung hat er seine gewünschte Farbe und den charakteristischen Geschmack ange-

nommen. Er wird in Gläschen aus Schokolade serviert, die man anschließend verzehrt.

Das hat auch einen Sinn, denn hier in den Straßen des mittelalterlichen Städtchens findet jedes Jahr im März das *Internationale Schokoladenfestival* statt.
Überall können Besucher köstliche Schokoladenkreationen probieren und auch selbst Kreationen entwerfen.

Auf der Rückfahrt nach Lissabon hatten wir noch einen schönen Blick auf Óbidos und ehemalige alte Windmühlen, teils verfallend, teils renoviert.

Cabo de Roca

6. und 7. Tag:
Freitag 21.3.2014,
Samstag 22.3.2014

Am letzten Ausflug – Freitag vormittag – besuchten wir Cascais und den westlichsten Punkt Europas *Cabo de Roca*.

Cascais ist kein besonderer Ort: Es ist ein Fischerdorf mit einem kleinen Hafen und wenn man Glück hat, kann man auch Fischer beobachten, die am Kai ihre Fangkörbe und Netze vorbereiten.

Wir fahren die Küstenstraße am Atlantik entlang. Vorbei an Felsabhängen und Dünenlandschaften erreichen wir den westlichsten Punkt des Festlands des europäischen Kontinents: Cabo da Roca. Es liegt auf 38° 47' nördlicher Breite und 9° 30' westlicher Länge. Da Cabo da Roca 140 Meter über dem Meeresspiegel liegt, hat man von dieser portugiesischen Sehenswürdigkeit einen atemberaubenden Blick über den Atlantik: bis zum Horizont. Über Cabo da Roca ist schon viel geschrieben worden. Der Nationaldichter Portugals, Luis de Camoes hat einmal über das Cabo Roca geschrieben, dass hier der Ort sei, *„Wo die Erde endet und das Meer beginnt"*. Übrigens liegt der westlichste Punkt Gesamteuropas in Island.

Cabo da Roca

Cabo da Roca

Mit dem Besuch des Cabo da Roca ist der offizielle Teil der gebuchten Reise am Freitagmittag beendet. Bis zu unserem Abflug am Samstagnachmittag haben wir noch viel Zeit, die wir nutzen, um allein in Lissabon Sehenswürdigkeiten zu besuchen, die wir bei der Stadtbesichtigung nur vom Bus aus sahen. Außerdem ist es immer schön, das pulsierende Leben einer Stadt wochentags zu erfahren.

Der **Elevador de Santa Justa**, ein 20 m hoher Aufzug bringt einen in die Oberstadt. Er wurde 1902 eingeweiht, als er noch mit Dampf betrieben wurde.

Elevador de Santa Justa

Von der Aufzugsplattform, die eine fantastische Aussicht bietet, sind es ein paar Schritte bis zu den Ruinen der Karmeliterkirche aus dem 14. Jhd.. Sie ist das wichtigste Mahnmal des großen Erdbebens von Lissabon: An Allerheiligen 1755, als das Gotteshaus voller Gläubiger war, stürzte das Dach ein –

Aussicht vom Elevator

und so steht der Bau noch heute da, mit seinem in den Himmel ragenden gotischen Spitzbogenskelett.
Berühmt ist Lissabon für seine romantischen alten Straßenbahnen.

Ruinen der Karmeliterkirche

Straßenbahnen

Besonders die Linie 28 fährt teilweise so eng an Häusern vorbei, dass kaum ein Mensch dazwischen passt.

In der Kirche **Santo Antonio da Sé**, gleich gegenüber der Kathedrale gibt es eine Reliquie, ein Stück eines Knochens des Heiligen Antonius von Padua. Der Wunderheiler und Freund der Armen kam hier, wo jetzt die Kirche steht,

1195 zur Welt.

Das Stadtwappen Lissabons, das man auf allen Laternen und oft auch als Pflasterbild sieht, zeigt zwei Raben auf einem Schiff, die der Legende nach die Leiche des hl. Vinzens, des Stadtpatrons Lissabons, bewachen.

Wappen Lissabon

Mit einem Gesamtbild unserer Reisegruppe, die der Führerin Luisa immer pünktlich und frohgemut folgte, – kommen sie, war ihr Standartvokabular – verabschieden wir uns aus einer schönen Stadt und einem reizvollen Land, das viel Sehenswertes zu bieten hat.

Luxemburg (26.-28.9.2014)

Wir fahren mit dem Zug von La Madelaine über Petingen, Niederkorn und Differdange bis Belval. Hier erfindet sich Luxemburg neu.
Vom ehemaligen Stahlstandort und über den Finanzplatz will sich das Land zum Forschungsstandort weiterentwickeln. In Belval soll diese ehrgeizige Vision Realität werden.

Belval

Wo einst die Schlote der Hochöfen rauchten, werden bald Köpfe rauchen. Nach diesem Motto entsteht auf der Industriebrache Belval, rund 20 Kilometer südwestlich von Luxemburg-Stadt auf dem Gebiet der Gemeinden Esch/-Alzette und Sassenheim, im Schatten der alten Hochöfen ein komplett neues Stadtviertel.

Belval gilt als eines der derzeit größten und ambitioniertesten städtebaulichen Entwicklungsvorhaben in Europa. Auf dem rund 120 Hektar großen Gelände der ehemals größten Stahlhütte Luxemburgs sollen Forschung und Lehre, Arbeit und Freizeit, Industrie und Handel, Wohnen und Kultur eine lebendige Mischung eingehen. Stadt der Wissenschaften ist Belvals Leitprojekt und Leitmotiv. Im Endausbau sollen hier rund 7000 Studierende sowie 3000 Lehrkräfte und Forscher arbeiten.

1907 begann die *Gelsenkirchener Bergwerks AG* mit der Planung einer neuen Hütte. Da die Gebrüder Adolf und Emil Kirdorf nicht die nötigen Grundstücke in Lothringen aufkaufen konnten, wandten sie sich an die Stadt Esch. Der Escher Bürgermeister erklärte sich bereit, das Waldstück *Clair-Chêne* zu veräußern. So entstand dort von 1909 bis 1912 die Adolf-Emil-Hütte zwischen Esch-sur-Alzette und Belvaux, ein integriertes Werk, das alle Stadien der

Stahlproduktion einschloss, von der Erzaufbereitung bis zum fertigen Endprodukt, mit Hochöfen, Stahlwerk und Walzwerk.

Das Werk war großzügig auf über 222 ha Land angelegt. Sechs Hochöfen, eine riesige Gebläsehalle, ein Thomasstahlwerk sowie ein Walzwerk mit sechs Straßen erlaubten es, eine ganze Palette von Produkten herzustellen – von den Zwischenprodukten für den Verkauf wie etwa Rohblöcke bis hin zu den Endprodukten aus dem Walzwerk wie Stahlträger, U-Eisen, Profileisen, groß dimensionierte Eisenwaren. Im Jahre 1913 produzierten die 3131 Arbeiter 400000 Tonnen Gusseisen, 360000 Tonnen Stahl und 297000 Tonnen Walzprodukte.

In den 60er Jahren wurde das Werk total erneuert. 1973 kurz vor der Stahlkrise waren hier 6875 Arbeiter und 1006 Angestellte beschäftigt.

Die Stahlkrise der 90er Jahre des letzten Jahrhunderts zwang den Konzern ARBED zu einer technischen Umstrukturierung. Die Hochöfen wurden einer nach dem anderen stillgelegt, der letzte am 28. August 1997. Einer wurde nach China verkauft, die zwei verbleibenden Hochöfen sollen als Industriedenkmäler erhalten und zu einem Nationalen Zentrum für Industriekultur umgerüstet werden.

Clerveaux

Wir fahren in den Norden Luxemburgs und besuchen in Clerveaux eine Tante von Camille, die Schwester seiner Mutter, eine lustige alte Dame, die gleich eine Flasche Sekt kredenzte. Danach gab es ein sehr gutes Essen im Restaurant l'Ecureuil.

Im Vorhof des Schlosses Clerveaux hat man einen Panzer und eine Haubitze aus dem 2. Weltkrieg als mahnendes Denkmal belassen. Auf einer Erklärung ist zu lesen, dass dies das einzige Kampffahrzeug ist, das den Krieg überlebt hat. Es verteidigte hier am Tor das Schloss und wurde am 17. Dez 1944 außer Dienst gestellt.

Beaufort

Panzer und Haubitze

Das Renaissanceschloss Beaufort, errichtet über der romantisch im Haupeschbachtal gelegenen mittelalterlichen Burgruine war seit seiner Erbauung im Jahre 1649 stets Haupt- oder Nebenresidenz der Besitzerfamilien und nie für die Öffentlichkeit zugänglich.

Renaissanceschloss Beaufort

Erst nach dem Tod der letzten Bewohnerin, Madame Anne Marie Linckels-Volmer, im Jahre 2012, wurde das seit 1981 im Eigentum des Luxemburger Staates stehende Schloss auf Initiative des Kulturministeriums für geführte Besichtigungen zugänglich gemacht.

In den geführten Rundgängen spielen neben dem Renaissance Schloss auch die angrenzenden Wirtschaftsgebäude und die zwei Gärten eine Rolle. Dies ist ganz im Sinne der ehemaligen Schlossherrin, der es am Herzen lag, den Besuchern ein authentisches Bild vom Leben im und um das Schloss zu bieten.

Ein Innenraum

Schlossführer

Am meisten aber amüsierten wir uns über den Schlossführer, der mit einer dicken Mappe im Arm immer wieder in diese schaute und selbst manchmal erstaunt war ob der Bilder und Möbel, die es in den Räumen gibt.

Die Geschichte über die Entstehung Beauforts ist etwas verworren. Urkundlich erstmals erwähnt wird der Herr von Beaufort im Jahre 1192. Deshalb wird auch der Bau der Kernburg in das späte 12. Jahrhundert datiert. Ende der 1630-er Jahre war die Herrschaft Beaufort durch den Dreißigjährigen Krieg derart überschuldet, dass die Burg veräußert werden musste. Im November 1639 erwarb sie der Gouverneur der Provinz

Luxemburg Johann von Beck. Er erbaute schließlich ein Schloss im Stil der Renaissance, um es als seine neue Residenz zu nutzen.

Johann von Beck starb 1648 in einer Schlacht. Die weiteren Besitzer benutzen die Burg fortan nicht mehr zu Wohnzwecken, also verfiel sie im Laufe der folgenden Jahrhunderte immer mehr. Erst ab 1928 begannen mit dem Eigentümer Edmond Linckels wieder bessere Zeiten für die derweil zu einer Ruine gewordenen Anlage. Linckels ließ den Schutt aus der Burg entfernen und machte sie erstmals für Besucher zugänglich.

Fond de Gras

Wir sind in Fond de Gras, einem Nostalgie-Bahnhofsbereich. Hier werden von Eisenbahnbegeisterten alte Diesel- und Dampfloks und Anhänger wieder hergestellt. Auf einer Strecke von ca. 8 km können diese Nostalgiezüge ihre Tauglichkeit unter Beweis stellen.

Fond de Gras

Dampfloks

In den ehemaligen Reparaturhallen finden oft Veranstaltungen statt. An dem Tag, an dem wir hier waren, gab es ein Steampunkfestival. Kurios gekleidete Personen, Männer und Frauen zeigten sich im selbst erfundenen Outfit.

Der Ursprung des Steampunk liegt wohl in den Romanen von Jules Verne z. B.

20.000 Meilen unter dem Meer, erschienen 1870 und von H. G. Wells, *Die Zeitmaschine* von 1904. Steampunk wird als eine Variante der Science-Fiction bezeichnet und zählt allgemein zur Kategorie der Alternativweltgeschichten.

Kurios gekleidete Personen

Häufige Elemente des Steampunks sind dampf- und zahnradgetriebene Mechanik, viktorianischer Kleidungsstil und ein viktorianisches Werte-Modell, eine gewisse *Do it yourself-Mentalität* und Abenteuerromantik

Steampunks verstehen sich als eine Gegenbewegung zur Moderne – sie feiern die Ästhetik der Kolben, Bolzen und Zahnräder – und sie verachten die nichts sagenden, seelenlosen, rein funktionalen Oberflächen der Touchscreen-Computer.

Kurios gekleidete Personen

Luxemburg (14. bis 16.6.2016)

Sandweiler

Bei unserem Besuch dieses Jahres in Luxemburg fuhren wir mit unseren Freunden Camille und Juliette nach Sandweiler, 6 km östlich der Stadt Luxemburg gelegen. Dort gibt es auf Luxemburger Gebiet einen **deutschen Soldatenfriedhof**.

Deutscher Soldatenfriedhof

Diese Kriegsgräberstätte für Gefallene des 2. Weltkrieges hat der Volksbund Deutsche Kriegsgräberfürsorge in den 50-er Jahren – als erste Anlage im Ausland nach dem Zweiten Weltkrieg – angelegt.
Als wir die Anlage besuchten, waren Freiwillige der Bundeswehr und Zivilisten damit beschäftigt, die verblassenden Inschriften mit weißen Farbstiften nachzuziehen. Während der schweren Kämpfe im Winter und Frühjahr 1945 im luxemburgisch-belgischen und luxemburgisch-deutschen Grenzgebiet hat der amerikanische Gräberdienst eigene und deutsche Gefallene aus der Kampfzone

Freiwillige der Bundeswehr

Inschriften ausbessern

geborgen und sie in seinem rückwärtigen Heeresgebiet in zwei provisorischen Gräberfeldern bestattet: die Deutschen auf dem Gebiet der Gemeinde Sandweiler, die Amerikaner auf dem etwa 1,5 Kilometer von Sandweiler entferntem Hamm. Nach Abschluss der Arbeiten durch den Gräberdienst der US-Armee zählte der deutsche Friedhof 5599 Gräber.

Damals befanden sich noch an 150 Stellen in Luxemburg deutsche Soldatengräber mit insgesamt 5286 Toten. Zumeist waren es Massengräber, über die nur unvollkommene Aufzeichnungen vorlagen. Der Volksbund bettete auch diese Toten nach Sandweiler um. Hier war genügend Gelände für eine Erweiterung und damit zur Anlage einer endgültigen deutschen Kriegsgräberstätte vorhanden. Durch die Umbettungen er-
gab sich die Möglichkeit, noch unbekannte Tote zu identifizieren. Rund 10900 Kriegstote haben hier ihre letzte Ruhestätte erhalten. Diese Anlage wurde am 5. Juni 1955 der Öffentlichkeit übergeben.

Der **amerikanische Soldatenfriedhof** Hamm ist nur 1,5 km vom deutschen entfernt. Das Areal ist einiges größer, obwohl hier weniger Soldaten begraben liegen.

Den Eingang der amerikanischen Kriegsgräberstätte ziert ein hohes schmiedeeisernes Tor. Jeder Teil des Tores trägt einen goldenen Lorbeerkranz, die Auszeichnung für Tapferkeit in der Antike. Auf den Steinpfosten sitzen goldene Adler.

Inmitten eines Rondells wurde ein Mahnmal mit einer kleinen Kapelle errichtet.

Auf der einen Seite des Turmes steht: "*In stolzer Erinnerung an die Leistung ihrer Söhne und in demütigem Tribut an ihre Aufopferung wurde dieses Denkmal durch die Staaten von Amerika errichtet*".

An 2 großen Schautafeln werden die

Feldzüge der Alliierten in den Ardennen und im Rheinland sowie die Invasion von England aus dargestellt.

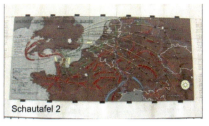

Die Decke der Kapelle enthält ein farbenprächtiges Mosaik, das den Heiligen Geist in Form einer Taube auf einer von 4 Engeln getragenen Wolke darstellt.

In der Gräberzone liegen die Überreste von 5076 amerikanischen Soldaten.
Auf den Promenaden liegen Spring-

brunnen mit 3 absteigenden Becken. Bronzene Delphine und Schildkröten symbolisieren die Wiedergeburt und das Ewige Leben.

Koerich

Wir fahren nach Koerich, etwa 15 km nordwestlich der Stadt Luxemburg gelegen. Dort besuchen wir eine im 17. und 18. Jahrhundert erbaute Barockkirche, die **Sankt Remigius** Kirche. Seit dem 18. Jahrhundert wird sie als *pulcher-*

rima totius patriae ecclesia, die schönste der ganzen Heimat bezeichnet.
Auffallend im Inneren der Kirche sind die vielen Beichtstühle, die wahrscheinlich in der heutigen Zeit wenig oder gar

nicht mehr benutzt werden.

Burg Hollenfels

Unser nächstes Ziel ist die Burg Hollenfels 9 km nordöstlich von Koerich. Diese Burg ist eine Felsenburg auf einer Felsspitze im Eischtal auf dem Gebiet der luxemburgischen Gemeinde Tüntingen.

Das Mauerwerk des Donjon hat eine Höhe von 22 m bei fünf darin enthaltenen Stockwerken und einer Grundfläche von 14 m mal 12,15 m. Mit dem steilen Dach hat er eine Gesamthöhe von 39,20 m.

Camille bekam den Schlüssel zum Turm und so konnten wir allein den Donjon erkunden.

Durch seine Konzeption eignet sich ein Donjon im Gegensatz zum deutschen Bergfried, der aufgrund seiner engen Mauertreppen und kleinen Gelasse eher allerletzte Zuflucht war, grundsätzlich als Wohnturm.
Hier in Luxemburg finden sich die mächtigeren Modelle, die die zeitgleich

in Deutschland üblichen Bergfriede vor allem auch durch ihre Maße in den Schatten stellen.

Eine schematische Ansicht des Turmes zeigt die 5 Stockwerke. Während im Erdgeschoß und im ersten Obergeschoß

früher Wirtschaftsräume waren, befindet sich das architektonische Glanzstück im zweiten Obergeschoß: Ein über fünf Meter hoher Saal aus der Zeit der Gotik (um 1380 erbaut). Über diesem Saal war die Kapelle. Darüber, nun im 4. und 5. Obergeschoß, waren die Privaträume der

herrschaftlichen Familie, darüber der Wehrgang, an jeder Ecke Scharwachtürmchen.

Die Burganlage ist zum ersten Male mit Quellen belegt im Jahre 1041. Der Turm wurde aber erst um 1380 erbaut. Die Anlage ist seit 1948 in staatlichem Besitz. Heute befindet sich hier eine Jugendherberge. Außerdem dienen Burg und Turm dem *Service National de Jeunesse* als Standort für Jugendfreizeitangebote.

Interessant zu sehen waren die Verstrebungen der Turmspitze.

Luxemburg fördert stark sportliche Tätigkeiten. Demzufolge gibt es sehr schöne groß angelegte Sporthallen wie die in Luxemburg-Stadt.

Hauptmann von Köpenick

Friedrich Wilhelm Voigt war ein aus Ostpreußen stammender Schuhmacher. Bekannt wurde er als der Hauptmann von Köpenick durch seine spektakuläre Besetzung des Rathauses der Stadt Cöpenick am 16. Oktober 1906, indem er als Hauptmann verkleidet mit einem Trupp gutgläubiger Soldaten den

Bürgermeister verhaftete und die Stadtkasse raubte. Am 3. Januar 1922 starb er im Alter von 72 Jahren, schwer gezeichnet und völlig verarmt, in Luxemburg und wurde auf dem dortigen Liebfrauenfriedhof begraben.

Luxemburg vom 5.-6.6.2019

Im Jahr 2014 waren wir mit Juliette und Camille das 1. Mal in Belval. Damals war der Komplex noch im Rohbau, man konnte zwar die ehemaligen Hochofenanlagen besuchen, aber von einem Universitätsstandort war man noch weit entfernt. Heute, nach 5 Jahren, kann man bereits Geisteswissenschaften, wie Germanistik, Geschichte, Philosophie, aber auch Pädagogik, Psychologie und Kunst studieren. Und es kommen weitere Fakultäten hinzu.

Aber in Belval ist nicht nur die Universität Luxemburg untergebracht, sondern auch zahlreiche andere Forschungsinstitute und Start-up-Unternehmen. Der junge Campus Belval zieht insbesondere forschungsnahe Unternehmen zum Beispiel in den Bereichen Biomedizin und Informationstechnik an.

In Zukunft werden etwa 7000 Studenten und 3000 Personen in diesem neuen Forschungs- und Lehrzentrum arbeiten.

Die **Universitätsbibliothek** hat man in einem ehemaligen Fabrikgebäude integriert: über 5 Stockwerke sind Bücherregale und Arbeitsplätze für die Studierenden verteilt.

Wir fahren weiter nach Luxemburg-Stadt. Camille möchte uns die neuesten Errungenschaften der Stadt zeigen. Vom Zug aus hat man schöne Blicke auf das Tal der Alzette.

In Pfaffenthal gibt es eine kostenlose und automatische Standseilbahn, die zum Kirchberg führt.

Modernste Straßenbahnzüge werden eingesetzt, nachdem man auch das Schienennetz

erweitert hat.
Ein Fahrrad- und Fußgängerweg, den man unter der Adolph-Brücke angebracht hat, erlaubt schöne Fotos auf die gegenüberliegenden Kirchen und das

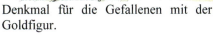

Denkmal für die Gefallenen mit der Goldfigur.

Am nächsten Morgen ging ich mit Camille wie jedes Mal nach Font de Gras, dem Eisenbahndepot. Dort gibt es immer wieder etwas neues zu sehen, selbst wenn es nur eine alte verrostende Lokomotive ist.

Es waren wieder 1,5 schöne Tage bei Juliette und Camille, in denen wir viel Neues gesehen haben.

Stichwortverzeichnis

14-Heiligen 125
Å 261
Adlerturm 176
Alarcón 234
Albaicin 248
Albrechtsburg 3
Alcázar 205
Alcázar 216
Alexanderplatz 47
Alhambra 241
Alstahaug 273
Alte Hofhaltung BA 96
Alte Holzbrücke 16
Alter Kran LG 120
Alter Schwede 38
Altes Museum 58
Altes Rathaus 71
Altes Rathaus BA 89
Altstadtratrathaus 11
Altstätter Ring 296
Am Kranen BA 91
Amerik. Friedhof 348
Amundsen 267,268
Andreaskreuz 289
Anna Selbdritt 152
Astronom. Uhr 37
Astronomi. Uhr 296
Auerbach 113
Automuseum 139
Avus 5

Backsteinkirchen 33
Bad Berleburg 142
Bad Berneck 100
Bad Doberan 33
Balmoral 185
Bamberger Dom 92
Bamberger Reiter 94
Barfüßerkirche 28

Barockkirche 137
Barro negro 258
Barro negro 305
Basilika Fatima 334
Bastei 2
Bathala 332
Baumwerfen 186
Bayerisch Eisenstein 17
Beachy Head 154,165
Beaufort 345
Bebelplatz 50
Bebelplatzes 6
Bedruthan Steps 160
Belval 343,407
Benalmádena 210
Berau 13
Bergpalais 68
Bergschwimmbad 275
Berliner Dom 51
Bispingen 114
BMW-Museum 73
Bode Museum 56
Bodhrán 315
Bonndorf 15
Book of Kells 308
Bootshafen 326
Bordercollies 319
Boscastle 161
Botallack 167
Böttger 3
Braemar Castle 186
Brandenburger Tor 42
Braunschweig 11
Brighton 154
Brocken 10
Brunnen Rostock 37
Budweis 300
Bundeskanzleramt 54
Burg Hollenfels 350

Burg Marburg 146
Burgblick 299

Cabo de Roca 340
Caernarfon Castle 175
Cambridge 196
Canterbury 163
Capela dos Ossos 329
Capilla Major 220
Capilla Major 253
Casa de Pilatos 207
Castilla la Mancha 226
Charlottenburg 43
Chi Rho Seite 309
chinesische Teehaus 10
Chinesischer Turm 72
Christusfigur 238
Ciudad Encantada 232
Clapperbridge 161
Clerveaux 344
Clifford's Tower 194
Clonmacnoise 313
Coast Path 156
Coburg 128
Colleges am Cam 196
Colosseum 282
Comares-Turm 244
Conimbrige 332
Connemara 315
Constitution Hill 173
Cordoba 250
Corfe Castle 155,165
Cranzahl 109
Crown Square 188
Cuenca 226

Dachhaube York 193
Darrofen 184
Dartmoor 161

Deutscher Dom 60
Devil's Bridge 174
Dianatempel 69
Die Schönsten 77
Domkirche Tromsø 267
Drachselsried 17
Dublin 307
Durdle Door 155,165
Dürerhaus 88

Eastborne 154
Edinburgh 186
Egede 265
Egerquelle 104
Ehekarussell 82
Ehrenburg CO 128
Eichstätt 105
Eisbach-Surfen 71
Eismeerkathedrale 266
El Greco 223
Elefantenfigur 341
Elevador Santa Justa 341
Engelsbrücke 290
Engelsburg 290
Évora 126

Fabrica Tabacos 202
Fado 337
Faltengebirge 112
Fatima 333
Feldherrenhalle 69
Felsenlabyrinth 101
Felsenlabyrinth 18
Fenster des Teufels 232
Fernsehturm 47
Fichtelberg 110
Finkenherd' 12
Fischersiedlung BA 91
Flakstad 263
Font de Gras 346
Fontana di Trevi 286
Forum Romanum 284

Fränk. Krone CO 129
Französischer Dom 60
Frauenkirche 62
Frauenkirche 1
Frauenkirche 69
Frauenkirche M 75
Frauenkirche N 81
Friedrichshöhle 136
Frohnauer Hammerwerk 4
Fürstengruft 21
Fürstenzug 1
Fürstenzug 68

Galopprennbahn 30
Galway 315
Gatehouse 188
Gebetstafel 148
Gedächtniskirche 45
Gefliester Bach 337
Geiranger 259
Gendarmenmarkt 59
Generalife 241
Gengenbach 147
Georgenkirche 39
Gerichtshaus 180
Gerolzhofen 153
Geyersworth BA 92
Giebelhäuser 35
Ginja 340
Giraldillo 204
Glasfensterzyklus 24
Glasherstellung 18
Glastal 136
Glenfiddick 183
Glockenspielpavillon 65
Goethefelsen 19
Goethehaus 21
Goethes Gartenhaus 20
Goldelse 53
Gold-Gässchen 299
Grabdenkmäler 192
Grafensaal 133

Granada 239
Greifensteine 111
Gretna Green 179
Große Arber 17
Großer Wendelstein 4
Guadalevin 211
Guadalquivir 202
Guiness-Brauerei 312

Hacksche Hüöfe 52
Hamnoy 262
Hängende Häuser 229
Haupt. Köpenick 351
Haus Dacheröden 28
Hayingen 135
Hedwig-Kathedr. 50
Heidelandschaft 116
Heiligendamm 31
Heilig-Geist Spital 39
Helgeland 271
Henkersteg 84
Henkerturm 84
Hennigsvær 263
Henry Tudor 172
Hieronimuskloster 324
Highland Games 186
Hochkreuze 314
Hof der Sultanin 243
Hohenzollern 131
Holyroodhouse 190
Holzgasanlage 140

Iglesia Santa Maria 212
Igreja Santissima 334
Imperia 15
Inverary 180
Irish Coffee 318
Irland 307
Italien. Dörfchen 66
Iverness 182
Jesuitenkirche 17
Johann Nepomuk 17

Johannes Hus 297
Johannis-Kirche 119
John Knox 190
Jonathan Swift 311
Júan de los Reyes 224
Judendenkmal 48
Jungfrau mt Kind 309

Kahler Asten 145
Kaiser Wilhelm-Kirche 5
Kaiserkapelle N 80
Kapitol 285
Karlsbrücke 295
Karlstor 74
Kastell 322
Käthe Kollwitz 7
Kathedr. Sevilla 203
Kathedrale 219
Kathedrale Chester 177
Kathedrale Cuenca 228
Kathedrale Granada 246
Kettenbrücke BA 98
Kettensteg N 85
Kilkenny Castle 321
Kinderdenkmal 304
Kinzigtal 148
Kirchberg 151
Kirche San Pablo 255
Kirche St. Marina 254
Kirche St. Cyriakus 12
Kirk of St. Giles 189
Kkirche St. Servatius 12
Klatovy 17
Klein Venedig BA 90
Klippen von Moher 318
Kloster Banz 130
Kloster Rebdorf 106
Klosterpalast Mafra 334
Koerich 349
Königstein 3
Konstantin d. Gr. 191
Konstantinbogen 283

Korinthische Säulen 14
Korkeiche 327
Kosmaten 281
Kosmischer Elefant 215
Kottwitz-Skulptur 50
Krämerbrücke 27
Kreidefelsen 199
Kreuzgang 224
Kreuzkirche 63
Kreuzwegstationen 237
Kriegsmuseum 269
Kronjuwelen 188
Kühlungsborn 32
Kylemore Abbey 317

Land's End 158
Längster Ortsname 172
Lautertal 138
Leuchtmoos 101
Leuchtturm 35
Lichtenfels 124
Lidice 303
Lofotkathedrale 264
Lokomotive 353
Lola Montez 77
Looe 156
Lorenzkirche N 85
Löwenbrunnen 245
Löwendenkmal (BS) 12
Luisenburg 19
Lüneburg 117
Luxemburg 343,407

Mädchenhof 206
Mafra 334
Manuelinik 330
Marbella 213
Maria im Rosenkranz 151
Maria Maggiore 281
Mariendom 23
Marienkirche 36
Marktplatz Weimar 20

Medina Azahara 255
Megalithmonument 329
Melsungen 123
Men an Tol 150
Merry Maidens 157
Mespelbrunn 150
Mezquita Catedral 251
Michaeliskirche N 78
Michaels Mount 157
Mihrâb Nuevo 252,253
Minerva Kirche 292
Minnack Theatre 158
Moldau 305
Molly 30
Monasterio Cartuja 249
Monopterus 72
Moses mit Hörnern 213
Mousehole 157
Muckross House 319
Müritzsee 40
Myrtenhof 244

Namsos 274
Napoleonshut 19
Narvik 269
Nazaré 338
Neptunbrunnen BA 98
Neue Wache 6
Neumarkt Dresden 61
Newquay 160
Nicolai-Kirche 117
Nofretete 58,59
Nordpavillon 242
Nürnberger Ei 84
Nusfjord 263
Nussverkäuferin 339
Nymphenburg 75

Oberwiesental 109
Oberwiesenthal 5
Óbidos 339
Ochsenkopf 103

Olavsgrube 278
Old Post Offeice 160
Ole Kerk 115
Olympiaturm 74
One o'clock gun 188
Öresund-Querung 280
Oscar Wild 312
Otokar II-Platz 301

Palacio National 336
Palast der Republik 8
Palast Karls V 243
Palatin 283
Pantheon 292
Park Maria Luisa 201
Pasteis de nata 325
Patio Cordoba 254
Patio de Naranjos 252
Paul-Löbe-Haus 55
Pavillon Arentin. 208
Pavillon Chile 208
Pellets 269
Pembroke Castle 171
Pergamon 8
Pergamonaltar 57
Peter Henlein 84
Petersdom 287
Petersplatz 287
Petrusstatue 289
Petter Dass 273
Pfaffenthal 352
Pfarrkirche LI 124
Pflumeschlucker 15
Pfundsmolkerei 66
Pieta 288
Pilatushaus 81
Pillnitz 67
Plaza de Conde 254
Plaza de Dolres 254
Plaza de España 201
Plaza de Corredera 256
Plaza de Naranjos 214

Plaza de Tendillas 251
Plaza del Triunfo 205
Plaza Isabel Católica 240
Plaza Mirador 248
Plaza Navona 291
Plaza Venezia 286
Plaza Zocodover 218
Polarkreis 260
Polperro 156,166
Ponte Vasco da Gama 326
Portugal 322
Postbridge 161
Postmuseum 59
Pot stills 184
Potsdamer Platz 42
Prager Burg 297
Prager Jesulein 295
Präsentkorb LI 124
Praterkraftwerk 71
Prichsenstadt 153
Princetown 161
Prozessionsmonstranz 222
Puente de Alcántara 222
Puerta Bisagre 217
Puerta del Sol 218
Puerte de San Pablo 230
Puerto Marino 211
Pulverturm 300
Puttobrunnen 87

Quadriga 43
Quedlinburg 12
Queen's College 197
Quelle des Cuervo 234
Queluz 337

Raddampfer 64
Ramberg 262
Rathaus Cuenca 227
Rathaus LG 118
Rathaus Volkach 150
Reichstagsgeb. 53

Reiterdenkmal 44
Reiterstandbild 20
Reiterstandbild 49
Standbild August 66
Repräsent.-haus 300
Retablo 204
Retablo 220
Reundorf 123
Rochusaltar 36
Rock of Cashel 320
Roland 12
Ronda 211
Røros 276
Rosengarten BA 97
Rostock 35
Roten Pavillon 33
Rotes Rathaus 47
Rows Chester 178
Royal Pavillon 183
Rythmobil 183
Sala de Pegas 336
Salisbury 162
Saltstraumen 271
San Giovanni 293
San Pedro Vincoli 293
Sandweiler 347
Sankt Peter 69,70
Sanssouci 9
Santa Maria Bianca 223
Santo Antonio Sé 342
Santuario Eulalia 235
Schaffarm 318
Schäfflertanz 70
Schantle 15
Schiffshebewerk 121
Schlachthaus BA 91
Schlammtherapie 258
Schleuse 100 BA 98
Schleusen 177
Schloss Klink 41
Schloss Lichtenstein 140
Schloss Seehof 99

Schluchsee 13,14
Schmalspurbahn 11
Schmalspurbahn 110
Schwarzer Prinz 163
Schwarzwaldhaus 149
Sebaldkirche N 78
Sebaldusgrab 79
Semperoper 64
Senora da Nazaré 338
Seufzerbrücke 199
Severikirche 23
Sevilla 200
Shambles 194
Shropshire Canal 176
Siegessäule 52
Sierra de Espuña 235
Sintra 335
Sinwellturm 80
Sitio 339
Skulpturenweg 143
Soldatenfriedhof 347
Sommerquartier 21
Sonneborn 25
Sonnenuhr 197
Sowjet. Ehrenmal 55
Spanische Treppe 286
St. Blasien 14
St. Ives 159,168
St. Just 158
St. Maria Victoria 295
St. Patrick Kathedrale 310
Stadion Domitian 283
Stadtmauer York 195
Staffelberg 127
St. Annen-Kirche 4
Steampunkies 346
Steinerne Glocke 62
Steinschleuder 2
Stelen in Berlin 49
Sterngewölbe 4
Stierkampfarene 208

Stillende Madonna 336
Stolperndes Pferd 214
Südpavillon 242
Svartisen Glet. 272

Tavistock 161
Tempietto 38
Temple-Bar 313
Templerkirche 330
Tenby 170
Teufelsbrücke 102
Teufelstreppe 19
Teynkirche 306
The Spire 321
Theater CO 128
Theatinerkirche 75
Theresienstadt 302
Thorgatten 274
Tintagel 160,198
Toledo 216
Tomar 330
Torfstechen 315
Torre de Belem 325
Torre de Oro 203
Trastevere 293
Trauzeremonie 180
Trelissick-Gaeden 156
Tretmühle 39
Trinity College 198
Trollhättan 279
Trollstig 260
Tromp. von Säckingen 16
Tromsø 265
Truro 156
Tugendbrunnen 87
Uhr fließende Zeit 46
Uhrturm Chester 178
Unibibliothek 352
Universität Évora 328
Unter den Linden 49
Vasco da Gama 325
Veste CO 147

Vestibül 200
Volkach 150

Wachablösung 333
Walpurgisnacht 10
Warnemünde 35
Wasseranlage 100
Wasserpalais 68
Weimar 19
Weißer Turm N 83
Weißeritztalbahn 3
Weltkugelbrunnen 45
Wenzelsplatz 298
Wettinischen Herrscher 1
Wilsede 41
Wilseder Berg 115
Wismar 38
Wolf-Eschenbach 107

York 190
Yorker Münster 191

Zabelstein 152
Zinnära 158
Zitadelle 29
Zum Güldenen Rade 25
Zum roten Ochsen 26
Zwiefalden 137
Zwillingsorgeln 247
Zwinger 65
Zwinger 1

Literaturverzeichnis

Wie ich bereits im Vorwort erwähnt hatte, ist es mir nicht mehr möglich, alle Textstellen über Bauwerke, Städte, politische Aspekte usw. exakt anzugeben. Bei unseren Reisen haben wir uns oft an Hand der 'Bildatlas-Bücher von HB' über Sehenswertes in dem entsprechenden Gebiet informiert.
Das sind die Bildbände mit Nummern:

7	Oberbayern
24	Fränkische Schweiz
78	Sachsen
110	Sauerland
124	Südengland
130	Algarve/Lissabon
139	Südschwarzwald
144	Schottland
163	Erfurt-Weimar
168	Ostseeküste, Mecklenburg-Vorpommern
180	Nordnorwegen
190	Fichtelgebirge, Frankenwald-Coburger Land
209	Lüneburger Heide
216	Wales
235	Berlin

ADAC Reiseführer 2001: Mecklenburg-Vorpommern
Baedekers 1995: Berlin
Baedekers 1998: Prag
Baedekers Reiseführer: Spanien
Der große Polyglott 1982/83: England Reiseführer
Die Stadt York: Ein Pitkin-Führer
Ediciones Miguel Sánchez 2005: Granada und die Alhambra
elmar hahn verlag: Bamberg Stadtführer
Escudo de Oro 2004: Ganz Cuenca und die verzauberte Stadt
Escudo de Oro 2004: Ganz Toledo
Grieben Reiseführer 1963: Rom und Umgebung
JPMGuides 2013: Portugal
Marco Polo 2008: Dresden, Sächsische Schweiz
Marie Vitochova 1996: Die historische Stadt Prag
Miguel Salcedo Hierro: Cordoba
Polyglott: Irland
Polyglott: Schottland
Schöning Verlag: Nürnberg

Abkürzungen

BA	Bamberg
CO	Coburg
Jhd.	Jahrhundert
Jhds.	Jahrhunderts
Jhdn.	Jahrhunderten
LG	Lüneburg
n.Ch.	nach Christus
v.Ch.	vor Christus
z.B.	zum Beispiel

Jedes Mal am Ende unserer Skattour erfreute uns Juliane mit einem selbst geschriebenen Gedicht.
Wenigstens eines möchte ich am Ende des Buches einfügen!

Wohlauf, die Luft geht frisch und rein .... (Skattour 2009)

Mit großen Schritten der Sommer naht
und mit ihm unsere Skatclub-Jahresfährt.
Schon zeitig haben Niehoffs nachgedacht,
wohin wird dies Mal der Ausflug gemacht?
Was haben wir nicht alles schon gesehn,
ja, Deutschland ist eigentlich überall schön.

"Mainfranken", so kam man bald überein
–reichhaltig die Küche, süffig der Wein–,
möge das Ziel nächster Reise sein:
Auf einer Vorfahrt –es war noch kalt–
machten Edda und Peter in Volkach halt.
Die fränkische Weinstadt, bekannt deswegen,
weil markant an der Mainschleife gelegen.
Genau wo der Main zu einem "v" sich biegt,
hat sich das Städtchen sanft an ihn geschmiegt.

Im Gasthof "Zum Storchen" wurde erprobt,
wofür das Hausprospekt sich selbst lobt.
Küche und Keller taten munden,
die Kemenate für gut befunden.

Zur Einstimmung auf die Fahrt an den Main
luden die beiden uns andere ein,
Peters Profifilme anzusehn
Und zu Eddas leckerer Quiche Lorraine.
Diese Abende sind lange schon
liebgewordene Tradition.

Das "Wirtshaus im Spessart " rief uns mittwochs herein,
zu Mittag seine Gäste zu sein.
Doch die Räuberhöhle betraten wir nicht.
Wir hatten ja selbst Wurst, Brötchen und Ei
ein rustikales Freilandgericht
auf einer Holzbank 'aufgetischt'

und auch unsere eigenen Räuber dabei.

Schloss Mespelbrunn liegt sehr malerisch,
im grün schimmernden Teiche spiegelt es sich.
Die Schwäne zogen still ihre Bahn,
majestätisch muteten sie an.

Im *Outlet-Village* sahen wir uns satt
an Dingen, die man nicht braucht und darum nicht hat.
Den Ausflug war es in jedem Fall wert;
wir haben ein leckeres Eis verzehrt.

Beim Zimmerbezug kam Reinhard gut davon.
Peter buchte auf der Vorfahrt schon
für ihn das Zimmer mit Balkon.
Zum Rauchen muss er nicht extra vors untere Tor,
er kommt sich als Privilegierter vor.
Ganz unerwartet fröhlich stimmt,
dass man auf Raucher noch Rücksicht nimmt.

Nachdem wir unsere sieben Sachen verstaut,
haben wir uns das Städtchen angeschaut.
Den Marktplatz und Rathaus mit Brunnen davor,
Fachwerkhäuser schlicht, Giebelhäuser mit Dekor.

Beim *Behringer* löschten wir den ersten Brand,
bis dass sich schließlich auch Hunger einfand.
Der wurde im Gasthaus *Zum Löwen* gestillt
bei Spargel und einer Wirtin Wundermild.
In die *Rose* kehrten wir abschließend ein
auf einen Kakao und 'nen Bocksbeutel Wein.

Der Marsch auf den Kirchberg hat sich gelohnt,
"Maria im Weingarten" über Volkach thront.
Sie birgt ein Kleinod aus spätgotischen Tagen:
"Madonna im Rosenkranz" von Engeln getragen.

Auf halber Höhe gingen wir entlang
an Weinbergen, Obstfeldern in gemächlichem Gang.
Hier und da prangte ein Rosenstrauch,
Kamille und Mohnblumen blühten auch.

Ins Gasthaus *Zur Mainschleife* in Fahr am Main
kehrte wir zu Mittag ein.
Fränkische Speisen wurden genossen,
neugierig und unverdrossen.
Doch 'blauer Zipfe' und 'zerrupfter Camembert'
wurden von niemandem verzehrt.
Alleine der Wortlaut klang nicht appetitlich
man is(s)t ja schließlich anständig bis sittlich
und einige unter uns sind fast schon siebzig.

Mit der Fähre überquerten wir den Main,
bogen erneut in den Panoramaweg ein.
Von der Vogelsburg schweiften die Blicke rund
bis zum Steigerwald weit im Hintergrund.

Gegen 17:00 nach 12 km
zogen wir ein in Volkach mit Petern.
Vom unteren Torturm lachte uns entgegen
Marlies Dumbsky mit einem Glas voll Reben.
Doch ans Zechen haben wir nicht gedacht,
es wird sich erst einmal frisch gemacht.

Die Füße und Beine mögen schön ruhn,
bevor sie den Weg zum Abendtisch tun.

Auf der Wanderung zum Zabelstein
stimmten wir uns auf den nahenden Sommer ein
und tanzten einen frohen Reigen
mitten in des Waldes Schweigen.
Vom Aussichtsturm blickten wir rundum weit,
zum Foto-Shooting war es an der Zeit.
Das macht der Peter ganz professionell:
technisch perfekt und eidechsenschnell.

Im Gasthaus *Zum Falkenberg* staunten wir uns an,
wie günstig ein gutes Essen sein kann.
Ob Gerolzhofen, ob Prichsenstadt,
ein jedes etwas zu bieten hat.
Hier eine Kirche kunstvoll ausgeschmückt,
dort eine Straße mit hübschen Häusern bestückt.

Am Abend war *Volkacher Lebensart*,
hier wird Musik mit Essen und Trinken gepaart.
Die Weingüter öffnen den Hof für die Gäste.
Natürlich wollten auch wir zu dem Feste.
Doch wir haben dann lieber in der *Rose* gegessen
Und beim Bier gemütlich zusammen gesessen.

Morgen ist sie vorbei, die dicke-Germknödel-Zeit,
und nach Hause ist es nicht mehr weit.
Franken hat gefallen auf Schritt und Tritt,
einen Bocksbeutel voller Eindrücke nehmen wir mit.

Noch ein Kommentar in eigener Sache,
was ich ansonsten selten mache.
Der Gasthof *Zum Storchen* hielt gastronomisch, was er versprach,
allerdings nicht dem Namen nach:
Drei Nächte habe ich hoffnungsvoll hier verbracht,
bin dreimal morgens nicht in Hoffnung aufgewacht.
Da schlafe ich doch gerade so gern
im 'Braunen Biber' oder 'Im goldenen Stern'.